Mounir Fendri
Krüger-Bei. Ein deutsch-maghrebinisches Schicksal

THELEM
2017

HORIZONTE – آفاق

Studien zur deutsch-maghrebinischen Literatur und Kultur

Herausgegeben von Mounir Fendri, Michael Hofmann,
Lamia Mrad und Walter Schmitz

Bd. 1

KRÜGER-BEI

Ein deutsch-maghrebinisches Schicksal

Die eigenhändige Lebensgeschiche des
Johann Gottlieb Krüger alias Muhammad ben
Abdallah Nimsi alias Krüger Bei

Herausgegeben von Mounir Fendri
in Zusammenarbeit mit Walter Schmitz
Mit einem Beitrag von Martin Lowsky

THELEM
2017

Bibliografische Information der Deutschen Nationalbibliothek
Die Deutsche Nationalbibliothek verzeichnet diese Publikation in der Deutschen
Nationalbibliografie; detaillierte bibliografische Daten sind im Internet über
http://dnb.d-nb.de abrufbar.
Bibliographic information published by the Deutsche Nationalbibliothek
The Deutsche Nationalbibliothek lists this publication in the Deutsche
Nationalbibliografie; detailed bibliographic data are available in the Internet at
http://dnb.d-nb.de.
ISBN 978-3-945363-78-2

© 2017 THELEM Universitätsverlag & Buchhandel
GmbH und Co.KG
Bergstr. 70 I D-01069 Dresden
http://www.thelem.de
Alle Rechte vorbehalten. All rights reserved.
Gesamtherstellung: THELEM
Umschlagbild: Lehnert & Landrock. Tozuer OASIS, Tunisia (catalog number 2076,
Eastern races and beauty by Lehnert & lad, 1900).
Made in Germany.

Inhalt

Walter Schmitz
Johann Gottlieb Krüger im Dienst des Beys von Tunis: Eine interkulturelle Begegnung der anderen Art   9

Mounir Fendri
Über Johann Gottlieb Krüger und seine Lebensbeschreibung   37

Eigenhändige Lebensbeschreibung des Joh. Gottlieb Krüger genannt Muhamed ben Abdallah Nimse   57

  1   [Original-] Inhaltsverzeichnis   57

  2   [Von der brandenburgischen Heimat über den preußischen Militärdienst in die französische Fremdenlegion]   61

       2.1 [Ein ominöser Traum]   61

       2.2 Erstes Kapitel: Desertation von Preußen – Algier – Bugia – Kabyls   62

  3   [Flucht aus der Fremdenlegion – Aufnahme bei den Kabylen – Bekehrung zum Islam]   65

       3.1 Zweites Kapitel: Unterhaltung mit den Kabyls – Gefecht – Erwarten Sidi Ali   70

  4   [Kulturelle und religiöse Eingliederung – Wanderungen in der Kabylei – Beschneidungszeremonie]   77

       4.1 Drittes Kapitel: Reise nach Gifza – Unterricht der Religion – Muhameds Reise nach den Himmel, in der Nacht   77

4.2 Viertes Kapitel: Reise zum Scheick ben Samom – Zieht ein verborgenen Schatz – Joseph verliert sein Kopf – Grausamkeit in Asomoren 84

4.3 Fünftes Kapitel: Verkauft als Sklave, nach Owled Matta – Gabela Tod – Trauer um ihn 90

4.4 Sechstes Kappitel: Tod der Bruder von Gabela – Krankheit – Skorpionstich – Ausgezogen – Verwundet – kommt nach Imdoken 92

4.5 Siebentes Kapitel: Reise mit ein Schraif aus Babilon – Bey El-Hagya Hamed aus Konstantina – Verließ den Schraif und ging nach Zoff – Gerid – Tukurt 98

4.6 Achtes Kapitel: Kanon Gießen in Tukurt – Todt der Römer – Ging nach Et-Mezin – Zurück nach Zoff – Gerid – Tunis 105

5 In der neuen Fremd-Heimat: Das Leben in Tunesien **109**

5.1 Neuntes Kapitel: Auf Nahme in Tunis – Expedition – Gefecht mit den Arabern – Schahter beim Ahmed Bascha – Verheirethet 109

5.2 [In Tunesien] 113

6 Landes- und völkerkundliche Beobachtungen und sonstige Erlebnisse in Algerien und Tunesien **137**

6.1 [Algerische Nachträge] 137

6.2 [Tunesische Notizen] 146

6.3 [Krügers Träume] 152

6.4 [Aphorismen] 154

Zeitgenössische Zeugnisse über Krüger und seine Welt — 159

    1   1835 – Fürst Herrmann von Pückler-Muskau — 159

    2   Um 1840 – Christian Ferdinand Ewald — 162

    3   1842 – Gottfried Scholl — 166

    4   1848 – Marie E. von Schwartz — 171

    5   1863–1867 – Gustav Nachtigal — 174

    6   1868 – Heinrich Freiherr von Maltzan — 179

    7   1872 – B. in T. [= Ein Offizier der kaiserlichen Marine] — 207

Martin Lowsky
Karl May, Tunesien und Krüger-Bei — 213

Abbildungsverzeichnis — 233

Walter Schmitz

Johann Gottlieb Krüger im Dienst des Beys von Tunis: Eine interkulturelle Begegnung der anderen Art

I. Deutscher, in der Fremde erfolgreich

In dem Universum von Lebensläufen aus vier Kontinenten, das Karl May in über 70 Bänden seines Œuvres entworfen hat, findet sich das gesamte Spektrum an Völkerstereotypen des 19. Jahrhunderts: der lässige englishman mit imperialem Selbstbewußtsein, der listige, aber auch charmante Franzose, der geldgierige, aber auch coole Yankee und viele andere mehr; und es findet sich auch die Geschichte eines erfolgreichen integrierten Flüchtlings. Er ist ein Deutscher. Und wie die Deutschen in Karl Mays Weltbild für gewöhnlich, so setzt auch dieser sich unter misslichen Umständen in der Fremde dank seiner, in allen Widrigkeiten redlichen und tüchtigen deutschen Wesensart durch, auch wenn er unter den orientalischen Bedingungen zu einer etwas skurrilen Figur wird. ›Krüger Bei‹ hat es, als er 1885 – im Kolportageroman *Deutsche Herzen – Deutsche Helden* – erstmals sein Heimatrecht im Karl-May-Universum ausübt, schon weit gebracht; er ist Hauptmann der Palastwache des Beys von Tunis, und wird auch fürderhin uns Lesern – dann sogar als Titelfigur im zweiten, 1913 erschienenen Band der Trilogie *Satan und Ischariot*, aber zuvor auch schon in der Tunesien-Erzählung *Der Krumir* (2007) – als ein fähiger Befehlshaber, von biederer Jovialität wiederbegegnen. Und die Komik seines Radebrechens in der ihm in der Fremde fremd gewordenen Muttersprache tut der imposanten Statur dieses Mannes keinen Abbruch.[1]

---

[1] Dies wäre zu differenzieren; Grundlegendes zu den genannten Werken in den jeweiligen einschlägigen Abchnitten von: Karl-May-Handbuch. 2. erw. Aufl. Hg. v. Gert Ueding u. Klaus Rettner. Würzburg: Königshausen & Neumann 2001; Genaueres findet man in dem Beitrag von Martin Lowsky in diesem Band. – Ich danke Tim Preuß (Dresden) für seine umsichtige und verläßliche Hilfe bei der Arbeit an meiner hier vorgelegten Studie.

So fügt sich Krüger Bei wie selbstverständlich in Karl Mays Phantasma eines ›Kolonialismus ohne Kolonien‹,[2] denn seine Werke, die der Autor als Autodidakt aus einer Vielzahl gedruckter Quellen seit den 1880er Jahren als vorgeblich selbst erlebte Reiseabenteuer komponierte, sind gleichsam naive Spiegel der Wilhelminischen Weltpolitik – und überhöhte Gegenbilder; denn den »*Austragungsorten und Vertretern*« der deutschen Orientpolitik seiner Zeit weicht der Karl May aus und verschafft damit seinem reisenden und abenteuernden Helden gleichsam einen »*exklusiven Status […] als einziger Vertreter Deutschlands im Osmanischen Reich*«.[3] Dieser Kara Ben Nemsi, das Autor-Ich in den arabischen Romanen des sächsischen Fabulierers, der ja sein eigentliches Abenteuerleben als Kleinkrimineller im sächsisch-böhmischen Grenzgebiet absolviert hatte,[4] danach eine harte Schule als Kolportageschreiber durchlaufen hatte, – Kara Ben Nemsi also lebt ein anderes Leben: Es ist die fiktive Biographie umfassender Wunscherfüllung, und Karl Mays Wünsche haben manches gemeinsam mit der Ideologie des Wilhelminischen Reiches, mit dessen Aufstieg auch er ein erfolgreicher Schriftsteller und Villenbesitzer geworden ist; schließlich aber gehören Mays Phantasmen nur ihm selbst; es geht um die Selbstlegitimation einer angefochtenen Autorschaft. Und so soll am ›deutschen Wesen‹ in Karl Mays phantastischer Globalpolitik, die Welt nicht etwa durch schiere Macht genesen, sondern nur, indem ein leuchtendes Beispiel gesetzt wird: Und dieser vorbildliche Deutsche ist eben jenes Buch-Ich, unter wechselnden Namen bekannt, bei den edlen Wilden Nordamerikas als Old Shatterhand, und von der arabischen Wüste bis in die Schluchten des Balkans als Kara Ben Nemsi, Karl, der Sohn der Deutschen: Es ist immer der Autor ist, der – so die Fiktion – lebte, was er schreibt, endlich eine authentische Existenz. Seit dem Roman *Krüger Bei* »gibt es keinen Zweifel mehr: der Name May und sein – zu Un-

---

2 So eine Kapitelüberschrift in dem Band: Deutscher Kolonialismus. Fragmente seiner Geschichte und Gegenwart. Hg. von der Stiftung Deutsches Historisches Museum. Berlin, Stuttgart: Stiftung Deutsches Historisches Museum, Theiss 2016, S. 235.
3 Andrea Polaschegg: Immer wenn ich an den Orient denke, fällt mir der Islam ein. Die feinen Unterschiede in Karl Mays Morgenland. In: Karl May: Brückenbauer zwischen den Kulturen. Hg. v. Wolfram Pyta. Berlin: LIT 2010, S. 91–107, hier S. 96. Ebd., S. 96f., die Präzisierung, dass der Reisename eigentlich ›Nachkomme der Österreicher‹ bedeutet, und dessen Diskussion. Vgl. weiter dies.: Durch die Wüste ins Reich des silbernen Löwen. Kara Ben Nemsi reitet durch den deutschen Orientalismus. In: Karl May. Imaginäre Reisen. Hg. v. Sabine Beneke, Johannes Zeilinger im Auftrag des DHM. [Katalog zur Ausstellung des DHM vom 31. August 2007 bis 6. Januar 2008.] Berlin: DHM 2007, S. 115–136; sowie Karl-Heinz Kohl: Kulturelle Camouflagen. Der Orient und Nordamerika als Fluchträume deutscher Phantasie. In: Beneke/Zeilinger, Imaginäre Reisen (wie oben), S. 95–114, bes. S. 107–113. – Weiter Eckehard Koch: »Was haltet ihr von der orientalischen Frage?« Zum zeitgeschichtlichen Hintergrund von Mays Orientzyklus. In: Karl Mays Orientzyklus. Hg. v. Dieter Sudhoff und Hartmut Vollmer. Paderborn: Igel 1991, S. 64–82. Im Besonderen zum Kontext ›Krüger Beis‹ unten im Beitrag von Martin Lowsky, S. 214.
4 Vgl. meine Studie: Karl Mays phantastische Werdejahre: Der Schriftsteller als Kleinkrimineller in der Armutsregion an der sächsisch-böhmischen Grenze. In: Sächsisch-Böhmische Beziehungen im Wandel der Zeit. Hg. v. Kristina Kaiserová und Walter Schmitz. Bd. 1: Textband. Dresden: Thelem 2013, S. 154–185.

recht getragener – Doktortitel tauchen mehr oder weniger offen auf. In Personalunion ist der Held der Romanhandlung zugleich der bekannte sächsische Schriftsteller.«[5] Kara Ben Nemsi hat Anfechtungen zu überwinden, mit oft übermenschlicher Anstrengung. Er bleibt stets der Sieger,[6] aber er ist kein Eroberer; er hilft, zieht weiter und kämpft für das Gute und Edle. Und in den meisten Fällen sind die Deutschen, denen er begegnet, ihm in diesem Sinne verwandt, so auch Krüger Bei.

II. Der Kolonialismus eines Reiches, das zu spät kam

In den Denkfabriken der imperialen Globalisierung des späten 19. Jahrhunderts kursierte die Vorstellung von den fünf Reichen, die mächtig genug sein würden, im Kampf um die Aufteilung der Welt in Kolonien und Einflusssphären zu bestehen.[7] Gesetzt waren dabei die Positionen der alten Kolonialmächte, Großbritanniens und auch Frankreichs. Die Lage des jungen Deutschen Reiches, des ›ewigen Zweiten‹,[8] dagegen war prekär. »*Weltmacht oder Untergang*«, so lautete eine viel zitierte Formel.[9]

Viel später erst scheint sich ein geopolitischer Ausweg zu öffnen – freilich täuschend genug, denn es ist ein Ausweg in den Untergang: Das Ende einer Welt, die nach 1918 ›von gestern‹ ist, der Erste Weltkrieg, der eben auch ein Krieg um die koloniale Ausdehnung des Deutschen Kaiserreiches nach Osten sein sollte[10] – und nicht mehr nur nach Übersee. Doch zunächst hatte das Reich schon unter dem ersten Kaiser Wilhelm I., der endlich die mittelalterliche Reichsherrlichkeit in der Gegenwart wiederaufleben lassen

---

5 Hartmut Kühne: Satan und Ischariot I–III. In: Karl-May-Handbuch (wie Anm. 1), S. 216–222, hier S. 219.
6 Vgl. die aufschlussreiche Analyse des kolonialen Herrschaftssymbols der ›Nilpferdpeitsche‹ bei Karl May in Axel Dunker: »Durch die Wüste undsoweiter«. Orient, Orientalismus und der deutsche Kolonialismus der Phantasie. In: Maskeraden des (Post-)Kolonialismus. Verschattete Repräsentationen ›der Anderen‹ in der deutschsprachigen Literatur und im Film. Hg. v. Ortrud Gutjahr und Stefan Hermes. Würzburg: Königshausen & Neumann 2011, S. 173–195, hier S. 177–180.
7 Vgl. meine Studie: MITTELEUROPA – Landschaft und Diskurs. In: ›Mitteleuropa‹. Geschichte eines transnationalen Diskurses im 20. Jahrhundert. Bd. 1. Hg. v. Jacques Lajarrige, Walter Schmitz und Giusi Zanasi. Dresden: Thelem 2011, S. 11–40, hier S. 18. – Vgl. hier und im Folgenden nur Klaus J. Bade (Hg.): Imperialismus und Kolonialmission. Kaiserliches Deutschland und koloniales Imperium. 2. Auflage. Stuttgart: Steiner 1984. – Christopher A. Bayly: Die Geburt der modernen Welt. Eine Globalgeschichte 1780–1914. Frankfurt a. M., New York: Campus 2006.
8 Vgl. Russell A. Berman: Der ewige Zweite. Deutschlands Sekundärkolonialismus. In: Phantasiereiche. Zur Kulturgeschichte des deutschen Kolonialismus. Hg. v. Daniela Gretz. Frankfurt a. M.: Campus 2003, S. 19–32.
9 Vgl. Christian Geulen: Weltordnung und »Rassenkampf«. Zur ideologischen Matrix des Kolonialismus. In: Deutscher Kolonialismus (wie Anm. 2), S. 33–39, hier S. 34.
10 Zu ›Mitteleuropa‹ als Expansionsraum des Deutschen Kaiserreiches vgl. meine Studie MITTELEUROPA – Landschaft und Diskurs (wie Anm. 7), S. 15–21.

sollte, und seinem machtpolitisch versierten Kanzler Bismarck sich einige Kolonien zu sichern versucht. Man war nicht ganz erfolglos,[11] und unter dem ›jungen Kaiser‹ Wilhelm II. wird der globale Kampf um den ›Platz an der Sonne‹, den sich die Deutschen redlich verdient hätten, mit verstärkter Anstrengung fortgesetzt. Den Wetteifer mit den großen Imperien hatte Deutschland, die kontinentale Großmacht, förmlich 1884/85 mit der Ausrichtung der Kongo-Konferenz aufgenommen und damit seinen Anspruch auf den Rang einer Weltmacht angemeldet. Mächtige Interessengruppen wie der Alldeutsche Verband[12] fordern und verstärken diese Politik. Und konsequent kommt es zu einer Kolonialisierung von Lebenswelt, Kultur und Wissen. Es bedarf nicht der militärischen Eroberung, um die ›unbekannte Ferne‹ ins Wissensuniversum der Europäer zu integrieren und sie damit auch zu verwandeln; Kaufleute, Missionare, ›Helden der Wissenschaft‹ tun das ihrige.[13] Gewürdigt wird in einer Weltgeschichte des Jahres 1909 etwa Gustav Nachtigal: Für ihn wie für viele Deutsche »*war platonischer Forschungseifer ohne jede Rücksicht auf politische oder wirtschaftliche Nebeninteressen die einzige Triebfeder, sich an der Aufschließung Afrikas zu beteiligen*«;[14] Nachtigals Bücher hatten höchst wahrscheinlich schon zu Karl Mays früher Lektüre gehört;[15] der berühmte Afrikareisende hatte sich in teilnehmender Beobachtung geübt, paßte sich – wiederum ganz wie Mays Kara Ben Nemsi – an die Sitten und Gebräuche der Völker, die er erforschen wollte, an. Populäre Bilder zeigen ihn so. (Abb. 1)

Soviel dem ›Volk der Dichter und Denker‹ die frühe ›Völkerkunde‹ als erweitertes Weltwissen bedeuten mochte; die ›Welt‹ zu entdecken bedeutete stets auch,

---

11 Die deutschen Kolonialaktivitäten galten lange als »marginaler Kolonialismus«. Vgl. Ulrike Lindner: Transimperiale Orientierung und Wissenstransfers. Deutscher Kolonialismus im internationalen Kontext. In: Deutscher Kolonialismus (wie Anm. 2), S. 16–29, hier S. 17.
12 Vgl. Roger Chickering: We Men Who Feel Most German: A Cultural Study of the Pan-German League, 1886–1914. Boston: Allen & Unwin 1984.
13 Rebekka Habermas: Intermediaries, Kaufleute, Missionare, Forscher und Diakonissen. Akteure und Akteurinnen im Wissenstransfer. Einführung. In: Von Käfern, Märkten und Menschen. Kolonialismus und Wissen in der Moderne. Hg. v. ders. und Alexandra Przyrembel. Göttingen: Vandenhoeck & Ruprecht 2013, S. 27–48. – Zur zeittypischen Charakteristik des Forschers als ›Held‹ bei Matthias Fiedler: Zwischen Abenteuer, Wissenschaft und Kolonialismus. Der deutsche Afrikadiskurs im 18. und 19. Jahrhundert. Köln, Weimar, Wien: Böhlau 2005, S. 136–142.
14 Weltgeschichte. Die Entwicklung der Menschheit in Staat und Gesellschaft, in Kultur und Geistesleben. Hg. v. Julius von Pflugk-Harttung. 6 Bde. Berlin 1907–1910. Hier Bd. 6, S. 278. Zit. nach Hartmut Bergenthum: Berlin: Kolonialismus und Rassismus in der populären Weltgeschichtsschreibung, vornehmlich dargestellt am Beispiel der Ullstein-Weltgeschichte. In: Kolonialismus hierzulande. Eine Spurensuche in Deutschland. Hg. v. Ulrich van der Heyden und Joachim Zeller. Erfurt: Sutton 2007, S. 370–374, hier S. 371. – Eine neuere Monographie zu Nachtigal fehlt, vgl. Claus Priesner: Nachtigal, Gustav. In: Neue Deutsche Biographie (NDB). Bd. 18, S. 682–684, sowie zu Nachtigals Aufenthalt in Tunesien Mounir Fendri.: Kulturmensch in »barbarischer« Fremde. Deutsche Reisende im Tunesien des 19. Jahrhunderts. München: Iudicium 1996, S.258–297.
15 So Hans Wollschläger: Vorwort: Karl Mays Reisen und ihre Wirklichkeit. In: Karl May: Gesammelte Werke. Bd. 82: In Fernen Zonen. *Karl Mays* Weltreisen. Orient 1899–1900. Amerika 1908. Hg. v. Lothar und Bernhard Schmid. Bamberg, Radebeul: Karl-May-Verlag 1999, S. 5–12, hier S. 6.

Abb. 1: Der Forscher Nachtigal bei Scheich Omar von Bornu, 5. Juni 1807.

Macht und Reichtum zu mehren. Lange schon hatten auch die Deutschen sich ihren Anteil an den vielfältigen Schätzen der von Europa aus neu geordneten Welt gesichert. Kolonialwaren wurden schon vor 1600 gehandelt, doch mit Beginn des 19. Jahrhunderts erhält diese traditionsreiche Ausbeutung ferner Regionen einen neuen Schub. Mehr und mehr dringen von den Hafenstädten ausgehend Kolonialwarenläden ins Binnenland vor bis in Kleinstädte und ländliche Gebiete.

Jetzt bannen die Reize des Orients, das ferne Asien und in geringerem Maße auch das abenteuerliche Südamerika überdies die kollektive Imagination der Deutschen.[16] Imaginäre Reisen in den Orient waren zu Beginn des 19. Jahrhunderts geradezu Mode bei deutschen Dichtern. Friedrich Rückert hatte 1822 als Antwort auf Goethes *West-östlichen Diwan* (1819) seine *West-östlichen Rosen* vorgelegt, dann jedoch, in einem zeittypischen Prozeß der Professionalisierung, die orientalisierende Poesie gegen die Philologie vertauscht, – mit Professuren der Orientalistik in Erlangen späterhin in

---

[16] Vgl. Birthe Kundrus: Die Kolonien – »Kinder des Gefühls und der Phantasie«. In: Dies., Phantasiereiche (wie Anm. 8), S. 7–18. – Dies.: Spurensuche. Der deutsche Kolonialismus in kulturgeschichtlicher Perspektive. In: Gutjahr, Maskeraden (wie Anm. 6), S. 17–38. Weiter Klaus R. Scherpe: Szenarien des Kolonialismus in den Medien des deutschen Kaiserreichs. In: Ebd., S. 149–172. – Stefan Koppelkamm: Exotische Architekturen im 18. und 19. Jahrhundert. Veröffentlicht im Rahmen des Gesamtprojekts Exotische Welten. Europäische Phantasien. Berlin: Ernst & Sohn 1987. – Im Materialteil auf Südamerika konzentriert, aber für uns dennoch methodisch anregend Susanne Zantop: Kolonialphantasien im vorkolonialen Deutschland (1770–1870). Berlin: Schmidt 1999, S. 9–29.

Berlin. August von Platen hingegen hatte im Jahr 1821 seiner Sammlung von Ghaselen gleichsam das Motto einer Wiederverzauberung der Welt vorangestelllt: »*Der nie gewagt zu fliegen/Nach dem Orient, wie wir,/Lass das Büchlein, lass es liegen,/Denn Geheimnis ist es dir.*«[17] Jetzt aber, nachdem der Welthandel und die koloniale Verteilung der Welt so recht in Schwung gekommen waren, werfen die Deutschen einen neuen, von kolonialer Hoffnung geprägten Blick auf die Welt, und auch wenn sie nicht stets am Verteilen der Reichtümer unmittelbar beteiligt sind, so kommt von dieser Welt doch vieles und vielerlei bei ihnen an. Auch die Deutschen genossen die Vorteile der kolonialen Erschließung der Welt, schätzten »*das Gefühl, ein wenig auf der ›Schokoladenseite‹ der Welt zu stehen.*«[18] Die Kolonialwarenhandlungen bieten ein reichhaltiges Sortiment, vor allem Genuss und Konsum profitieren vom intensivierten Welthandel[19]

> *Der Konsum von Kolonialwaren stellte für Generationen eine herausgehobene Art der Bedürfnisbefriedigung dar. Ihr Konsum versprach eine Wirkung weit über den Verzehr hinaus. Gleichsam als speichernde Botenstoffe verliehen Kolonialwaren ihren europäischen Konsumenten einen Fernsinn, aufgeladen mit dem Gefühl, über ein Stück Welt zu verfügen und es privilegiert zu genießen. Frühe Reiseschriftsteller prägen in ihren Werken entsprechende Phantasien, noch bevor die kolonialen Genussstoffe in Europa verbreitet waren.*

Und in Friedrich Wilhelm Hackländers Roman *Handel und Wandel* (1850) erzählt so ein junger Kaufmannslehrling zum »großen Ergötzen« seines Zuhörers, was ihn zu dieser Lehre bewegt habe. Er habe »*immer beim Anblick von Kaffee und Zucker an die fernen Meere gedacht, und von wunderbaren Ländern geträumt, mit denen ich durch den Spezereihandel in, wenn auch indirekte, Verbindung trete.*«[20] So verspricht denn ein Gedicht, das noch 1927 der Leipziger Lehrerverein zur Behandlung in den Schulen empfahl, im Titel *Die ganze Welt*:[21]

---

17 August von Platen: Werke. Bd. 1. Hg. v. Jürgen Link. München: Winkler 1982, S. 242. – Dazu Andrea Pollaschegg: Der Flug in die Fremde – der Flug in die Dichtung. Zu einer poetischen und hermeneutischen Denkbewegung um 1800. In: Topographien der Literatur. Deutsche Literatur im transnationalen Kontext. Hg. v. Hartmut Böhme. Stuttgart 2005, S. 648–672.
18 Gordon Uhlmann: Hamburg: Kolonialwaren. In: van der Heyden/Zeller, Kolonialismus hierzulande (wie Anm. 14), S. 348–52, hier S. 350.
19 Ebd., S. 351.
20 Friedrich Wilhelm Hackländer: Handel und Wandel. Hg. von Taro Breuer. Jena: IKS Garamond 2003, S. 53. – Hinweis auf diese Stelle bei Torsten Hahn: Objektive und ›Ideale‹ Bilder. Aufgenommen während einer Reise in den Orient in den Jahren 1840 und 1841. In: Magie der Geschichten. Weltverkehr, Literatur und Anthropologie in der zweiten Hälfte des 19. Jahrhunderts. Hg. v. Michael Neumann und Kerstin Stüssel. Konstanz: Konstanz University Press 2011, S. 175–196, S. 178.
21 Allerhand Sachen zum Lesen und Lachen. Hg. v. Leipziger Lehrerverein. Leipzig 1927, S. 36f. Zit. nach Uhlmann, Hamburg: Kolonialwaren (wie Anm. 18), S. 350.

Abb. 2: Die Yenidze in Dresden. Luftaufnahme um 1920.

Wo hängt der größte Bilderbogen?
Beim Kaufmann, Kinder, ungelogen!
Man braucht nur draußen stehenbleiben,
guckt einfach durch die Fensterscheiben,
da sieht man ohne alles Geld
die ganze Welt.

Man sieht die braunen Kaffeebohnen,
die wachsen, wo die Affen wohnen.
Man sieht auf Waschblau, Reis und Mandeln,
Kamele unter Palmen wandeln
und einen Ochsen ganz bepackt
mit Fleischextrakt.

[…]
und manchmal steht ein bunter Mohr,
der lacht, davor.

Die spektakuläre Ikone dieses Konsum-Aufschwungs war am 11. Januar 1909 in der sächsischen Residenzstadt Dresden entstanden – der Bau einer eigenen ›Tabakmoschee‹, der berühmten Yenidze, die sich an die barocke Altstadt anschließend als moderner Tempel eines orientalischen Wohllebens inszenierte.[22] (Abb. 2) Die Helden der kolonialen Eroberung aber werden zugleich die Verehrungsfiguren der Populärkultur. Die damaligen Medien und Wissensspeicher agieren mit schier revolutionärer Effizienz.[23] Dies beginnt mit den werbenden Verpackungen und weiteren Anpreisungen der neuen Waren[24] – so, wie dann noch der niedliche, ›bunte‹ und heitere Sarotti-Mohr die Schokolade aus feinsten Kakaobohnen präsentiert; wie so oft vereinen sich auch in dieser Figur Afrikanisches und Orientalisches in einer ebenso hybriden wie für die Kundschaft völlig plausiblen Mischung.[25] Auch Sammelbildchen werden den Waren häufig beigegeben; sie zeigen nicht nur die andere Welt, sondern ebenso die

22 Vgl. Christa Meyer-Köster: 1001 Nacht mitten in Dresden. In: Verschwunden – Vergessen – Bewahrt? Industriedenkmale in Deutschland. Hg. v. Verlag Redieck & Schade. Rostock: Redieck & Schade 1999, S. 73–76. Vgl. weiter zur ›Tabakmoschee‹ und dem Image der Orientzigarette Tino Jacobs: Rauch und Macht. Das Unternehmen Reemtsma 1920 bis 1961. Göttingen: Wallstein 2008, S. 31f. – Koppelkamm, Exotische Architekturen (wie Anm. 16), S. 169ff. – Nur am Rande dazu Klaus R. Scherpe: Reklame für Salem Aleikum. 11. Januar 1909: Die Dresdner Cigarettenfabrik Yenidze erhält eine Moscheekuppel. In: Mit Deutschland um die Welt. Eine Kulturgeschichte des Fremden in der Kolonialzeit. Hg.v. Alexander Honold und dems. Stuttgart, Weimar: Metzler 2004, S. 381–388. – Völlig getrennt von der Gegenwart, noch diesseits der Schwelle der Katastrophen, die das 20. Jahrhundert – durchaus in globalem Maßstab – bringen sollte, kannte das 19. Jahrhundert auch noch ein »harmlose[s] Unterhaltungsbedürfnis«, welchem in seiner Harmlosigkeit freilich die weniger harmlosen Bedingungen der darzustellenden Welt noch unbewusst blieben; Beat Wyss: Bilder von der Globalisierung. Die Weltausstellung von Paris 1889. Berlin: Insel 2010, S. 12. Spätestens seit Edward Saids Orientalismus-These ist der Vorwurf gegen diese Bilder und harmlosen Versatzstücke der globalisierten Weltsicht des 19. Jahrhunderts ein wissenschaftlicher Gemeinplatz geworden. Der Erfolg von Saids These muss hier nicht dokumentiert werden, es sei aber auf die notwendige Kritik hingewiesen, so z.B. in der Rezension von James Clifford: Orientalism by Edward W. Said. In History and Theory 19 (1980), H. 2, S. 204–223; sowie die Übersicht zur Kritik an Said bei Markus Schmitz: Kulturkritik ohne Zentrum. Edward W. Said und die Kontrapunkte kritischer Dekolonisation. Bielefeld: transcript 2008, S. 361–383. Umfassend zu Ereignis, Imagination und Erinnerungsstrategien: Koloniale Vergangenheiten – (post-)imperiale Gegenwart: Prozesse und Repräsentationen im Aufriss. In: Koloniale Vergangenheiten – (post-)imperiale Gegenwart. Vortragsreihe im Rahmen des Jubiläums »550 Jahre Albert-Ludwigs-Universität«. Hg. v. dens. Berlin: BWV 2010, S. 7–24; sowie Dirk von Laak: Im Tropenfieber. Deutschlands afrikanische Kolonien zwischen Verlangen und Vergessen. Ebd., S. 87–98.
23 Zu den medialen Bedingungen und Formen dieser exponentiellen Steigerung des Weltwissens im 19. Jahrhundert vgl. nur die einschlägigen Beiträge in: Kommunikationsrevolutionen. Die neuen Medien des 16. und 19. Jahrhunderts. Hg. v. Michael North. 2. Aufl. Köln, Weimar, Wien: Böhlau 2001. Speziell zu Afrika im Zeitschriftendiskurs der Zeit von 1850–1870 vgl. Daniela Gretz: Das »innere Afrika« des Realismus., Wilhelm Raabes *Abu Telfan* (1867) und der zeitgenössische Afrika-Diskurs. In: Neumann/Stüssel, Magie der Geschichten (wie Anm. 20), S. 197–216, hier S. 198–206. Weiter Klaus R. Scherpe: Szenarien des Kolonialismus in den Medien des deutschen Kaiserreichs. In: Koloniale Vergangenheiten – (post-)imperiale Gegenwart (wie Anm. 22), S. 165–184.
24 Einführend Scherpe, Reklame für Salem Aleikum (wie Anm. 22). – Vgl. Uhlmann, Hamburg: Kolonialwaren (wie Anm. 18), S. 351: »Für die Werbung der Kolonialwaren lieferten bekannte Grafiker paradiesische Tropenmotive und idyllisierende Kolonialszenerien, subtile Suggestionen verfügbarer Länder; Naturschätze und Menschen, aufbereitet zu Sehnsuchtsinseln und Traumlandschaften.« Weiter David M. Ciarlo: Rasse konsumieren. Von der exotischen zur kolonialen Imagination in der Bildreklame des Wilhelminischen Kaiserreichs. In: Kundrus, Phantasiereiche (wie Anm. 8), S. 135–179.
25 Geschaffen hatte ihn der Werbegrafiker Julius Gipkens 1918; zur Mohren-Topik vgl. Ciarlo, Rasse konsumieren (wie Anm. 24), S. 146–149, Abb. S. 177ff. – Vgl. speziell Rita Gudermann: Der Sarotti-Mohr. Die bewegte Geschichte einer Werbefigur. Berlin: Links 2004; dies.: Der Sarotti-Mohr. Ein schwarzer Knabe

Abb. 3: Kamelreiter der deutschen Schutztruppe während des Hottentotten-Aufstandes.

Helden des Kolonialzeitalters, Forscher und Eroberer.[26] (Abb. 3) Die junge Fotografie erschließt exotische Fernen,[27] und die traditionsreiche Malerei steht nicht zurück.[28] (Abb. 4; 5) Der Zauber des Orients ist bei den Weltausstellungen zu bewundern,[29] frühe Manifestationen »*der globalen Massen- und Konsumkultur, in der wir heute*

in der Werbung. In: Das Jahrhundert der Bilder. Bd. 1: 1900 bis 1949. Hg. v. Gerhard Paul. Göttingen: Vandenhoeck & Ruprecht 2009, S. 276–283.
26 Vgl. hierzu die umfassende Sammlung in Atlas des Historischen Bildwissens. Bd. 2: Reklame-Sammelbilder. Bilder der Jahre 1870 bis 1970 mit historischen Themen. Hg. v. Bernhard Jussen. Berlin: Directmedia Publishing 2008.
27 Vgl. Petra Bopp: Orientalismus im Bild. 1903: Rudolf Lehnerts erste Photoexkursion nach Tunesien und die Tradition reisender Orientmaler. In: Honold,/Scherpe, Mit Deutschland um die Welt (wie Anm. 22), S. 288–299. – Exemplarisch zu den deutschen Kolonien Felix Axster: Koloniales Spektakel in 9x14. Bildpostkarten im Deutschen Kaiserreich. Bielefeld: transcript 2014.
28 Vgl. Erika Günther: Die Faszination des Fremden. Der malerische Orientalismus in Deutschland. Münster: Lit 1990. – Außerdem Karin Rhein: Deutsche Orientmalerei in der zweiten Hälfte des 19. Jahrhunderts. Entwicklung und Charakteristika. Berlin: Tenea 2003; sowie Martina Haja/Günther Wimmer: Les Orientalistes des Écoles Allemande et Autrichienne. Paris: ACR Édition 2000.
29 Die Weltausstellung von 1889 demonstrierte, dass man, wenn sich mit afrikanischer Kultur beschäftigte, sich dem Maghreb zuwandte, vgl. den Bericht bei Wyss, Bilder von der Globalisierung (wie Anm. 22), S. 84ff. im Kapitel: »Primitive und Orientalen. Afrika und der Islam«. »Algerien und Tunesien, die französischen Neuerwerbungen, bekamen einen prominenten Platz im Eingangsbereich der Kolonialausstellung«, ebd., S. 87. Beteiligt war Tunesien schon an den Weltausstellungen von 1867 und 1878, damals noch unter der Herrschaft von unabhängigen Beys. Für diese Ausstellungen wurde ein synkretistischer Baustil entwickelt, der in den Heimatländern als ›französischer Stil‹ benannt wurde – ein Orientalismus, der bis heute zum Gemeinplatz touristischer Nutzung geworden ist; vgl. ebd., S. 97. »Der koloniale Festumzug an der Esplanade des Invalides« zeigte in seiner »erste[n] […] Sektion die Reiter aus Senegal, Algerien und Tunesien, gefolgt von türkischen Janisscharen [sic!]«, vgl. die Abb. ebd., S. 47. Weiter Werner Hofmann: Die Welt als Schaustellung. In: ders.: Das Irdische Paradies. Motive und Ideen des 19. Jahrhunderts. 3. Auflage. München: Prestel 1991, S. 86–111. – Timothy Mitchell: Die Welt als Ausstellung. In: Jenseits des Eurozentrismus. Postkoloniale Perspektiven in den Geschichts- und Kulturwissenschaften. Hg. v. Sebastian Conrad, Shalini Randeira und Regina Römhild. 2., erw. Aufl. Frankfurt a. M., New York: Campus 2013, S. 438–465. – Die beiden folgenden Zitate wiederum bei Wyss, Bilder von der Globalisierung (wie Anm. 22), S. 11 sowie S. 97.

Abb. 4: Samoum.

Abb. 5: Franz Roubaud. Traversée de la rivière. 1912, Öl auf Leinwand, 60,5x 92,5 cm.

leben«, die allerdings eher eine »*Basar-Romantik*« inszenieren, noch in Bewunderung und Anerkennung keineswegs frei von rassistischer Herablassung.[30] Geht man sodann in die Operette, also jene Opernvariation mit breiterem Unterhaltungswert, die zugleich als Wissensspeicher so wie Karl Mays Bücher ihre eigenen Klischees des Weltwissens verbreitet, so befindet man sich in einer weiteren Sparte des damaligen ›Welttheaters‹,[31] und es darf neben der ›venezianischen Nacht‹ oder einem Ausflug ins mondäne ›Pariser Leben‹ (schon gewürzt mit Offenbachscher Ironie), neben dem revolutionär-verdächtigen und faszinierenden Südamerika oder dem Fernen Osten selbstverständlich die Zauberwelt des Alten Orients nicht fehlen: Johann Strauß hatte seinen Walzer *Tausend und eine Nacht* 1871 komponiert; im Jahr 1906 brachte er eine frühere, neu bearbeitete Operette nun mit diesem werbewirksamen Titel auf die Bühne; sie spielt ›irgendwann und irgendwo im Morgenland‹. Dass die ›große Oper‹ – von *Aida* bis zu *Turandot* – eine Exotisierung der Bühnenwelten vorantreibt und vielleicht sogar die Vorbilder liefert, an denen auch das nicht ganz so exklusive Publikum der Breitenmedien oder der ›kleinen Oper‹, der Operette, gerne teilhaben möchte, versteht sich von selbst. In einer Kultur, die dem Spektakel einen prominenten Platz einräumt, ist die Exotik des Orientalismus unverzichtbar;[32] so lädt die ›andere‹, fremd-faszinierende Welt denn auch die Besucher der Vergnügungsparks ein – als ungefährliche Kulisse. Und die allbeliebten Familienblätter, die man in der ›Gartenlaube‹ im Familienkreise lesen soll – so hatte es ja der Prototyp, eben die Zeitschrift *Die Gartenlaube* im Titelbild vorgegeben –, führten ganz behaglich in die exotische Ferne und machten die Deutschen – so auch den Reiseschriftsteller, der nicht gereist war, Karl May[33] – mit fremden Völkern und Kulturen bekannt. Es entstand eine Weltoffenheit, die nicht immer frei ist von einem Air provinzieller Beschränktheit.

---

30 Vgl. Dana S. Hale: Races on Display. French Representations of Colonized Peoples, 1886–1940. Bloomington, Indianapolis: Indiana University Press 2008.
31 Vgl. Dirk Schindelbeck: Welttheater Zur Kommunikationsgeschichte der Weltausstellungen. Verfügbar unter http://dirk-schindelbeck.de/archives/4502, Zugriff am 7.7.2017. Diese aktualisierte Version basiert auf dem gleichnamigen Artikel in: Universitas. Zeitschrift für interdisziplinäre Wissenschaft 54 (1999), H. 11, S. 1069–1082 – Zur Operette als Übersicht meine Studie: Operette und Massenkultur. Kulturgeschichtliche Anmerkungen in aktueller Absicht. In: Musica in litteris. Musikalische Geburtstagsgabe für Ludger Udolph. 2017 (i. V.).
32 Vgl. dazu Spectaculaire Second Empire. Hg. v. Guy Cogeval u. a. Paris: Éditions Skira 2016 [Katalog zur Ausstellung vom 27. September 2016 bis 16. Januar 2017 im Musée d'Orsay.], S. 76 und S. 228. Dann Sylke Kirschnick: Hereinspaziert! Kolonialismus als Vergnügungskultur. In: Kolonialismus als Kultur: Literatur, Medien, Wissenschaft in der deutschen Gründerzeit des Fremden. Hg. v. Alexander Honold und Oliver Simons. Tübingen, Basel: Francke 2002, S. 221–241.
33 Mays erste Kenntnis von ›Krüger Bei‹ stammt aus einem Artikel in der *Gartenlaube*, dazu unten S. 40f. – Vgl. Karl Jürgen Roth: Die außereuropäische Welt in deutschsprachigen Familienzeitschriften vor der Reichsgründung. St. Katharinen: Scripta Mercaturae 1996, S. 191–206 zur Maghreb-Region. – Vgl. weiter Günter Butzer: Programmatischer oder poetischer Realismus? Zur Bedeutung der Massenkommunikation für das Verständnis der deutschen Literatur im 19. Jahrhundert. In: IASL 25 (2000), H. 2, S. 206–217. – Weiter

II. Widergänger deutscher Weltsendung: Literarische Irritationen

Allmählich, im Übergang vom 18. zum 19. Jahrhundert schuf sich »*die Einbildungskraft der westlichen Öffentlichkeiten*« einen Orient als »*Ort der Erotik und Exotik*«,[34] und zugleich leistete – durchaus in Überblendung der Perspektiven – die »Reiseliteratur von Abenteurern, Missionaren, Militärs und Forschern« einen Beitrag zu der sich allmählich etablierenden Wissenschaft der ›Völkerkunde‹, früh auch mit ›rassenkundlichem‹ Einschlag. Doch die erfundenen Geschichten der ›Hochliteratur‹ schließen sich hier nicht an; hier, bei den Autoren des sog. ›poetischen Realismus‹ bietet das Bild vom Orient, wie in einem entzaubernden Spiegel, nun auch die desillusionierende ›Wahrheit‹ auch über die nur scheinhaft ›andere‹ Realität in der ›Heimat‹. Die ›Verklärung der Wirklichkeit‹ zunächst einmal, die durchaus zum Programm eines ›poetischen Realismus‹ gehörte, will nicht gelingen, wenn man in den ›märchenhaften Orient‹ tatsächlich reist. Auch und gerade die Phantasmen der Konsumwelt erscheinen dann als bloßes Blendwerk: Friedrich Wilhelm Hackländers Romanfigur hatte sich besonders für die ›Etiketten‹ begeistert, mit denen die Waren in jener neuen Konsumkultur für den Käufer identifizierbar gemacht wurden – samt imaginärem Mehrwert:[35]

> *Hier war ein Schiff zu sehen mit vollen Segeln, welches gerade in der kleinen Bucht eines fernen Welttheils anlegte. [...] [S]chlanke Palmen und Brodbäume nickten über den Ufer-Rand. Gott wer das einmal in Wirklichkeit ansehen könnte! [...] Hatte ich dort das wirkliche Meer gesehen, so blickte ich auf Zeugen, die aus Kameelhaaren gemacht waren, lange Carawanen-Züge, die durch ein unendliches Sandmeer zogen. [...] Wie oft war ich dem Kameel durch alle Straßen gefolgt, auf welchem der kleine rote Affe saß und hatte sehnlich gewünscht, es möge mir nur einmal vergönnt sein, das Land zu sehen, in welchem diese Thiere wild umherspringen.*

Seine Abenteuer, Prüfungen und Intrigen bestehet der Ich-Erzähler freilich im heimischen Deutschland, bis er schließlich – nach einer Reise nach Südfrankreich – als ein wohlbestallter Kaufmann und glücklicher Ehemann seinen ›Bildungsroman‹ beschließen kann. Als der Autor Hackländer indessen zehn Jahre zuvor –1840 – eine

---

Axel Dunker: Die Vervielfältigung des medialen Wissens über die Fremde. (Post-)Koloniale Medien des Realismus. In: Medialer Realismus. Hg. v. Daniela Gretz. Freiburg i. Br., Berlin, Wien: Rombach 2011, S. 127–144.
34 Richard Heigl: Wüstensöhne und Despoten. Das Bild des Vorderen Orients in deutschsprachigen Weltgeschichten des 19. Jahrhunderts. Regensburg: Universität Regensburg 2000, S. 72f., folgendes Zitat ebd. S. 73.
35 Hackländer, Handel und Wandel (wie Anm. 20), S. 210f. – Hahn, Objektive und ›Ideale‹ Bilder (wie Anm. 20), S. 179, der auch diese Stelle zitiert, macht sogleich auf die wortgleichen Übernahmen in Hackländers Autobiographie aufmerksam.

Reise in den Orient unternommen hatte, machte er den Kontrast zwischen der Wunder- und Sehnsuchtswelt der »*arabischen Mährchen*« und dem »*Schmutz und Elend im realen Orient*« zum Kompositionsprinzip seiner Reisebeschreibung.[36] Die Realität in der Ferne ist hässlich, und läßt sich nicht ›verklären‹. Aber – und diesen Befund sollten etwa Gottfried Keller und Wilhelm Raabe alsbald exemplarisch formulieren – wer dann heimkehrt, wird vollends desillusioniert.

Bis in die Gegenwart ja stellt sich die Frage, wie der koloniale Weltenwanderer denn den Weg zurück in die Heimat findet. Dass hier durchaus ein verdecktes Problem aufzuhellen wäre, davon gibt die Literatur noch immer Zeugnis. In Ilja Trojanows *Der Weltensammler* (2006) bleibt Richard Burton, der Romanfigur, wie sie Trojanow aus den biografischen und autobiografischen Quellen des Lebens und Denkens von Sir Richard Francis Burton (1821–1890) geschaffen hat, die Heimat fremd, nachdem er die koloniale Aneignung der Welt auf die Spitze getrieben hatte, als teilnehmender Beobachter – und Störer – sogar bei der Hadsch nach Mekka. Burtons Schilderung *Personal narrative of a pilgrimage to El Medinah and Meccah*, im Jahr 1855 veröffentlicht, befand sich – in deutscher Übersetzung – in Karl Mays Bibliothek.[37] Trojanovs Burton ist nicht nur an der Beherrschung und Ausbeutung der Kolonialvölker interessiert, sondern ihm geht es um die kulturelle Aneignung, die er eben in mannigfaltiger Verkleidung, als teilhabender Beobachter verwirklichen will. Verloren hat er dabei seine eigene Identität.[38] Nach England findet Richard Burton in Trojanows Roman nicht mehr zurück. Er stirbt im katholischen Süditalien, der letzten Fremdkultur auf seiner Lebensreise.

Doch schon die Literatur des sogenannten ›Realismus‹ des 19. Jahrhunderts kennt die Figur des problematischen Heimkehrers. Und sie ist – in kritischer Akzentuierung – eng verflochten mit den ›Medien des Realismus‹, die zugleich ›Medien des Orientalismus‹ waren.[39] Auch in Gottfried Kellers Seldwyler Novellen öffnet sich der heimische Horizont dieses Schweizmodells ins Weite, hatten doch die

---

36 Hahn, Objektive und ›Ideale‹ Bilder (wie Anm. 20), S. 189.
37 Vgl. Ralf-Peter Märtin: Sorgfalt und Kalkül. Karl Mays Umgang mit seinen Quellen. In: Karl May – der sächsische Phantast. Studien zu Leben und Werk. Hg. v. Harald Eggebrecht. Frankfurt a. M.: Fischer 1987, S. 235–249.
38 Für eine genauere Lektüre vgl. Julie-Seksane Atalan: Interkulturalität – Der postkoloniale Blick auf die ›Araber‹ in Ilija Trojanows Roman *Der Weltensammler*. In: Sinnwelten- deutsch-Arabisch: Migration, Differenz und Übersetzung in Sprache und Literatur der Gegenwart. Hg. v. Lamia Mrad und Walter Schmitz. Dresden: Thelem 2018 (i. V.). Vgl. außerdem meinen Artikel zum Autor in: Handbuch Literatur der Migration in den deutschsprachigen Ländern seit 1945. Bd. 3: Autorinnen und Autoren und ihre Werke. Ein Lexikon. Hg. v. Walter Schmitz. Dresden: Thelem 2017 (i. V.).
39 Vgl. aus der ausgedehnten Forschung hier nur Daniela Gretz: Das Wissen der Literatur. Der deutsche literarische Realismus und die Zeitschriftenkultur des 19. Jahrhunderts. In: Dies., Medialer Realismus (wie Anm. 33), S. 99–126.

Schweizer zwar nicht als Eroberer, aber als Handelsleute und Söldner seit je her ihre Weltläufigkeit unter Beweis gestellt. Für Pankraz, den Schmoller, die Titelfigur der Novelle von 1856, wird das Militär in der Fremde eine Schule des Lebens, und er entschließt sich deshalb, »*heimzukehren und meine erworbene Arbeitsfähigkeit und feste Lebensart in der Heimat zu verwenden.*«[40] Als Oberst im Afrikakorps der französischen Fremdenlegion nach 15 Jahren heimgekehrt, erzählt er seine doppelte Bekehrung: Zuerst, im Kolonialdienst der Ostindischen Kompanie, macht ihn seine unsoziale ›Grobheit‹, mißleitet zudem durch die Lektüre des englischen Klassikers Shakespeare, zur leichten Beute der stolzen und koketten englischen Schönen Lydia; dann aber, bei der anderen Kolonialmacht, in französischem Dienst, allein in der algerischen Wüste, besteht er eine gesteigerte Konfrontation: Er wird diesmal nicht zur ›Beute‹, sondern hält, diesmal nicht von literarischer Lektüre mißleitet, in der Wüste Nordafrikas – eine Metapher der Welt selbst – einem wilden Löwen stand, wird so durch Lebensgefahr zu Geduld und Menschenfreundlichkeit erzogen. ›Nordafrika‹ hat den mürrischen Pankraz soweit domestiziert, dass er sich in der Schweiz als Heimat einzufügen – oder anzupassen – weiß.

Waffentechnisch gut ausgerüstet – wie Karl Mays Kara Ben Nemsi – hatten sie sich in der kolonialen Welt bewegt: Pankraz, der »*mit einer guten Büchse bewaffnet*« ist,[41] und auch Leonard Hagebucher, der Protagonist in Wilhelm Raabes Roman *Abu Telfan oder Die Heimkehr vom Mondgebirge*; der war bei seinem Aufbruch ins innere Afrika mit »*einer guten Doppelbüchse, nebst der dazugehörenden Munition*« ausgerüstet.[42] Aber Pankraz und Hagebucher werden nicht zu Helden des Kolonialzeitalters. Hagebucher wird gefangengenommen und leidet ohnmächtig als Sklave im Tumurkieland. Als der heimgekehrte Kriegsmann Pankraz aber die Geschichten seiner Ohnmachts-Erfahrungen in der fremden, weiten Welt im trauten Familienkreis erzählt, schlafen seine Zuhörer erst einmal ein.[43] Während es doch sprichwörtlich wurde, dass einer, der eine Reise getan, auch etwas zu erzählen habe,[44] bedeutet ›Heimkehr‹ jetzt Kommunikationslosigkeit, mit der sich Pankraz entsagend und gemeinnützig tätig einrichtet. »*[…] erschossen, erschlagen und… totgeschwiegen*«[45] bleibt alles, was sich heimatlicher Bürgerlichkeit nicht fügt – so wie ja auch für

---

40 Gottfried Keller: Pankraz der Schmoller. In: Ders.: Die Leute von Seldwyla. Hg. v. Thomas Böning. Frankfurt. a. M.: DKV 2006, S. 15–68. Hier S. 33.
41 Ebd., S. 64.
42 Wilhelm Raabe: Abu Telfan oder Die Heimkehr vom Mondgebirge. Hg. v. Werner Röpke. [= Wilhelm Raabe. Sämtliche Werke. Hg. v. Karl Hoppe. Bd. 7.]. Freiburg i. Br., Braunschweig: Klemm 1951, S. 27.
43 Vgl. Keller, Pankraz (wie Anm. 40), S. 63
44 Vgl. etwa Georg Büchmann: Geflügelte Worte. Der Zitatenschatz des deutschen Volkes. 38. Aufl. Frankfurt a. M., Berlin: Ullstein 1991, S. 86.
45 Bernd Neumann: Gottfried Keller. Eine Einführung in sein Werk. Königstein i. Ts.: Athenäum 1982, S. 129.

die ›wilde‹ Poesie in der Prosa der Verhältnisse zur Mitte des 19. Jahrhunderts kein Platz mehr ist. Und so bleibt bei dem früher anstößig unangepaßten Pankraz, so wohl integriert er jetzt auch wirken mag, doch unklar, ob hier nicht »*ein Sein im Zeichen der Resignation verdeckt*« sei[46] und ob vielleicht statt eines Modells der Selbstgewinnung durch Entsagung vielmehr ein Muster der Selbstentfremdung in der ›Heimat‹ geboten werde.[47]

Eben um das Paradox einer unheimatlichen Heimat wird dann – im Jahr 1867 – Wilhelm Raabe seinen *Abu Telfan*-Roman kreisen lassen. Leonard Hagebucher kehrt erst nach Jahren der Sklaverei in Abu Telfan am Fuß des Mondgebirges, dessen Existenz – einem ironischen Autorkommentar zufolge – freilich unsicher ist,[48] zurück in seine Heimat nach Bumsdorf, nahe dem Residenzstädtchen mit dem ebenso sprechenden Namen Nippenburg: In Abu Telfan hatte Hagebucher nichts gestört als die physische, rohe Gewalt und das Heimweh. Jetzt, im Duodez-Format der ›Heimat‹, fing alles an ihn zu beunruhigen. »*[S]eine Persönlichkeit, sein Ich in dem gewohnten Lebenskreise zu behaupten*«,[49] ist gar keine leichte Aufgabe. Er gilt als unverbesserlicher Taugenichts – »*Der Bursche lief fort, weil er einsah, daß man ihn hier nicht gebrauchen könne; man hat ihn auch dort nicht gebrauchen können, er ist heimgekommen, und ich habe ihn wieder auf dem Halse!*« So sein Vater. Als »*[e]in verwildertes und, trotz der halbeuropäischen Kleidung, aschanti-, kaffern- oder mandingohafteres Subjekt*« tritt er auf: Er war eben[50]

als ein armer Mann aus der Fremde heimgekehrt [...], und man teilte einander unter bedächtigem Kopfschütteln mit, daß ein Vagabond in alle Ewigkeit ein Vagabond bleiben werde, und daß es vielleicht um vieles besser gewesen wäre, wenn die Mohren dahinten am Äquator den unnützen Menschen bei sich behalten hätten.

Raabes Hagebucher jedenfalls paßt nicht ins Klischee vom Deutschen, der in der Welt erfolgreich ist; von den Schätzen des Orients findet sich nichts im Gepäck des Heimkehrers. Als er dann noch die Verhältnisse im Tumurkieland mit denen »*der eigenen süßen Heimat*« in einem öffentlichen Vortrag vergleicht, gilt er endgültig als ein »*verruchte[r] Spötter*« und ein verdächtiges Subjekt.[51] So scheint ihm sein

---

46 Christian Müller: Subjektkonstituierung in einer kontingenten Welt. Erfahrungen zweier Afrika-Heimkehrer – Gottfried Kellers »Pankraz, der Schmoller« und Wilhelm Raabes »Abu Telfan«. In: Jahrbuch der Raabe-Gesellschaft 43 (2002), S. 82–110, hier S. 82.
47 Vgl. ebd., S. 82f.
48 Vgl. Raabe, Abu Telfan (wie Anm. 42), S. 5.
49 Ebd., S. 68. Folgendes Zitat, ebd., S. 42.
50 Ebd., S. 39. Zur vorangehenden Beschreibung am Romaneingang vgl. ebd., S. 7.
51 Ebd., S. 187.

schweres Sklavenleben in Afrika letztlich geradezu erstrebenswerter als die bürgerliche Existenz inmitten seiner Landsleute, die sich selbst für das »*biederste Volk der Erde*« halten, »*das Treu und Redlichkeit übt und, seit es aus dem Urschlamm entstand, seinen Regierungen nicht ein einziges Mal einen gerechten Grund zur Klage gegeben hat.*«[52] Während Hagebucher sich schließlich eine Art exterritorialen Fluchtorts schafft, der in seiner Beschränktheit bloß noch idyllisches Gegenmodell und sterile Enklave inmitten der fortschreitenden Nation ist, erweist sich das eigentliche Dilemma, wie es die Romanhandlung bis dahin entwickelt hatte, als unlösbar. Es ist die Schein-Differenz zwischen Heimat und Fremde.[53] Mittlerweile ist in Welthandel und Weltverkehr dank der Berichte und Bilder aus aller Welt schon eine »*Einheit der Welt*« hergestellt,[54] und diese geht tiefer, als es die Exotik der Bilder aus den ›fernen Länder‹ vermuten läßt; die mediale Oberfläche verbirgt eine wirkliche ›Wahrheit‹ ›über uns‹: ›Tumurkieland‹ und Deutschland – so der kritische Kommentar des ›realistischen‹ Romans zum medialen Afrikadiskurs[55] – sind sich ähnlicher, als es den biederen Deutschen lieb ist;[56] denn nicht die Barbarei wurde kolonisatorisch zivilisiert, sondern die heimische Zivilisation weist gut kaschierte ›barbarische‹ Züge auf. Letztlich wird Afrika zur Metapher der Unbekanntheit der Europäer mit sich selbst, jenem ›wahren, inneren Afrika‹, das als weißer Fleck der Mentalität in dem Reich des Unbewussten so genau dem weißen Fleck im Inneren des schwarzen Kontinents entspricht, der die Entdeckungsreisenden und Kolonisatoren so reizt.[57]

52 Ebd., S. 12.
53 Vgl. zur Methodenreflexion einer solchen ›Heimkehr in die Fremde‹ Doris Bachmann: Die »Dritte Welt« der Literatur. Eine ethnologische Methodenkritik literaturwissenschaftlichen Interpretierens, am Beispiel von Raabes Roman Abu Telfan oder Die Heimkehr vom Mondgebirge. In: Jahrbuch der Raabe-Gesellschaft 20 (1979), S. 27–71, hier bes. S. 52–71, auch zum gleichsam ›ethnographischen‹ Erzählgestus, der das Befremden Hagebuchers plausibilisiert.
54 Vgl. hier und im Folgenden ausführlich Peter J. Brenner: Die Einheit der Welt. Zur Entzauberung der Fremde und Verfremdung der Heimat in Raabes *Abu Telfan*. In: Jahrbuch der Raabe-Gesellschaft 30 (1989), S. 45–62.
55 Vgl. Gretz, Das »innere Afrika« (wie Anm. 23), S. 201. – Weiter Gretz, Wissen der Literatur (wie Anm. 39), S. 109–116. – Fiedler, Abenteuer, Wissenschaft und Kolonialismus (wie Anm. 13), S. 178–198.
56 So verwandelt Raabes Roman eben eine »Grunderfahrung des europäischen 19. Jahrhunderts« – die »Uniformierung der Welt unter einer eurozentrischen Perspektive« – in eine ironische Erzählung; Brenner, Einheit der Welt (wie Anm. 54), S. 49.
57 So Raabe im Anschluss an Jean Paul; vgl. für die Stelle bei Jean Paul: Selina, oder über die Unsterblichkeit der Seele. Berlin: Reimer 1842, S. 105. [=Jean Paul. Sämmtliche Werke. Bd. 33.] Daniela Gretz weist die Rekurrenz dieser Stelle in *Abu Telfan* nach, vgl. dies., Der deutsche literarische Realismus und die Zeitschriftenkultur. In: Dies., Medialer Realismus (wie Anm. 33), S. 113; weiter Florian Krobb: Erkundungen im Überseeischen. Wilhelm Raabe und die Füllung der Welt. Würzburg: Königshausen & Neumann 2009, S. 106, sowie ebd. S. 106ff. zum »verweigerten Schauplatz von *Abu Telfan*« im Kontext des damaligen geopolitischen Diskurses. – Bei den deutschen Philistern, die 1848 die Revolution versäumt hatten und auf die Leonard Hagebucher trifft, ist dieses ›innere Afrika‹ ein Rückhalt ihrer Sklavengesinnung, und mit ihr hat Hagebucher sich auseinanderzusetzen. – Zur weiteren Entwicklung vgl. meine Studie: Die Landschaften der Seele: Carl Gustav Jungs Erkundung Nordafrikas. In: Maghrebinische Gegenwelten – Imagination und

So beschreibt Raabe denn hier nicht etwa die authentische Erfahrung eines Heimkehrers ›realistisch‹, sondern fragt vielmehr nach der Realität des Afrikadiskurses in einer ›mittleren‹ – oder auch ›mittelmäßigen‹ Kultur,[58] wie er sich in der zweiten Jahrhunderthälfte in vielfältigen Medien etabliert hatte; während Hagenbucher den »*empirische[n] Erwartungsdruck der Öffentlichkeit*« – letztlich eine kolonial imprägnierte Neugierde – nicht zu befriedigen vermag,[59] hat am ›wirklichen Afrika‹ des Leonhard Hagenbucher in Bumsdorf und Nippenburg niemand Interesse.

III. Der Mann aus dem Volke in der ›Berberei‹

Das Schicksal des Mannes ›aus dem Volk‹, Johann Gottlieb Krüger, führt keineswegs in die Diskursräume der ›realistischen‹ Literatur eines Gottfried Keller oder Wilhelm Raabe, kann aber als deren Realitätskomplement entziffert werden. Gehört zu den Hauptthemenkreisen des damaligen Afrikadiskurses der »*Einfluss der europäischen Kolonisation in den Küstengebieten, vor allem in den afrikanischen Mittelmeerländern*«,[60] so veranschaulicht Krügers Lebensgeschichte, wie dieser Einfluß allmählich entstand, wie weit entfernt von europäischen Vorstellungswelten sogar das ›äußere Afrika‹, eben die Maghrebregion, entfernt war und wie groß die sozialen und Bildungsdifferenzen innerhalb der ›europäischen Zivilisation‹ waren. Denn im Vergleich zu diesem Schreibenden gehört sogar der ›Vagabund‹ Hagebucher zu den Privilegierten. Schon alle Voraussetzungen, aus denen sich allmählich die Desillusions- und Entsagungsgeschichten bei Keller und Raabe entwickeln, fehlen bei Johann Gottlieb Krüger. Er hat nicht die Ausrüstung eines Kolonialhelden; er ist ein waffenloser Deserteur, vorher ein geschundener Fremdenlegionär. Die Hunger- und Armutskrise in der ersten Hälfte des 19. Jahrhunderts hatte viele Deutsche zur Auswanderung gezwungen. Krüger ist arm und wird es bleiben. Versucht hatte er, seinen gedrückten Lebensbedingungen, die sich nur während seiner Dienstzeit beim Preußischen Militär erträglicher gestaltet hatten, in der französischen Fremdenlegi-

---

Erfahrung im deutschen Kulturraum seit dem 18. Jahrhundert. Hg. v. Mounir Fendri und Walter Schmitz unter Mitarbeit von Mohamed Tabassi. Dresden: Thelem 2017 (i. V.).
58 Zum Konzept einer ›mittleren Literatur‹ vgl. Edward Shils: Mass Society and Its Culture. In: Mass media in modern society. Hg. v. Norman Jacobs. New Brunswick, London: Transaction 1992, S. 43–69, bes. S. 47 zur »mediocre culture«.
59 So eine Formulierung Jürgen Osterhammels, zit. nach Krobb: Erkundungen (wie Anm. 57), S. 105.
60 Vgl. Gretz, Das »innere Afrika« (wie Anm. 23), S. 201 – Fiedler: Abenteuer, Wissenschaft und Kolonialismus (wie Anm. 13), S. 178–198.

on zu entgehen, die – am 10. März 1831 gegründet – sogleich eine rege Werbetätigkeit entfaltet hatte. Im Dezember 1831 schiffte sich »die gesamte Fremdenlegion nach Algerien« ein, um den im Mai 1830 begonnenen Eroberungskrieg, nach mancherlei Rückschlägen, doch noch erfolgreich zum Ende zu bringen. »*Unter den Legionären der ersten Jahre in Algerien dominierten zunächst die Schweizer [...] und die Deutschen mit einem Anteil von etwa 40 %.*«[61] Die Legion hatte den Ruf, dass sie »*nur aus Abentheurern, Vagabunden und schlechtem Gesindel zusammengesetzt*« sei;[62] immerhin aber hatten sich die Deutschen früh Respekt als das »›*Rückgrat*‹ *der Legion*« erworben.[63] Nachdem sieben Bataillone der Fremdenlegion in den strapazenreichen Kämpfen und Scharmützeln, aber auch durch Krankheit und Unterversorgung fast völlig aufgerieben waren, stellte man eine ›neue Fremdenlegion‹ auf, die im Januar 1837 abermals nach Nordafrika verlegt wurde.

›Legio patria nostra‹/ ›Die Legion ist unser Vaterland‹ – das war seit ihrer Gründung das Motto der Fremdenlegion. Freilich erweist sie sich für Krüger und viele andere als äußerst unheimatlich. Kolonialmächte verwandelten das Land ja keineswegs in eine staatlich durchorganisierte Provinz, sondern gingen von ›Inseln der Herrschaft‹ aus, die sich erst allmählich soweit verdichteten, dass eine vollständige Abhängigkeit vom ›Mutterland‹ entstand. Krügers Schicksal beginnt in der ersten Phase dieser Landnahme, und entsprechend wenig zeugt dabei von kolonialer Machtentfaltung. Eine Notiz in der Zeitschrift *Preußischer Volksfreund* umreißt aus zeitgenössischer Kenntnis, was auch Krüger, der ja nach seiner Flucht aus der Zwangs-›Heimat‹ der Legion wiederum zwangsweise zum Islam konvertierte,[64] zu erwarten hatte: [65]

Die Renegaten haben in Afrika einen außerordentlich geringen Werth. Die Deserteurs, welche das Glück haben, nach Fez zu gelangen, um dort den Islam anzunehmen, werden unter die kaiserliche Leibgarde gesteckt, die aus ungefähr 6000 spanischen und französischen Renegaten besteht [...] Viele aber gelangen nicht bis Fez, sondern fallen schon auf dem Wege dahin den Häuptlingen dieser oder jener Stämme in die Hände, die sie ohne Weiteres für drei bis vier Dollars als Sklaven verkaufen, während die schwarzen Sklaven zwischen 30 und 80 Dollars im Preise stehen.

61 Zu Struktur und Aufgaben der Fremdenlegion vgl. Eckard Michels: Deutsche in der Fremdenlegion 1870–1965. Mythen und Realitäten. 5. Aufl. Paderborn: Schöningh 2006, S. 23.
62 So ein französischer Rekrutierungsoffizier zu dem Holsteiner Gottlieb von Rosen im Juli 1834, als dieser sich verpflichten wollte. Gottlieb von Rosen: Bilder aus Algier und der Fremdenlegion, Kiel 1842, S. 85, hier zit. nach Michels, Deutsche in der Fremdenlegion (wie Anm. 61), S. 24.
63 Ebd., S. 331.
64 Vgl. die Schilderung der Konversion, unten S. 61ff.
65 Eine kurze Meldung aus Algier. In: Preußischer Volksfreund. Ein gemeinnütziges und unterhaltendes Blatt, 9 (1844). Verfügbar unter http://reader.digitale-sammlungen.de/resolve/display/bsb10617610.html, Zugriff am 31.08.2017.

Krüger also flieht aus der unerträglichen Schinderei in der Legion, und er gerät in eine faktische Sklaverei bei vielfältigen Herren, zuletzt eben dem Bey von Tunis in dessen Leibgarde.

Mögen »*Wüstensöhne und Despoten*« das »*Bild des Vorderen Orients*« in den deutschsprachigen Weltgeschichten noch des 20. Jahrhunderts bestimmen,[66] so ist Krüger ein Zeuge nicht etwa für den geordneten Schulstoff der Geschichte, sondern für die sinistre Wirklichkeit. Jedes der in der ›Heimat‹ verbreiteten Bilder aus einer fernen Welt, »*die sich ganz und gar von der unterscheidet, in der die Menschen wohnen, deren Träume diese Exotik ausmalen*«,[67] löst sich auf, sobald man, wie Krüger, ohne Schutz und Hilfe dieser ›Welt‹ in der ›Berberei‹ ausgesetzt wird. Auch von den erotischen Träumen, die für den Exotismus der Voyeure so unverzichtbar sind,[68] wird in Krügers desolater Ehe keiner eingelöst. Und schließlich wird auch die süße Hoffnung auf Heimkehr nach Deutschland sich nie erfüllen. Er bleibt trotz wohlmeinender Vermittlungsversuche in die Fremde gleichsam verbannt. Und will man fragen, wie eine glückliche Heimkehr denn hätte gelingen können, so ist zumindest die Einschätzung der Zuhausegebliebenen in Raabes Roman wohl ›realistisch‹ genug, um auch den Verwandten Krügers unterstellt zu werden: Die lassen das ›verkommene Subjekt‹ lieber, zwar nicht bei den Mohren, aber doch in der ›Berberei‹.[69]

Krüger ist der Gegentyp auch zu allen Europäern, die sich nach Nordafrika aufmachten, um dort die ›Fremde‹ nicht zu erobern, sondern sie bloß zu erfahren: unberührte Landschaft, fremde Völker mit anderen Lebensformen, eine nicht kleinlich beschränkte, in ihrer Willkür mal beängstigende, mal beeindruckende Herrschaft, die erst allmählich unter den Druck kolonialer Expansion geriet; denn erst diese Entwicklung hatte ja solche Reisen überhaupt erst in größerer Zahl möglich gemacht,[70] und so sind sie mit der Wirklichkeit machtpolitischer und kultureller Kolonisierung unauflöslich verbunden. Unter dem Titel *Kulturmensch in »barba-*

---

66 Vgl. Heigl, Wüstensöhne und Despoten (wie Anm. 34), S. 107–130.
67 Paul Theroux: Einführung. In: Alan Beukers: Der Reiz des Exotischen. Postkarten aus einer fremden Welt. Hamburg: National Geographic 2007, S. 6–13, hier S. 11.
68 Solch lockende Versprechungen gehen »zu einem erheblichen Teil von Fotografien aus«; ebd. In einer umfangreichen Sammlung finden sich neben vielen Beispielen aus Marokko und Algerien zwei Fundstücke aus Tunesien. Beide Frauen sind nur bis zum Oberkörper abgebildet. Die eine, als Frau aus Mabrouka bezeichnet, mit reichem, traditionellem Schmuck, die andere, schlicht Tunesierin genannt, als Halbakt. Die zahlreichen verhüllten Frauen auf Postkarten aus Marokko und Algerien, dazu noch der schwer bewaffnete Tuaregkrieger, Araber in Zelten oder auf Pferden in der Wüste, komplettieren den Bildkosmos des Maghreb.
69 Genaueres dazu unten S. 40.
70 Für das Beispiel einer Forschungsreise, die noch vor diesen Entwicklungen stattfand, vgl. Mounir Fendri: Der Nordafrika-Vortrag Christian Gottlieb Ludwigs. Ein Beitrag zum deutschen Maghreb-Bild im 18. Jahrhundert. Mit dem Text des Vortrages vor dem Dresdner Kurfürstenhof an der Universität Leipzig im Oktober 1767. Dresden: Thelem 2013.

rischer« *Fremde* hat Mounir Fendri schon vor geraumer Zeit diesen Nordafrikareisenden eine grundlegende Studie gewidmet.[71] Zahlreiche Namen sind zu nennen, Reisebeschreibungen wurden veröffentlicht; das Muster kultureller Selbstgewissheit der Europäer angesichts der befremdlichen Umstände in Nordafrika tritt immer wieder zutage. Was von der Fremde wahrgenommen wurde, dient zur Vergewisserung des Eigenen. Die Fremde ist nicht herausfordernd und radikal anders, sondern sie bietet vielmehr die Gelegenheit, das Vertraute noch einmal zu bestätigen und zu steigern; gerade deutsches Wesen wird überall in der Welt geschätzt und kann sich überall behaupten. Der Bogen zu Karl Mays naivem Kolonialismus der Seele schließt sich. – Das Eigene ist die ›Kultur‹ Europas, das Andere bleibt exotisch, faszinierend, manchmal bewundert und beneidet, im selben Impuls aber doch insgeheim oder offen als rückständig betrachtet. Und das ›innere Afrika‹ löst keinerlei Verstörung aus. Die koloniale Welt ist schon recht gut geordnet, und sie wartet nur darauf, von Männern mit gesicherter Persönlichkeit in den Blick genommen zu werden. Auch einige Frauen schließen sich solchen Expeditionen schon an.[72]

Der Kontrast zu Krügers Aufzeichnungen könnte nicht größer sein. Die Erfahrungen Krügers sind gänzlich anderer Art. Begründet ist dies schon darin, dass er ganz gewiss kein ›Kulturmensch‹ war, sondern eben einer, den auch die europäische Leitkultur kaum erreicht hatte: Er gehört zu den Armen und Ungebildeten, denen in der Geschichte dann auch nur die Rolle der Unbeachteten zugedacht ist. Die Kategorien kultureller Deutung, die zugleich im 19. Jahrhundert als Kategorien kultureller Dominanz begriffen werden – und dies nicht nur im Vergleich mit den fernen Ländern im Maghreb, sondern auch etwa im Blick der Deutschen auf Polen oder Tschechen oder auch im Blick der Franzosen nach Deutschland – diese Kategorien einer ›überlegenen Kultur‹ stehen Krüger überhaupt nicht zur Verfügung. In jene europäischen Selbsterkundungen der Gebildeten – die Erfahrungen der frühen Reisenden, die imaginierten Fremderkundungen in der Literatur – sind die autobiographischen Notizen Krügers nicht einzupassen. Ebensowenig passen sie zu den ›Kriegserinnerungen‹ aus der Legion, wie man sie etwa in der *Gartenlaube* lesen konnte; dort berichtet 1860 Theodor Küster, freilich ein Offizier, von seinen »*Besuchen bei einheimischen Würdenträgern, deutschen Kolonisten, der Teilnahme an arabischen Fantasias und abenteuerlichen Jagden.*«[73] Dazu kommt eine Literatur po-

---

71 Fendri, Kulturmensch in »barbarischer« Fremde (wie Anm. 14). – Ergänzend die Berichte in den Familienblättern, in denen die Fremdenlegion zu den zentralen Themen zählt, vgl. Roth, Die außereuropäische Welt (wie Anm. 33), S. 192 und 195f.
72 Vgl. Fendris Ausführungen über Friederike H. London und Marie Espérance von Schwartz in: Ders., Kulturmensch (wie Anm. 14), S. 222–225 respektive S. 245–257.; vgl. auch den Beitrag von Irmgart Scheitler: Frauenreisen in Nordafrika. In: Schmitz/Fendri, Maghrebinische Gegenwelten (wie Anm. 57).
73 Roth, Die außereuropäische Welt (wie Anm. 33), S. 195.

pulären Heldentums; im Ersten Weltkrieg wird der deutsche Fremdenlegionär gar noch zum heldischen Protagonisten einer ungemein publikumswirksamen ›Schundliteratur‹. Die Serie *Heinz Brandt der Fremdenlegionär*, die im Dresdner Mignon-Verlag erscheint, hat einen beispiellosen Erfolg und dies trotz aller volkspädagogischen Warnungen vor solcher Lektüre.[74] Diese Geschichten galten – ungeachtet der geschilderten Gefahren und Mühsale – als verführerisch, da jene »*Heldenhaftigkeit des deutschen Legionärs*« geradezu »*einen Glorienschein*« erhalte und nachher auch zur Nachahmung einlade.[75] – Früh eingesetzt hatte denn auch die zur Heroisierung konträre Warnliteratur. Schon 1837 hatte Herrmann Hauber seine *Memoiren aus Algier oder Tagebuch eines deutschen Studenten in französischen Diensten* vorgelegt.[76] Anders freilich als Krügers biographische Ansätze präsentiert dieser Text, wie die lange Reihe der folgenden, die bis ins 21. Jahrhundert führt, sich als äußerst homogen, entwickelt ein Warn-Schema in einer kaum variationsfähigen Topik, schildert dabei Not und Elend der Legionäre. Auch hier tragen die Familienzeitschriften zur Ausgewogenheit im Medienuniversum bei, stellen nicht nur den zufriedenen Offizier, sondern ebenfalls deutsche Fremdenlegionäre vor, die nur eins bedauern: Fremdenlegionäre geworden zu sein und »*ihre Heimat verlassen zu haben*«;[77] die einschlägigen *Scenen aus der Fremdenlegion in Afrika* praktizieren freilich eine appellative Rhetorik und nutzen stereotype Formeln einer ›mittleren‹ – wenn man so will: halb-gebildeten – ›Literatur‹, wie sie das Publikum eines Familienblattes erwarten mochte, wie sie aber Krüger wiederum fremder nicht sein konnten:[78]

Ein Marsch in Afrikas sandigen Steppen! Kann sich der Leser wohl einen Begriff von einem solchen Marsche machen? Nein, er kann es nicht! – Unmöglich ist es, sich die glühenden Sonnenstrahlen, die wie zerschmolzenes Blei auf das Haupt fallen,

---

74 Vgl. Volker Mergenthaler: Völkerschau – Kannibalismus – Fremdenlegion. Zur Ästhetik der Transgression (1897–1936). Tübingen: Niemeyer 2005, S. 153ff.
75 Aus Karl Brunner: Fremdenlegion und Schundliteratur In: Norddeutsche Allgemeine Zeitung, Nr. 253, 26.10.1913, hier zit. nach Mergenthaler, Völkerschau – Kannibalismus – Fremdenlegion (wie Anm. 74), S. 154.
76 Vgl. Daniel Rose: Das Kepí blanc. Zwischen Pickelhaube, Stahlhelm und Barett – zur ideologischen Indifferenz französischer Fremdenlegionäre. In: Autobiographie und Krieg. Ästhetik, Autofiktion und Erinnerungskultur seit 1914. Hg. v. Jan Röhnert. Heidelberg: Winter 2014, S. 43–65. – Christian Koller: Die französische Fremdenlegion als transkultureller Erfahrungsraum. In: Imperialkriege von 1500 bis heute. Strukturen – Akteure – Lernprozesse. Hg. v. Tanja Bührer und Christian Stachelbeck, Dierk Walter. Paderborn: Schöningh 2011, S. 363–381. – Vgl. auch Mario Haldemann: Die Mutter und die Wüste. Friedrich Glausers *Gourrama* und die Deutschschweizer Fremdenlegionsliteratur. Bern u. a.: Lang 1991, S. 21–76.
77 Roth, Die außereuropäische Welt (wie Anm. 33), S. 195.
78 Scenen aus der Fremdenlegion in Afrika. Nach eigenen Erlebnissen erzählt. IV. Ein Rekrutentransport. In: Daheim 3 (1867), S. 782–784 und 792–795, hier S. 782. Zit. nach Roth, Die außereuropäische Welt (wie Anm. 33), S. 196. Zum Konzept einer ›mittleren Literatur‹ abermals Shils, Mass Society and Its Culture (wie Anm. 58).

vorzustellen – unmöglich kann er eine Idee von der brennenden Atmospähre haben, die die Lungen versengt und einem compacten Körper gleich die Brust wie ein Alp zerdrückt! – Und nun füge man die Equipierung, Montirung und Bewaffnung des Soldaten hinzu, die ein Gesammtgewicht von über 60 Pfund ausmacht, und trotz alledem kann man sich noch keine Vorstellung von den unsagbaren Qualen einer Expedition in der Richtung der Wüste machen.

Krügers Ansätze einer Beschreibung des eigenen Lebens weisen dieses Pathos des Leidens nicht auf; sie blieben freilich auch unbekannt. Der rührige Afrikareisende und -forscher Gustav Nachtigal, der Krügers Niederschriften als biografische Quelle veranlasste, hat sie dann doch nicht ausgewertet. Hätten aber diese Aufzeichnungen einen Weg in die Öffentlichkeit finden können, hätten sie sich als irritierendes Korrektiv des Mediendiskurses der bürgerlichen Bildungsgesellschaft erwiesen. Gustav Nachtigal hatte Krüger offenbar als ethnographischen Informanten betrachtet und ihn wohl auch deshalb zur Niederschrift seiner Erlebnisse ermutigt;[79] Krügers Verzicht auf Ich-Darstellung mag auch von den Erwartungen dieses primären Adressaten mit bestimmt sein. Der Essay, den Nachtigal aus Krügers Informationen erarbeiten wollte, blieb ungeschrieben; aber die überlieferten handschriftlichen Notizen erlauben einen Einblick in die Arbeitsweise und verdeutlichen nochmals die Besonderheit von Krügers Schreiben. Hatte Krüger seine »Lebensgeschichte, die er mit gewisser Vorliebe schriftstellerisch ausgearbeitet hat,« Nachtigal »zu etwaiger Zustutzung etc.« übergeben;[80] Nachtigal hatte einen Essay auf der Basis von Krügers Erinnerungen geplant, und die ethnologische Erwartung des Adressaten hatte offenkundig von Fall zu Fall auch Krügers Schreibstrategie bestimmt; so berichtet er über die Gebetspraxis der Muslime und Nachtigal überträgt, nun schon sprachlich normalisiert, dies in seinen Notizen:[81]

---

[79] Daneben mag die geistliche Sorge um den Renegaten eine Rolle gespielt haben; bei seinem ersten Tunis-Aufenthalt war Nachtigal ja noch als Missionar aktiv gewesen (vgl. unten, S. 168); auch weitere Kontakte Krügers zu Missionaren sind bezeugt, vgl. unten, S. 169.
[80] So Nachtigal in einem Brief an Schwester und Mutter vom 8. Oktober 1863, mitgeteilt unten, S. 170 ff., hier S. 172.
[81] Vgl. Nachtigals begonnener und unveröffentlichter Essay über Krüger-Bei. Nachlass Nachtigall, Kapsel 6, Beilage zur Nr. 41 (entspr. 6 handbeschriebenen Seiten), Staatsbibliothek zu Berlin – Preußischer Kulturbesitz, Handschriftenabteilung.– Ich danke Tim Preuß für die Transliteration. – Vgl. unten S. 76; auch die auf S. 77 folgende Übersicht zu Glaubensinhalten hat Nachtigal übernommen. Der Textbestand bei Nachtigal geht gelegentlich über den von Krügers Manuskript hinaus; so bietet er zur Szene S. 64 noch die zusätzliche Information über die Grußformel: »*Jzt besch[...] das Glaubensbekenntniß (Fathia) hersagen. Jeder Ankommende sagte: ›scháh'et‹ (Gieb zum Gruß ab.)[...]Kusskusse und Beschreibung seiner Zurichtung und der Art u. Weise zu essen. Nach d. Essen Hände gewaschen Mund ausgespült und d. Fathia gebetet.. [...] Morgens früh mit d. Hahnen schrei auf, gewaschen und in d. Moschee gebetet.*«

3. Verließ Timrai und ging nach Esnagen zu, wo er 2 Deutsche, 1 Schmid aus Hamburg u. einen Bauer [...] von Saarlouis antraf. [Bei seinem Gastgeber] mußte er von Europa ertzählen bis der Muedsen zum 5ten Mal zum Gebet rief u. Alles sich zu dem Gebet versammelte Nachher kam ein alter Mann und unterrichtete ihn im Islam. Er wurde beschnitten. u. im Waschen u. Beten unterichtet. Sie beten des Tages 5 mal und vor jedem Gebet machen sie eine Abwaschung: des Morgens sobald der Tag anbricht beten sie 2 mal für sich u. ihre Sünden; wenn d. Sonne den Himmel röthet, 2mal zu Gott u. Mohamed; auf den Mittag 4 mal; Nachmittag 4 mal; wenn die Sonne untergeht 3 mal, (2 laut u. 1 in Gedanken); in der Nacht 4 mal (2 laut, 2 leise); nachher 2mal für die Ruhe der Nacht und 1 mal für ihre Sünden. Nach jedem Gebet stellen sie sich mit dem Angesicht auf Mekka, heben beide Hände hoch bis an die Ohren, lassen sie wieder fallen u. sagen Allah akbar (Gott ist groß), das Fathia und ein kurzes Gebet; dann neigen sie sich runter und die Haend auf die Knie, wiederholen Allah akbar, richten sich wieder auf und fallen ganz auf die Erde, indem sie sagen Allah máleki Elhamdo (Gott mein König sei gelobt), richten sich wieder auf und beten weiter. Diese Bewegungen werden bei jedem Gebete wiederholt. Zum Waschen hocken sie sich nieder, nehmen Wasser in die rechte Hand, schmeißen es auf die linke und waschen sich die Haut 3mal; dann wird Wasser in den Mund genommen, 3mal ausgewaschen und die Gurgel ausgespült die Nase 3 mal ausgeschnauft u. gewaschen und so nachher jeder Arm 3 mal bis zum Ellenbogen; dann die Füße 3mal vom kleinen Gefüss bis zum großen und bis zu den Knöcheln. Zuletzt wird Wasser zwischen die beiden Zeigefinger genommen und über das Haupt gestrichen, noch einmal, um die Ohren auszuwaschen, endlich noch den benetzten Finger noch einmal über das Haupte gestrichen und das Glaubensbekenntnis hergesagt.

Krügers – pragmatischer, aus seinem Erlebnis der Wüste leicht abzuleitender – Hinweis, dass Wasserverschwendung beim Gebet für Sünde gehalten wird, entfällt in Nachtigals Notizen zur Gebetspraxis. – Insgesamt sind Krügers Aufzeichnungen aber locker gefügt. Oft prägt ein krasses Auf-und-Ab, zumeist kommentarlos, seine Schreibhaltung, immer aber eine Unkenntnis von Rechtschreibregeln und erst recht jener sinnstiftenden Zusammenhänge, die von Fall zu Falle der Ethnologe nachliefert: Als der Bey von Tunis von einem Besuch in Frankreich zurückkehrt, sitzt er zu Gericht, denn: »*In wehrend seiner abwesenheit nach Frankreich hatten sich viele Räuber und Mörder eingefunden die ihm weil er wieder Gericht hielt vorgebracht wurden machte aber keine große Gustizige über sie, ließ ihr die Köpfe gleich runter hauhen, so wie das Gericht über sie gehalten war*«. So Krügers lapidare Beschreibung.[82]

---

82 In diesem Bd., S. 141.

Hier werden die im Orientkult des 18. Jahrhunderts in grotesker Verzerrung scheinbar gebannten Schreckbilder zur schlichten Wirklichkeit.[83] Gegenüber dem zwar gefährlichen, aber letztlich ohnmächtigen Osmin aus Mozarts Oper *die Entführung aus dem Serail*, der alle Fremden am liebsten köpfen, spießen, hängen möchte, ist der Bey von Tunis, Krügers Dienstherr, von beachtlicher Effizienz. Die Unberechenbarkeit der fremden Macht bleibt in Krügers Wahrnehmung bestehen. Was aber das Handeln des Beys tatsächlich steuern mag – rechtliche Grundsätze, persönliche Überzeugung, achtlose Grausamkeit oder Machtkalkül –, das entzieht sich Krügers Kenntnis, und wir erfahren es aus dessen Notizen nicht. Ganz anders hatte der Fürst Pückler, als er Tunis besuchte und ehrenvoll empfangen wurde, einen solchen Gerichtstag erlebt; die Schilderung in seinem – beim gebildeten Publikum wie bei der Kritik – höchst erfolgreichen – Reisebuch schildert der Fürst eben eine solche Gerichts-»Ceremonie«, wie sie »mit vieler Würde von statten« ging.[84] – Für die Reisende Marie Espérance von Schwartz umgeben den ›Schater‹ Krüger selbst freilich, als sie ihm 1848 in Tunis begegnet, die Schrecken des Todes, erklärte er ihr doch »*mit tiefer hohler Stimme*«, er sei, »*was man Scharfrichter nennt*«, vermag sie, die einen Entsetzensschrei ausstößt, jedoch zu beruhigen: Er habe ja »*noch nie einen Menschen hingerichtet*«.[85] Eine weitere, zur Anekdote stilisierte Miniatur des befremdeten Fremdverstehens – zwischen der gebildeten Dame auf Abenteuerreise und dem exotisch gewordenen Unterschicht-Europäer, dem sie in heimischen Landen wohl kaum ihre Aufmerksamkeit zugewandt hätte.

Krüger steht zwar, wie gerade seine Versuche, sich mit fast zufälligen Resten der Bildung zu schmücken,[86] keineswegs in Opposition zu jener höheren Schicht, der er nicht angehört. – Pankraz, der Schmoller, war in seiner Lektüre Shakespeares der ›wahren Wirklichkeit‹ der Poesie begegnet und dadurch zu seiner – noblen, wenn auch wenig weltklugen – Feldeutung der Realität konventioneller Koketterie mißleitet worden. Als Leonard Hagebucher nach Bumsdorf zurückgekehrt war, versuchte er, sich durch die Lektüre eines Konversationslexikons wieder in die Welt eines deutschen Philistertums, das sich als gebildet begriff, einzubürgern, freilich vergebens. – Zur Buch- und Bildungskultur aber hatte Krüger ohnehin kaum Zugang. In der Heimat aber war er mit seinen lückenhaften Volksschuldkenntnissen bereits ausgegrenzt, und die wenigen Bildungsfrüchte, die er in seine Notate, und

---

83 Dabei behauptet sich der Orient als exotisierter Gegenort der Gewalt in der Sicht des ›zivilisierten Europa‹ auch im 19. Jahrhundert, vgl. Petra Bopp: Fern-Gesehen. Französische Bildexpeditionen in den Orient 1865–1893. Marburg: Jonas 1995, S. 13–31.
84 So der Bericht unten, hier S. 154.
85 Der Bericht unten, S. 165ff.
86 Vgl. besonders seine Zitatsammlung, unten S. 148–151.

zwar offenbar ohne Kenntnis ihrer genauen Herkunft einstreut, belegen dies denn auch eindrucksvoll. Es sind Versuche, Richtpunkte für sein eigenes verwirrtes Leben, in einer geordneten Bildungswelt zu finden, die nicht die seine ist. »*Wer nie sein Brot mit Tränen aß...*«, dies mag eine Zeile aus Goethes Bildungsroman *Wilhelm Meister* gewesen sein, deren Herkunft ihm fremd war, die aber mit den höheren Weihen der Bildung versehen ihm ebenso Trost spenden konnte, wie religiöse Sätze aus seinem neuen Glauben, die er ebenfalls festhält. Er schreibt dies alles denn auch unterschiedslos in sein Notizbuch, versucht auf ›Goethe‹ dann mit politisch-moralischer Selbstbehauptung zu antworten, und zwar mit der Berufung auf sein in Kummer und Not bewährtes »Gefühl für Menschenrechte«.[87] Jene Teleologie des Lebenslaufes aber, wie sie im Projekt Deutsche Bildung seit 1800 entwickelt worden war, erschließt sich dem schreibenden Krüger nicht. Weder bringt ihm ›das Alter in Fülle, was seine Jugend ersehnt hatte‹ – trotz solch wiederum einschlägiger Goethe-Maxime[88] –, und ganz gewiß gehört er nicht zu den ›Männern, die Geschichte machen‹; sondern er gehört zu denen, die von der Geschichte herumgestoßen werden und ihre eigene Lebensgeschichte weder in die Zukunft zu entwerfen, noch gar einen solchen selbstbestimmten Entwurf, gleichsam den persönlichen Lebensroman, zu verwirklichen wissen. Krüger lebt situativ und er erzählt additiv, reiht ein Geschehnis ans andere. Auf unerträgliche Situationen reagiert er. Während die Vertreter der Kolonialmacht stets bestrebt waren, »*eine Identität als ›weiße‹, europäische Herrscher zu profilieren*« und sich durch eine kulturelle und – und im Lauf des Jahrhunderts zunehmend auch rassische – Überlegenheit »*von den lokalen Bevölkerungen abzugrenzen*«,[89] ist von all dem bei dem gejagten Krüger keine Spur zu entdecken. Auch wo er Aberglauben und Wundersucht der Beduinen notiert, zieht er daraus kein Gefühl der Überlegenheit, so sehr ist er damit beschäftigt, das nackte Leben zu retten. Immer wieder gelingt ihm eine neue Flucht – als geringstes Anzeichen autonomer Selbstbestimmung, denn oft genug endet sie wiederum in größerer Misere und Unterwerfung. Plötzlichkeit: die Reaktion auf das, was der Zufall bringt, dem Krüger kein umfassendes Lebensnarrativ zu unterlegen weiß, bestimmt sein Dasein in der Fremde. Die Distanzlosigkeit seiner Notizen, Verzicht

---

87 Vgl. unten S.149.
88 So das Motto des zweiten Teils von *Dichtung und Wahrheit*: »Was man in der Jugend wünscht, hat man im Alter die Fülle.« – Johann Wolfgang Goethe: Aus meinem Leben. Dichtung und Wahrheit. Hg. v. Klaus-Detlef Müller. Frankfurt a. M.: DKV 2007, S. 237. Die folgende Kennformel geht auf den ›borussischen‹ Historiker Heinrich von Treitschke zurück, der sie im ersten Band seiner *Deutschen Geschichte im 19. Jahrhundert* (1879) wohl auf Bismarck bezogen hatte. – Vgl. zur gesellschaftlichen Funktion solcher Zitate Wolfgang Frühwald: Büchmann und die Folgen. Zur sozialen Funktion des Bildungszitates in der deutschen Literatur des 19. Jahrhunderts. In: Bildungsbürgertum im 19. Jahrhundert. Bd. II: Bildungsgüter und Bildungswissen. Hg. v. Reinhart Koselleck. Stuttgart: Klett-Cotta 1990, S. 197–219.
89 Lindner, Transimperiale Orientierung (wie Anm. 11), S. 16.

auf Reflexion und Sentiment, die zahlreichen Wiederholungen, Ungenauigkeiten der Berichterstattung, das auch von außen veranlasste neue Ansetzen und Variieren des Vorhandenen, das alles macht Krüger zu einem leidenden Ethnographen seiner selbst, der sich in der Fremde in diesen Notizen selbst wie einen Fremden betrachtet.

Wir werden mit Krüger in die Welt derer geführt, die mit der Etablierung der gebildeten Schriftkultur vollends ihre Stimme in der Öffentlichkeit verlieren; ihre Botschaft ist uninteressant für das dominante Weltwissen der ›Heimat‹. So bleiben Krügers Aufzeichnungen unveröffentlicht und lange sogar unentdeckt.[90] Erst um 1900 werden sich in Deutschland erste Erkundungen ins Leben der Unbedeutenden und Unbekannten etablieren können. Es sind die Exoten im eigenen Land, die Arbeiter und Proletarier, denen sich jetzt eine, wenn auch noch eine geringere Aufmerksamkeit zuwendet. Ein Johann Gottlieb Krüger aus Mecklenburg ist dann längst vergessen. Seine Notizen bleiben Archivgut. Wenn wir sie heute lesen, öffnen sie uns gleichsam eine Tür in ein anderes 19. Jahrhundert. Es ist nicht das Jahrhundert der siegreichen Nationen, die vorgeblich all ihre Mitglieder in sich begreifen als ein einziges ›Volk‹. Es zeigt sich vielmehr, dass Verlierer auch auf der siegreichen Seite zu finden sind: Menschen wie Krüger, die in der Heimat achtlos behandelt, gleichsam überflüssig sind, und die in der Fremde deshalb erst recht nicht ihr Glück finden.

Doch mit einem Artikel, den die *Gartenlaube* im Jahr 1873, zwei Jahre nach der Gründung des Deutschen Kaiserreiches veröffentlichte,[91] gibt es zumindest einen Beleg für das Medienformat, wie es sich hier entwickelt hatte. Hier lässt sich die Differenz zu Krügers ungeschönten Aufzeichnungen unmittelbar ermessen. Die Berichterstatter besuchen einen ›anderen Krüger‹, ebenfalls deutscher Leibgardist des

---

90 Auch die Forschung hat sich relativ spät solchen Ego-Dokumenten zugewandt; vgl. Winfried Schulze: Ego-Dokumente. Annäherung an den Menschen in der Geschichte? Vorüberlegungen für die Tagung »EGO-DOKUMENTE«. In: Ego-Dokumente. Annäherung an den Menschen in der Geschichte. Hg. v. dems. Berlin: Akademie Verlag 1996, S. 11–30. – Exemplarisch Wiebke Hoffmann: Auswandern und Zurückkehren. Kaufmannsfamilien zwischen Bremen und Übersee. Eine Mikrostudie 1860–1930. Münster, München: Waxmann 2009. – Briefe aus Amerika. Deutsche Auswanderer schreiben aus der Neuen Welt. 1830–1930. Hg. v. Wolfgang Helbich, Walter D. Kampfhoefner und Ulrike Sommer. München: Beck 1988 (basierend auf der seitdem weiter ausgebauten Bochumer Auswandererbriefsammlung, BABS). – Zur Maghrebregion wären als weiterer Kontext – soweit ich sehe – vor allem ›captivity narratives‹ heranzuziehen. Eine umfassende Sammlung dieser und anderer Berichte von Europäern in Afrika stellte Ernstpeter Ruhe zusammen; sie ist verfügbar unter https://www.romanistik.uni-wuerzburg.de/mitarbeiter/emeriti_und_ehemalige/ruhe/forschung/reiseberichte_maghreb/#bib, Zugriff am 14. 08. 2017. Eine solche, durchaus heldische Karriere in der Sklaverei erzählt in einem frühen Bucherfolg *Hark Oulfs aus der Insul Amrun im Stifte Ripen in Jütland, gebürtig, sonderbare Avanturen, so sich mit ihm insonderheit zu Constantine und andern Orten in Africa zugetragen* (1751); vgl. die sorgfältige Monographie (samt Edition), die vor allem auch die Probleme der Heimkehr exemplarisch erörtert, von Martin Rheinheimer: Der fremde Sohn. Hark Olufs' Wiederkehr aus der Sklaverei. 3.Aufl. Neumünster: Wachholtz 2007.
91 Vgl. unten S.48, sowie den Bericht S. 201–206. Die folgenden Zitate S. 204, S. 205 und S. 206.

Beys von Tunis – Herrn Müller – dort in »*einem kleinen, unscheinbaren, aber sauber gehaltenen Hause*«, erster Beleg deutscher Ordnung, wie sie sich Karl May nicht besser hätte ausmalen können. Im gut geführten Hausstand findet sich, übersandt von einem Verwandten aus Deutschland, auch »*eines jener Flugblätter über Episoden aus dem deutsch-französischen Kriege*«, und da ›Herr Müller‹ noch nie das dort abgedruckte Lied *Die Wacht am Rhein* gesungen hörte, stimmt man »*einen Chorus*« an, der im französischen Kolonialreich die deutsche Stimme erhebt – und alle sind zutiefst gerührt von »*der Macht des deutschen Liedes*«. – Nachdem so von Krügers Leben und Schicksalen immerhin Bruchstücke – und zwar aus heutiger Sicht kaum glaubhafte – bekannt geworden waren, etabliert sich ein nationales Narrativ als eine gleichsam sekundäre Rezeptionsebene, die erst dank der hier vorliegenden Edition mit dem nie wahrgenommenen, unmittelbaren primären Rezeptionsangebot verglichen werden kann. Diese sekundäre Rezeption, die nach dem Muster des ›Kulturmenschen im Abenteuerreich‹ konstruiert ist, verdankt dem sächsischen Erfolgsschriftsteller Karl May nicht wenig. Aber Krügers Notizen bieten uns weitaus mehr, als nur eine interessante Quelle der beeindruckenden Nebenfigur bei Karl May. Sie bieten uns die Wirklichkeit der Armen und Missachteten, die in den geordneten Erzählungen der imaginären Weltbilder ebensowenig wie bei denen die behaupten, sie wüssten, ›wie es (wirklich) gewesen ist‹, zumeist nicht vorkommen.

Mounir Fendri

Über Johann Gottlieb Krüger und seine Lebensbeschreibung

Ungleich wie die Meeres pfläche
So ist meine Lebens Bahn
Wilde Ströme sanfte Bäche
Trieft mich auch sehr Wudersahm
Wohl mir wenn ich in sichere Häfen
Freudich in der Ferne Blik
Wohl mir wenn ich, werde sagen
Mir hatt die Reise Wohlgeglückt

Johan Gottlieb Krüger, jetz genant Muhamed ben
Abdollah Nimse, Schathar, Throngarde, in Tunis

Den Kennern von Karl Mays üppiger Romanwelt ist die Figur des »Krüger-Bei« wohl vertraut. Seit Entdeckung der hier wortgetreu wiedergegebenen eigenhändigen Aufzeichnungen des Preußen Johann Gottlieb Krüger, Anfang der 1990er Jahre,[1] weiß man, dass es sich bei dieser Figur um keine fiktive, sondern um eine real historische Person handelt, die bestimmte, für die damalige Epoche deutscher Geschichte, die Epoche des Vormärz, typische Zeitumstände aus der deutschen Heimat in die nordafrikanische Fremde verschlugen.

Mitentscheidend bei diesen Zeitumständen waren die europäische Kolonialexpansion mit der Eroberung Algeriens seit Sommer 1830 und das dafür vermehrt in Einsatz gebrachte Armeekorps der Fremdenlegion.

Per Dekret vom 9. März 1831[2] wurde die Fremdenlegion, Frankreichs »Légion Etrangère«, unter der Regierung von König Louis-Philippe ins Leben gerufen.

---

1 Siehe Mounir Fendri: Neues zu Karl Mays Krüger-Bei. In: Jahrbuch der Karl-May-Gesellschaft 22 (1992), S. 277–298.
2 H.A. Pierers »Universal-Lexikon der Gegenwart und Vergangenheit« von 1842 führte zum Stichwort »Fremdenlegion« aus, sie »wurde in Algerien sogleich an den gefährlichsten u. beschwerlichsten Posten

Abb. 6: Umschlagsbild von Karl Mays *Krüger Bei*-Roman.

Besonders infolge der Einnahme Algiers im Juli 1830, als Auftakt zur bald beschlossenen Kolonialeroberung von ganz Algerien, war der Bedarf an zusätzlichen Kräften für den kriegerischen Einsatz aus dem Ausland groß. Den mobilisierten Werbern waren, zwischen hochtrabenden Verheißungen und finanziellem Anreiz, alle Überzeugungsmittel recht, um Willige zu rekrutieren. Ein ergiebiges Reservoir bot, damals und weiterhin noch,[3] abgesehen von den Flüchtlingsströmen nach den gescheiterten Revolutionen von 1830 in Polen und Italien, das Staatenkonglomerat des Deutschen Bundes. Die rückständige soziale, politische und wirtschaftliche Lage Deutschlands in dieser Zeit der Restauration und des Vormärz, des industriellen

---

verwendet, u. verlor daher vor dem Feind (wo sie immer sehr tapfer war) durch Desertion u. in den Lazarethen gleich vom Anfang an bedeutend.« (Bd. II, Altenburg 1842, S. 246).
3   Siehe Eckard Michels: Deutsche in der Fremdenlegion 1870–1965. Paderborn : Schöningh 2006.

Aufbruchs und der wachsenden sozialen Frage, war jedenfalls ein fruchtbares Feld für solche Anwerbung. Es lag zweifellos nicht nur an der demographischen Proportion, dass die Mehrheit der Fremdenlegionäre in den Anfängen aus Deutschen bestand. Von sechs Bataillonen von je 1000 Mann setzten sich um 1835 vier aus deutschen Landsleuten zusammen.[4]

Bald nach ihrer Gründung war die Fremdenlegion ein in der deutschen Öffentlichkeit oft debattiertes Thema. Immer wieder erhoben sich kritische und mahnende Stimmen, um vor der Versuchung dieses fremdländischen Korps und der trügerischen Verlockung seiner heimlich agierenden Werber zu warnen. Am Beispiel folgenden Beitrags, den die außerordentliche Beilage zur *Augsburger Allgemeinen Zeitung* vom 23. 8. 1835 als »*Vaterländischen Brief*« abdruckte und der aus zeitgenössischer Sicht über die mannigfaltigen Beweggründe der Betroffenen Auskunft gibt:

> *In dieser Fremden-Legion, diesen Heerhaufen, die jetzt in Nord-Afrika dienen, und die man nach dem nördlichen Spanien bestimmt, sind wohl vier deutsche Bataillone, wo nicht mehr. Diese deutsche Jugend, welche sie auch sey, wie auch bei der gewöhnlichen Mischung von Gutem und Argem, unter solchen Abenteuerern, das Uebergewicht des Schlimmen seyn mag, war sicher in ganz andern Absichten und Hofnungen nach Afrika gegangen. Sie hoften Alle, ein besseres Schiksal, eine Ansiedelung, ein nährendes Gewerb, wäre es auch Taglohn. Den einen trieb die Armuth, das Werbegeld, die alte Mode solcher Werbungen. Der andere entzog sich irgend einer Gefahr, Strafe oder Gefängniß. Der wollte der Familie Mißverhältnisse, Vorwürfe, Kummer, Unehre ersparen, und wo möglich wieder gut machen; den wandelte die Lust an, nach alten Napoleonischen Sagen mit Franzosen zu dienen, unter solch Zutrauen einflößendem Kommando. Der suchte die freie Weite, der Raum war ihm zu Hause auf mancherlei Weise zu eng. Der mochte ein schwankes Bild von den Hesperiden und vom unermeßlichen Afrika haben, und wann er Staub und Sand in den Augen hatte, so war es Goldsand. Bei vielen konnte in Anschlag kommen, gegen Ungläubige zu kämpfen. Sicher war das abenteuerliche Feld in der Einbildungskraft ungemessen.*[5]

Als unmittelbarer Zeuge während eines Algier-Aufenthalts im Januar-April 1835 ging Fürst Pückler-Muskau in seiner im Jahr darauf erschienenen Nordafrika-Reiseerzählung oft auf vor Ort angetroffene Legionäre aus deutschen Landen ein: »*Seltsame Schicksale sieht man in dieser Fremdenlegion zusammengewürfelt! Wer sie alle*

---

4   Charles-André Julien: Histoire de l'Algérie contemporaine. Paris: Presses Universitaires de France 1964, S. 271.
5   Augsburger Allgemeine Zeitung vom 23. 8. 1835 (Nr. 334).

kennte, würde hier eine wahre Fundgrube für Almanacherzählungen erbeuten und das beliebte Criminelle dabei auch nicht vermissen.«[6] Er schilderte den Weg einiger solcher »Schicksale«, die er als verirrte Landsleute in den vier der sechs Fremdenlegion-»Bataillone«[7] persönlich kennenlernte.[8]

Oft waren es ex-Legionäre, die schon seit Mitte der 1830er Jahre durch abschreckende (oft anonym publizierte) Erlebnisberichte zur Vorsicht gegenüber der Legionsfalle mahnten. Einer der ersten war August Jäger, der seine bittere Erfahrung als Algerien-Legionär in einem 1834 erschienenen Buch schilderte.[9] Ein anderer war jener Albert Kuhn, der im nachträglichen Reuebekenntnis über den folgenschweren Entschluss in jugendlicher Begeisterung, das Tübinger Stift mit der Fremdenlegion zu vertauschen, sagte: »*Leichtgläubig, wie wir waren, noch unbekannt mit französischen Ränken und Pfiffen, und im festen Vertrauen auf Versprechungen, welche nie gehalten wurden, und auch nie gehalten werden sollten, kannte unser Jubel keine Grenzen*«.[10] Ein anderer Protagonist, Georg von Rosen, der die Rekruten der Fremdenlegion mit den »Landsknechten des Mittelalters« verglich[11], stellte seinem Erlebnisbericht folgende patriotische Mahnverse voran:[12]

Das Vaterland, das theure, sollst Du lieben
Und den Beruf, worein es Dich gestellt,
Dies ist die Pflicht, von der Natur geschrieben
In Deine Brust; dies das Gesetz der Welt.
Es straft sich selbst, wer diese Pflicht verkennet,
Hinaus in's Leben übermäßig stürmt,
Wie ein Phantom, dem keine Ruh vergönnet,
Er heimathlos von Land zu Lande rennt.

6 [Hermann von Pückler-Muskau]: Semilasso in Afrika. Stuttgart: Hallberger'sche Verlagshandlung 1836, Bd. 1, S. 183.
7 »Die erwähnte Fremdenlegion, bei der viel alte Soldaten sind, besteht aus 6 Bataillonen, wovon 4 aus Deutschen, 1 aus Polen und 1 aus Italienern zusammengesetzt sind.«–Pückler-Muskau, Semilasso in Afrika 1836, Bd. 2, S. 4.
8 Vgl. ebenda, Bd. 1, S. 180–192; Bd. 2, S. 5f.
9 Schlumb, gen. von [d. i. Jäger, August:], Der Deutsche in Algier oder zwei Jahre aus meinem Leben. Stuttgart 1834. Ders.: Skizzen und Erinnerungen aus Algier. (Berichte aus der Fremdenlegion). Leipzig 1840. A. Jäger ist übrigens der Bruder von Karl Jäger, den Fürst Pückler von der Fremdenlegion in Algier befreien und zu seinem »Sekretär« auf der weiteren Nordafrika-Reise machen konnte.
10 [Kuhn, Albert]: Mein Lebensweg über Tübingen nach Algier und von der Kanzel zur Fahne. Stuttgart: Imle und Liesching 1839, S. 19. Zu den Eintrittsmotiven nennt Kuhn (ebd., S. 20): »Aussichten auf höhere Stellen für Gebildetere, Geld, gutes Leben und leichter Dienst für solche, die minder hoch strebten, dieß waren die Lockspeisen«.
11 G. von Rosen: Bilder aus Algier und der Fremdenlegion. Kiel: Bünsow 1842, S. 2.
12 Ebd.

Abb. 7: Zeichnung eines Fremdenlegionärs in typischer Uniform. Verscshiedentlich zur Umschlaggestaltung von Erwin Rosens Erlebnisroman »In der Fremdenlegion« verwendet.

Desgleichen hätte ebenso gut von Johann Gottlieb Krüger stammen können, einem der zahlreichen Schicksalsgenossen der Jäger, Kühn und Rosen im Vormärz-Deutschland. Ihm war nicht vergönnt, jemals in die gleichermaßen verlassene Heimat, die Mark Brandenburg, zurückzukehren und über seine Erlebnisse im Dienste und Gefolge von Frankreichs Kolonialtruppen reuend und mahnend in einem Buch öffentlich Bericht zu erstatten. Dass er den Plan dazu gehegt hatte, davon zeugen seine eigenhändigen Aufzeichnungen, die vor einiger Zeit als Manuskript wieder ans Tageslicht gefördert werden konnten.

Über den Fund dieses authentischen, kulturgeschichtlich relevanten Dokuments eines vormärzlichen deutsch-maghrebinischen Erlebnisses im Nachlass Gustav Nachtigals in der Berliner Staatsbibliothek ist im Jahrbuch der Karl-May-Gesellschaft 1992 ausführlich berichtet worden.[13] Da liegt Krügers eigenhändige Lebensgeschichte seit dem ersten (1863–1868) oder dem zweiten (1882–1884) Tunesien-Aufenthalt Nachtigals als Fremdeinlage in zwei Konvoluten unter den Papieren des vormals bekannten Afrika-Forschers.[14] Aus Nachtigals Briefen geht hervor, dass sich beide Landsleute in Tunis begegnet sind, zum ersten Mal im Frühjahr

13 Siehe Anm. 1.
14 Staatsbibliothek Preußischer Kulturbesitz. Handschriftenabteilung. Nachlass G. Nachtigal, Slg. Darmstaedter, Kapsel 6, Nr. 40 und Nr. 41.

1863, als Nachtigal, der Pastorensohn aus Stendal, vom algerischen Bôna/Annaba kommend, einen Erkundungsbesuch in der nordafrikanischen Hauptstadt unternahm, bevor er sich da bis Ende 1868 als praktizierender Arzt niederließ.[15] Jahre später, nach der transsaharischen Afrikareise (1869–1875), die Nachtigals Ruhm als »Afrikaforschers« begründete, war er im April 1882 im Auftrag Bismarcks nach Tunis zurückgekommen, um da (bis zu seiner Kamerun-Mission und seinem Tod 1885) das Konsulat des Deutschen Reiches zu leiten. Aus seiner privaten Korrespondenz und den erhaltenen Tagebuchnotizen geht nicht nur die enge Verbindung mit dem preußischen Landsmann Krüger hervor, sondern auch der explizite Hinweis auf einen unmittelbaren Zugriff auf Krügers autobiographische Aufzeichnungen. In einem Schreiben vom 8. 10. 1863 an die Mutter in Stendal kommt Nachtigal zum wiederholten Mal auf Krüger zu sprechen und fügt hinzu, letzterer habe »*heut seine Lebensgeschichte, die er mit gewißer Vorliebe schriftstellerisch ausgearbeitet hat, zu mir gebracht zu etwaiger Zustutzung etc.*«[16] Wenn nicht bei diesem ersten, dann wohl im Laufe des zweiten Tunis-Aufenthalts muss besagte »Lebensgeschichte« in Nachtigals Besitz zurückgeblieben und nach seinem Tod mit seiner Habschaft von Tunis nach Deutschland überführt worden sein, um zuletzt in der Berliner Staatsbibliothek Preußischer Kulturbesitz archiviert zu werden.[17] Ein Resümee derselben von Nachtigals Hand in dessen Nachlass[18] legt nahe, dass dieser vorgehabt hat, Krügers Geschichte publizistisch zu verwerten, wenn nicht originalgetreu dann in der Art und Weise wie es Heinrich von Maltzan mit der Erzählung von Krügers Schicksalsgenossen Schulze/Baba Hassan angestellt hat.[19]

Im angedeuteten Brief Nachtigals über seinen ersten Tunis-Besuch im April 1863 lesen wir:

Ich habe dort einen Renegaten gefunden, der aus Werben ist und Krüger heißt (jetzt Mohamed-ben-Abdallah). Er ist ein Mann von 54 Jahren, dessen Leben voller Fehler, Irrthümer und Verbrechen, wenn Ihr wollt, ist, denn er ist ein preußischer Deserteur vor mehr als 30 Jahren gewesen, der aber nach langer, genauer Beobachtung des Pastors Fenner au fond ein ordentlicher Mann geworden ist, und in dem immer noch ein

---

15 Siehe zu Nachtigals mehrjährigem Tunesien-Aufenthalt Mounir Fendri: Kulturmensch in ›barbarischer‹ Fremde. München: Iudicium 1996, S. 258–297.
16 G. Nachtigal an seine Mutter, Bône, 18. Mai 1863 (Staatsbibliothek Preußischer Kulturbesitz. Handschriftenabteilung. Nachlass G. Nachtigal, Slg. Darmstaedter, Kapsel 1).
17 Archiviert wird das Krügersche Manuskript, nicht ganz zutreffend, als »Eigenhändige Lebensbeschreibung des Joh. Gottlieb Krüger aus Strausberg, genannt Muhamed ben Abdallah Nimse, Schathar, Throngarde in Tunis«.
18 Staatsbibliothek Preußischer Kulturbesitz. Handschriftenabteilung. Nachlass G. Nachtigal, Slg. Darmstaedter, Kapsel 6, Nr. 51.
19 Siehe unten, Anhang VI.

Rest des Christenthums lebt. Er ist den Franzosen in Algerien vor 30 Jahren ebenfalls entlaufen, nach der Wüste verschlagen und so vor langer, langer Zeit nach Tunis gekommen. Er ist Thürsteher beim Bey, hat e i n e mohammedanische Frau, und sein Einkommen, wenn er auch nicht wohlhabend ist. Er hat eine entschiedene Sehnsucht nach der Heimath, Familie, Religion, doch sind seine früheren Versuche, nach Hause zu kommen, als Fluchtversuche mit Bastonade und Gefängniß belohnt, und er ist am Ende nicht jung genug, um auf ganz sichere Zukunft wieder zu entlaufen.[20]

Damit haben wir die ersten Hinweise zu Biographie, deutsch-nordafrikanischem Itinerar und Tunis-Aufenthalt unseres Protagonisten, des ehemaligen preußischen Untertanen Johann Gottlieb Krüger, der freiwillig-unfreiwillig zum Muslim Muhammad Ben Abdallah Nimsi wurde. Der ihm zuteil gewordene dramatische Identitätswandel ist ein anschaulich konkreter Fall deutscher Schicksale infolge der Fremdenrekrutierung für das Kolonialengagement Frankreichs in Nordafrika seit 1830. Über die Fremdenlegion ist er bald fern der brandenburgischen Heimat inmitten des Kriegsgeschehens auf algerischem Boden, nach nur zwei Monaten bitterer Erfahrung als Deserteur im weiten fremden Land herumirrend, schließlich in Tunis als bekehrter Muslim endgültig gestrandet. Als ihn Nachtigal im Frühjahr 1863 in Tunis kennenlernte, waren es rund 30 Jahre, seitdem der Brandenburger Deutschland hoffnungsvoll den Rücken gekehrt hatte, und nahezu 24 Jahre, seitdem er in Tunis eingetroffen war. Die Angabe, er sei damals, Mitte 1863, 54 Jahre alt, führt seine Geburt auf 1808–1809 zurück. Geburtsort war nicht Werben, wie Nachtigals Mitteilung annehmen lässt, sondern, wie Krüger selbst angibt, »Vevai bei Wrietzen«. Offenbar handelt es sich um das gegenwärtige Vevais, eine kleine Ortschaft in der südlichen Umgebung von Wriezen im Märkisch-Oderland, im östlichen Brandenburgischen. Unweit von Vevais / Wriezen liegt Strausberg, wo Krüger, der eigenen Darstellung zufolge, im April 1828 eine 3-jährige Schusterlehre abschloss. Sechs Monate später musste er den preußischen Militärdienst (erst in Guben, dann in Magdeburg) antreten. Als er im November 1831 entlassen wurde, war seine Familie nach Werben umgezogen. In Anlehnung an Nachtigals Briefmitteilungen erweist sich, dass es sich nicht um die gleichnamige Stadt an der Oder, sondern um die (wie sich die Stadt seit 2008 bezeichnet) »kleinste Hansestadt« Werben an der Elbe, in der Nachbarschaft von Stendal, der altmärkischen Heimatstadt Gustav Nachtigals, handelt.[21]

20 G. Nachtigal an seine Mutter, Bône, 18. Mai 1863 (Staatsbibliothek Preußischer Kulturbesitz. Handschriftenabteilung. Nachlass G. Nachtigal, Slg. Darmstaedter, Kapsel I).
21 Im selben Brief kommt die Rede auf einen Bruder Krügers, der »zu Werben in der Seehäuserstraße noch am Leben ist«. Damit bestätigt sich weiterhin, wie Herr Siegfried Ramoth aus »Werben im Spreewald« in

Im Mai 1832 nimmt Krüger Abschied von seiner Familie, auf Nimmerwiedersehen, wie es sich fügen wird. Er zieht ins Rheinland und tritt wieder in die preußische Armee ein, von der er Ende Juni 1833 desertiert. Im Geheimen agierenden Werbern der französischen Fremdenlegion war es, anscheinend ohne Mühe, gelungen, ihn, wie so viele seiner Generation, zu diesem verhängnisvollen Schritt und zum bald schwer bereuten Übertritt in den fremdländischen Dienst zu verleiten. Die Begründung seiner Einwilligung findet sich immer wieder in ähnlicher Weise in den Erlebnisberichten der zeitgenössischen Schicksalsgenossen[22]: Zum Unmut über einen persönlichen Missstand, oft zusammen mit einem erlittenen Unrecht, kam die Verlockungen und verführerischen Verheißungen von materiellem Glück, sozialem Aufstieg und anregendem Abenteuer in exotischer Fremde hinzu. Ebenso typisch wiederholt sich das Enttäuschungsfazit bald nach der Landung im Haupteinsatzgebiet der jungen Rekruten, in Algerien, und die bittere Feststellung, dass man »vom Regen in die Traufe« gekommen sei, wie es ein späterer Legionär auf den Punkt brachte.[23] Wie sich schon an Krügers Bericht zeigt, haben es nicht wenige keineswegs bei der passiven Reue belassen und, Krüger gleich, die Desertion und Flucht ins algerische Ungewisse vorgezogen, nach dem Krüger'schen Motto: »*Ich Entschloß mir lieber in des Feindeshände zu geben, als bei den Franzosen ein Soldaten-Sklaf zu sein*«. Ende Januar 1834, genau zwei Monate nach seiner Absetzung in der unlängst eroberten Küstenstadt »Bugia« (Bougie), dem heutigen Bejaia, begeht Krüger wieder einmal Fahnenflucht und bricht in der Nacht des 28. März südwärts ins Ungewisse in Richtung der kabylischen Gebirgsdörfer auf. Damit beginnt eine neue Etappe dieses Abenteuers, dieser authentisch dokumentierten Fremderfahrung eines armseligen Vormärz-Deutschen, von der Karl May später zu Recht sagen wird, obwohl in Unkenntnis aller Einzelheiten, sie sei »*wie sie kein Romanschreiber sich phantastischer aussinnen könnte*«.[24] Krügers 5-jährige Irrwanderung, ja Höllenfahrt, im algerischen Hinterland in dieser Umbruchzeit zu Beginn der Kolonialeroberung endet vorläufig, dank einem zähen Überlebensinstinkt und Selbsterhaltungstrieb, im Jahr 1839 mit der Grenzüberschreitung ins benachbarte Tunesien und der Aufnahme

---

einem Brief an Dr. Martin Lowsky versichert hat, dass es sich nicht um letzteres Werben handelt. (Siehe Nachtigals Briefstellen in Anhang V).
22 Hierzu soll Krüger laut Bericht in »Literarische u. kritische Blätter« (siehe unten Anm. 32) folgende Motivation angegeben haben: »Man sagte uns, wir sollten Häuser und Gärten und Weinberge bekommen; ja selbst Gold und Silber, behauptete man, sey in Masse in Afrika vorhanden und man brauche nur über das mittelländische Meer zu fahren, um es aufzulesen.«
23 H. Lüthi, Erinnerungen an eine fünfjährige Dienstzeit in der französischen Fremdenlegion. Algier und Tonkin 1880–1885. Bern 1888, S. 3.
24 Karl May: Satan und Ischariot II. Gesammelte Reiseerzählungen, Bd. 21. Freiburg: Friedrich Ernst Fehsenfeld 1897, S. 275.

in den Dienst der Beys von Tunis. Hier seitdem endgültig gestrandet, fristet er sein über 50-jähriges Exildasein bis zu seinem Tod um 1890.

In Tunis wird Johann Gottlieb Krüger, seit der ersten Begegnung mit der kabylischen Bevölkerung nach der Desertion aus Bougie/ Bejaia ein bekehrter Muslim namens Muhammad Ben Abdallah, der Leibgarde des Beys, des türkischstämmigen Landesherrn, zugeteilt. Er ist fortan, als merkwürdiger »Throntrabant« (v. Maltzan), am Hof in der Residenz »Bardo« bei Tunis und im Geleit des Landesherrn häufig zu sehen. Als auffällige »nordische« Gestalt in der pittoresken Uniform dieser exotischen Throngarde wird der kuriose Deutsch-Tunesier zu einer Attraktion für deutsche Tunis-Besucher. Durch deren Berichterstattungen wurde schließlich Karl May auf den merkwürdigen Exillandsmann in orientalischer Staffage aufmerksam. Einfühlsam verschafft er ihm einen bleibenden Platz in der deutschen Literatur, indem er ihn in seiner üppigen Romanwelt zur schillernden Figur des »Krüger-Bei« hochstilisiert. Bereits in der Erzählung »*Der Krumir*«, die 1881 unter dem Eindruck der französischen Kolonialeroberung Tunesiens entstand,[25] kommt es zu einer Begegnung zwischen dem orientalisierenden, im tunesischen Nordwesten abenteuernden May-Erzähler und dieser, wie sich nun herausstellt, halbhistorischen halbfiktiven Figur als imposantem Reiter in der »*goldstrotzenden Uniform eines hohen, tunesischen Offiziers*«:

> *Welch ein Zusammentreffen! Dieser Mann also war ›Krüger-Bei‹, der originelle Anführer der tunesischen Leibscharen! Ich hatte oft, sehr oft von ihm sprechen gehört. Er war keineswegs ein Afrikaner, sondern er stammte als der Sohn eines Bierbrauers aus der ›Streusandbüchse des heiligen römischen Reiches deutscher Nation‹. Sein Kismet hatte ihn im Anfange der dreißiger Jahre nach Tunis verschlagen, wo er zum Islam übertrat. Dadurch erwarb er sich die Gnade des Propheten und aller heiligen Kalifen in der Weise, daß er von Stufe zu Stufe stieg und endlich gar die ehrenvolle Aufgabe erhielt, an der Spitze der Leibmameluken das teure Leben Mohammed es Sadak Paschas zu beschützen.*[26]

So glänzend war Krügers Karriere im tunesischen Exil in Wahrheit keineswegs. Die bereits angeführten Briefmitteilungen Gustav Nachtigals deuten eher auf einen bemitleidenswerten, um Heimat und Identität gekommenen und darunter leidenden »armen Teufel« hin, der um die Mitte der 1860er Jahre, also rund ein

---

25 Vgl. Martin Lowsky: ›Mummenscherz mit Tanz‹. Vieldeutige Abenteuerlichkeit in Karl Mays Tunesien-Erzählung ›Der Krumir‹. In: Jahrbuch der Karl-May-Gesellschaft 15 (1985), S. 321–347.
26 Karl May: Der Krumir. In: Gesammelte Reiseromane, Bd. 10: Orangen und Datteln. Freiburg 1894, S. 222.

Vierteljahrhundert nach der Ankunft in Tunis, ein eher farbloses Schattendasein am Rande einer ihm, ungeachtet aller Assimilationskonzessionen, kulturell fremden Gesellschaft fristete. Kein Wunder dass ihn damals ein »großes Verlangen« trieb, aus dem nordafrikanischen Zwangsexil zu entkommen, um wieder nach Deutschland zu gelangen. Er erblickte im Landsmann und dazu »Nachbarn« Gustav Nachtigal eine Chance. Aus Mitleid hatte sich dieser tatsächlich dafür eingesetzt und seine Angehörigen in Stendal flehentlich gebeten, sich auf die Suche nach etwaigen Verwandten Krügers im benachbarten Werben zu machen und um eine eventuelle Rückführung des »verlorenen Sohns« zu bemühen: »*Erkundigt Euch gleich, ich bitte Euch, denn der Mann hat großes Verlangen, und früher ist in dieser Richtung nichts geschehen, weil der preußische Consul sich darein nicht gern mischt, da er* [Krüger] *Diener des Bey und Muselmann ist.*«[27] Der Fluchtplan wäre, eine Pilgerfahrt nach Mekka vorzutäuschen. Dass es nicht dazu gekommen war, lag offenbar daran, dass sich die Angehörigen für die Rückkehr des verlorenen Sohns nicht erwärmen konnten. In einem weiteren Schreiben Nachtigals vom 9. August (1863) heißt es: »*Anbei erfolgt ein Brief von Krüger an seinen Bruder.*«[28] Und als eine Antwort endlich eintraf, zerbrach die letzte Hoffnung: »*Bekümmere Dich um die Verwandten Krügers in Werben nicht mehr*«, so Nachtigal an seine Mutter am 20. November 1863, »*einer seiner Neffen, der Kaufmann in Magdeburg ist, hat geschrieben und zwar einen sehr verständigen Brief, der mir sehr gefallen hat und den hiesigen Krüger trotz seiner Henkerphysiognomie doch zu Thränen rührte.*«[29] Seitdem muss der Mann jede Hoffnung auf Heimführung ein für allemal aufgegeben und sich mit seinem kümmerlichen Exildasein in der nordafrikanischen Ferne abgefunden haben.

Davon hat der Schöpfer des »Krüger-Bei«, Karl May, so genau gewiß nicht gewusst. Seine im obigen »*Krumir*«-Zitat verwendeten Informationen entstammen damals hauptsächlich – wenn nicht ausschließlich – einer gleichfalls 1881 in der »Gartenlaube« veröffentlichten Schilderung eines »Spaziergang in Tunis«.[30] Der Autor, P. R. Martini, war Zeuge eines feierlichen Aufzugs des Landesherrschers, in dessen Gefolge ihm Krüger ins Auge stach:

Als Curiosum sei hier bemerkt, dass der Oberst der Leibgarde aus unserer Mark Brandenburg stammt; er heißt Krüger und ist der Sohn eines Bierbrauers: schon im Jahre 1831 kam er nach Tunis [sic], *trat zum Islam über und ist mit seinem Loose sehr*

---

27 G. Nachtigal an seine Mutter, Bône, 18. Mai 1863 (Staatsbibliothek Preußischer Kulturbesitz. Handschriftenabteilung. Nachlass G. Nachtigal, Slg. Darmstaedter, Kapsel 1).
28 Ebd. (Siehe Anhang V).
29 Ebd.
30 P. R. Martini: Ein Spaziergang in Tunis. In: Die Gartenlaube 25 (1881), S. 408–411.

zufrieden; einen komischen Eindruck macht es, den alten Herrn in seiner goldstrotzenden Uniform das echte märkische Plattdeutsch mit consequenter Verwechselung des ›Mir‹ und ›Mich‹ sprechen zu hören; denn gänzlich hat er die Muttersprache nicht vergessen; obwohl er des Lesens und Schreibens unkundig ist [sic]*. Ich mußte unwillkürlich an unsern Feldmarschall Wrangel denken, als ich ›Krüger Bey‹ zum ersten Male sah.*[31]

Außer verschiedenen biographischen Unstimmigkeiten hat Karl May offensichtlich sogar den Namen seines Helden hier entlehnt. Aus dem ironisch gemeinten ›Krüger Bey‹ im Bericht des deutschen Touristen kreierte der Schöpfer des Kara Ben Nemsi einfühlsam seinen pompösen »Krüger-Bei«. Doch schon lange vorher waren Krüger und sein deutsch-maghrebinisches Lebensschicksal durch Medienartikel und Publikationen Tunesien-Reisender der deutschen Öffentlichkeit nicht unbekannt. Bereits im Dezember 1841 berichteten die »Literarischen und kritischen Blätter« der Hamburger Börsen-Halle ausführlich über ihn unter dem Titel »*Erlebnisse eines Deserteurs von der Fremdenlegion unter den Arabern*«.[32] Grundlage dafür war ein »*The tale of the renegade*« betiteltes Kapitel aus einem im selben Jahr in Malta erschienenen Büchlein: »*Tunis; or, Selections from a journal during a residence in that Regency*«. Der Autor, Nathan Davis, ein polnischstämmiger anglikanischer Missionar, der lange in Tunis tätig war, hatte sich stark um Krüger gekümmert und ihn auch dazu ermutigt, seine Geschichte aufzuzeichnen. An einer Stelle heißt es bei Krüger:

Es befand sich ein Missonar hier, sein Name habe ich Vergessen, der fand einige Bogen bei den Misonar Daives, die ich von meine Reise ehe ich nach Tunis kam Geschrieben hate, dem machte das Intrasant, ich war Fleißig und fing mein Lebenslauf von forne an zu Schreiben. Er hat mich auch da führ Vergütigt.

Dieselbe Geschichte, wenn auch immer wieder mit verschiedenen Varianten, hatte u. a. noch eine Friederike London, ebenfalls aus dem damaligen Kreis der anglikanischen Mission in Tunis[33], ihrem 1845 erschienenen Buch einverleibt.[34] Im

---

31 Ebd.
32 Erlebnisse eines Deserteurs von der Fremdenlegion unter den Arabern. In: Literarische und kritische Blätter der Börsen-Halle (Hamburg, 1841), Nr. 2067–2070. Der »Deserteur« wird nicht mit Namen genannt, doch die allgemeine Übereinstimmung mit den gesicherten Fakten lässt keinen Zweifel darüber übrig, dass es wieder um unsern Krüger geht. Wohl nur des forcierten »Happy-Ends« halber endet der Bericht mit der Behauptung: »Nach mehrjährigem Dienste [in Tunis] gelang es mir endlich, nach Malta zu entkommen.«
33 Siehe Mounir Fendri, Kulturmensch in ›barbarischer‹ Fremde 1996, S. 222–225.
34 Friederike London: Die Berberei. Frankfurt a. M./London: Heinrich Zimmer/Brain & Payne 1845. Vier Kapitel (S. 139–175) sind Krüger gewidmet.

selben Jahr kam Krügers Erzählung in Bd. 27 des »Magazin für die Literatur des Auslandes«[35] heraus, von dem sich in Karl Mays Nachlassbibliothek ein Exemplar mit dem eigenhändigen Vermerk »Krüger-Bei« erhalten hat.[36] Zu erwähnen sei als frühe Informationsquelle über Krüger in Tunis auch der Nordafrika-Reisebericht der Marie E. von Schwartz, die im Februar 1848 vom Besuch des »deutschen Renegaten« in tunesischer »Henker«-Uniform in ihrem Hotel in Tunis überrascht wurde.[37]

Zu dieser Zeit, um 1840, war der ex-preußische Untertan Johann Gottlieb Krüger nicht der einzige deutschstämmige Fremdenlegions-Flüchtling in Tunis. In seinem Bericht erwähnt er mehrere, und aus anderen Quellen sind noch viele, zum Teil namentlich, zu identifizieren, die gleichfalls nach mühselig überstandener Flucht in Tunis strandeten, zum Teil für immer, wie sich aus Berichten unten im Anhang zeigt. Vom algerischen Einsatzgebiet aus trieben sie nach der folgenschweren Desertion die Angst vor den militärjuristischen Sanktionen, die Unsicherheit im in Unruhe geratenen, infolge der französischen Penetration traumatisierten Algerien, und vor allem die Hoffnung, von Tunis aus eine Möglichkeit der Rückführung in die deutsche Heimat zu finden.

Zu dieser Zeit war die tunesische Regierung unter dem Husseiniden-Herrscher Ahmed Bey (1837–1855) eifrig um die Aufstellung einer »modernen« Streitmacht bemüht. Daher waren die Deserteure der Fremdenlegion willkommene Rekruten – vorausgesetzt, sie haben es geschafft, den endlos gefahrvollen Weg bis Tunis heil zu beschreiten. Mit sichtlicher Trauer erwähnt Krüger auf seiner Wanderung immer wieder Schicksalsgenossen, die tragisch auf der Strecke geblieben sind. Dass er sich nach 5-jährigem schier rastlosem Herumirren durch Ost- und Südalgerien bis zur tunesischen Grenze retten konnte, grenzt, im Lichte seiner packenden Erzählung, an ein Wunder. Aber auch in Tunesien kommen die heimatlosen und abtrünnigen Deutschen nicht zur ersehnten Ruhe. Die Zeugnisse Krügers und die seiner Leidensgefährten im Anhang zeugen davon. Nach einer kurzen »Verschnaufpause« beginnt für sie auf anderer Weise ein beschwerliches Exilleben voller Kümmernis. Die Weiterreise nach Europa und die ersehnte Heimkehr gelingen nicht immer, unserem Protagonisten jedenfalls nicht. Von Gustav Nachtigal haben wir einige Gründe erfahren; im eigenen Erlebnisbericht werden konkrete fehlgeschlagene Fluchtversuche geschildert. Da er sich als »Moslem« dem Dienst des Landesherrn

---

35 Ein deutscher Renegat in Nordafrika. In : Magazin für die Literatur des Auslandes. Redigirt von J. Lehmann. Bd. 27, 1845. Als Quelle wird N. Davis angegeben, vermutlich auch nur indirekt über die im selben Jahr 1845 erschienene, ebenfalls an Davis angelehnte Darstellung F. Londons.
36 Siehe Franz Kandolf: Krüger-Bei und der ›Vater der Fünfhundert‹. In: Karl-May-Jahrbuch (1979), S. 29.
37 [Marie Esperance v. Schwartz]: Blätter aus dem africanischen Reisetagebuch einer Dame. Braunschweig: Vieweg & Sohn 1849, Bd. 2, S. 267ff. (Siehe unten, Anhang IV)

verpflichtet hatte und dadurch ein Bey-Untertan wurde, wollte kein Konsul das Risiko einer konspirativen Fluchthilfe eingehen. Umso mehr als seit etwa 1835 und bis 1870 unter allen deutschen Staaten (abgesehen von Österreich) nur Preußen schwach durch einen bloßen »Chargé d'Affaires«, zudem einen nicht Deutschen,[38] in Tunis vertreten war.

Seit 1574 eine Provinz des Osmanischen Reichs, war die Regentschaft (von) Tunis ein Beylik unter der Regierung der sog. Husseiniden-Dynastie. Sie geht seit 1705 auf den türkischen Milizionär Hussein Ben Ali zurück, und behielt in erblicher Thronfolge die autokratische Herrschaft bis zur Proklamierung der Republik Tunesien im Juli 1957, zuerst, bis Mai 1881, in autonomer Weise (vom zunehmend lockeren Vasallitätsverhältnis zur osmanischen Pforte abgesehen), anschließend – bis März 1956 – unter französischer Schutzherrschaft. Eine Erschütterung und Zäsur in der vorkolonialen Geschichte des Landes wie des Maghreb-Gebiets allgemein bewirkte die französische Okkupation Algiers im Sommer 1830 und die darauf folgende flächendeckende Kolonisation Algeriens. Dadurch steigerte sich im angrenzenden Bey-Staat ein politisches Streben nach westlich-inspirierter »Modernisierung«. Es erschöpfte sich allerdings vor allem in einer oberflächlichen Textil- und einer desaströsen Militärreform. Am sichtbarsten und intensivsten entfaltete sich die unausgewogene, im Endeffekt total verfehlte Reformbestrebung unter Ahmad Bey (1837–1855), Krügers erstem tunesischen Dienstherrn. Der nicht zuletzt infolgedessen beschleunigte Verfall und die zunehmende Verwahrlosung des Landes nahmen unter den folgenden Herrschern, Muhammad Bey (1855–1859) und Muhammad Sadaq Bey (1859–1882), unaufhaltsam dramatischere Ausmaße an. Ende der 1860er Jahre war das Land, nach Misswirtschaft, Volkserhebung (1864), Repression und allerlei Epidemien, in verheerendem Zustand, sein Finanzwesen einer internationalen Gläubiger-Kommission unterworfen. Im April/Mai 1881 nahm Frankreich vom Land an der linken Grenze seiner Kolonie Algerien Besitz und erklärte es zum Protektorat. 1882 kam Ali Bey auf den nun unter »Schutz« gestellten Thron und wurde Krügers 4. und letzter tunesischer Dienstherr. Vor diesem Hintergrund verlief der nahezu 50-jährige tunesische Lebensabschnitt des ehemaligen preußischen Untertanen Johann Gottlieb Krüger als Dienstmann des Beys von Tunis.

Von Krüger selbst, der sonst akribisch mit Datierungen umgeht, wissen wir nicht, wann er genau in Tunis eingetroffen war. Er war auf der Flucht aus der südalgerischen Wüstenstadt Tuggurt in der südtunesischen Oasenstadt Tozeur angelangt

---

38   Der schwedische Konsul Gustav Adolf Tulin war seit Mitte der 1830er Jahre zugleich Chargé d'Affaires für Preußen. 1865 wurde er durch seinen Sohn Karl, genannt »Tulin de la Tunisie«, abgelöst, der im Oktober 1870 Generalkonsul für den Norddeutschen Bund und im Januar 1871 für das Deutsche Reich wurde. Im April 1882 kam Gustav Nachtigal an seine Stelle nach Tunis.

und hat sich sogleich unter den Schutz des sog. »Bey des Lagers« (*Bey al-M'halla*), des Thronfolgers Muhammad Bey, gestellt, der sich damals in der Gegend auf einer regulären Wanderung als Steuereintreiber befand. Aufgrund archivarischer Anhaltspunkte konnten wir die Ankunft Muhammad Beys mit seinem »Lager« auf Anfang März 1839 festlegen.[39] Damit darf der Beginn von Krügers über 50-jährigem Aufenthalt in Tunis datiert werden. Er wurde zuerst der gerade neu gegründeten Kavallerie zugestellt, dann bald darauf der Throngarde zugeteilt. Seitdem ist er ein »Schâtir«, oder »Schather«, wie er sich in seinen Aufzeichnungen gelegentlich nicht ohne Stolz bezeichnet, obgleich dem Amt, wie sich (etwa aus Nachtigals Äußerungen) gezeigt hat, der Ruch anhaftete, es sei zugleich das eines Scharfrichters. Die scheinbar »ehrenvolle« Ernennung machte ihn, den leidgeprüften Heimatlosen, glücklich, doch sicherte sie ihm im fortan rapid untergehenden Bey-Staat auf Dauer keine sorgenfreie Karriere. Von einem seiner Dienstkollegen, einem anderen deutschstämmigen »Schâtir«, den der damals bekannte Orientreisende Heinrich von Maltzan um 1870 in Tunis kennen lernte, haben wir folgende Klarstellung:

Nach Tunis geschickt, wurde ich vor Ahmed Bey geführt und gefragt, was ich lieber werden wolle, ein Offizier in der Linie oder ein Gemeiner in der Thronwache, was so viel, ja mehr wie ein Linienoffizier galt. Um stets um den Fürsten sein zu können, wählte ich das letztere, da ich annahm, daß die fürstliche Gnade mich aus einer ihm so nahe stehenden Stellung eher befördern werde, als aus der entfernten eines Linienoffiziers. Ein großer Fehler, den ich schwer gebüßt habe, denn in der ›Thronwache‹ findet so gut wie gar keine Beförderung statt, und ich bin deshalb auch seit den dreißig Jahren, die ich nun in Tunis bin, und die eben so einförmig verflossen waren, als meine ersten zehn Jahre in Afrika abwechslungsvoll waren, das, was ich von Anfang war, d. h. ein gemeiner ›Throntrabant‹. Aber so lange Ahmed Bey lebte, hatte ich nicht zu klagen. Bis 1855 (wo dieser treffliche Fürst starb) ging es uns ausgezeichnet. Reichlicher Sold, zahlreiche Belohnungen wurden uns zu Theil. Jetzt ist das Alles ganz anders geworden. Sold und Gratificationen werden nur noch in Papier, das nichts werth ist, ausgezahlt.[40]

39 In einem Amtsbrief des französischen Konsuls in Tunis vom 8. 3. 1839 wird die soeben erfolgte Rückkehr der »mhalla« mit Mohammad Bey an der Spitze angekündigt. (Archives du Ministère des Affaires Etrangères, Paris, Quai d'Orsay).
40 Heinrich Freiherr v. Maltzan: Schicksale und Wanderungen eines deutschen Renegaten in Nordafrika. In: Globus 17 (1870), Nr. 21, S. 349 (siehe Anhang VI).

Krügers eigenhändige Lebensdarstellung reicht chronologisch bis Ende 1851. Was danach mit ihm geschah, ist nur aus den spärlichen Quellen bekannt, wie sie oben zum Teil zitiert wurden und vollständiger im angeschlossenen Anhängeteil genauer zu lesen sind. Eine Tagebucheintragung Gustav Nachtigals vom 27. April 1882 ist das letzte unmittelbare »Lebenszeichen«, das wir über Krüger, alias Muhammad Ben Abdallah Nimsi, besitzen.[41] An diesem Tag war Nachtigal nach nahezu 14-jähriger Abwesenheit nach Tunis als deutscher Konsul zurückgekehrt und sogleich von vielen alten Bekannten warm begrüßt worden, darunter auch, namentlich genannt, »Krüger«.[42] Die beiden Berichte unten im Anhang über zwei andere deutschstämmige Mitglieder der »Throngarde« des Beys von Tunis erlauben es, einen Einblick in Krügers Lebenssituation um 1870 zu vermitteln.[43] Einen allerletzten einschlägigen, maßgeblichen, jedoch nicht absolut sicheren Hinweis verdanken wir noch Karl May. Er kommt im 1897 erschienenen 3. Bd. von »Satan und Ischariot« vor und lautet lapidar: »*Krüger-Bei ist gestorben, wie kürzlich auch die Zeitungen meldeten, leider aber nicht in seiner unübertroffenen deutschen Ausdrucksweise.*«[44] Da die Entstehung des entsprechenden Werks auf 1892 datiert wird, könnte das Ende des Lebens von Johann Gottlieb Krüger als Muhammed ben Abdallah Nimsi, bis sicherer Ermittlung, auf Anfang der 1890er Jahre geschätzt werden.

An Krügers »unübertroffener deutscher Ausdrucksweise« hätte Karl May allen Genuss gehabt, hätte er die Aufzeichnungen, die uns vorliegen, zu Gesicht bekommen. Sie wurden mit dem plötzlichen Tod Nachtigals »begraben« und sind erst nach über hundert Jahren durch einen »glücklichen« Zufall von einem Tunesier wieder entdeckt worden, dem es in besonderem Maße daran gelegen ist, das, so Nachtigal wieder, »mit gewisser Vorliebe schriftstellerisch ausgearbeitete« Vermächtnis des

---

41 Nachforschungen im tunesischen Staatsarchiv (Tunis) führten zu keinen konkreten Ergebnissen, da der Name Muhammed ben Abdallah, ob in Gänze, getrennt oder gar mit der Amtsbezeichnung »Schater«, auf den (Sold-) Listen der Soldaten (Register der Wizârat al-harbiya /Kriegsministerium: Série Histoire, »Garde Beylicale des Baouabs et Chaters«, Carton 166/ Doss. 850) häufig vorkommt, ohne jedoch mit Gewissheit auf J. G. Krüger schließen zu lassen. Eine fassbarere Spur könnte ein Archivdokument vom 25. 8. 1870 abgeben, worauf wir anderweitig hingewiesen haben (siehe M. Fendri, Am Rande des deutsch-französischen Krieges (Sommer 1870). G. Rohlfs ›tunesische Sendung‹ im Lichte tunesischer Quellen. In: Afrika-Reise. Leben und Werk des Afrikaforschers G. Rohlfs. Bremen/Bonn 1998). In diesem Bericht über zwei Agenten Bismarcks, die bei Ausbruch des deutsch-französischen Kriegs 1870 Unruhe an der tunesisch-algerischen Grenze stiften sollten, erwähnt der »Polizeidirektor« von Tunis einen »Abdallah Nimsi« als einen »früheren Leibwächter des Beys«, der unter Verdacht der Kollaboration mit den deutschen Agenten unter Arrest gestellt worden sei. (ebd., S. 84)
42 G. Nachtigal (Staatsbibliothek Preußischer Kulturbesitz. Handschriftenabteilung. Nachlass G. Nachtigal, Slg. Darmstaedter, Kapsel 2, Heft 14.). In der Eintragung »Tunis 27. April 1882« wird die »Ankunft« notiert, dann die Namen der ersten Bekannten, die zur Begrüßung geeilt waren, darunter »Krüger«.
43 Siehe unten, Anhang VI und VII.
44 Karl May, Satan und Ischariot II 1897, S. 612. Der Satz ist vermutlich im August 1892 geschrieben worden. Hierüber mehr im anschließenden Beitrag von Dr. Martin Lowsky.

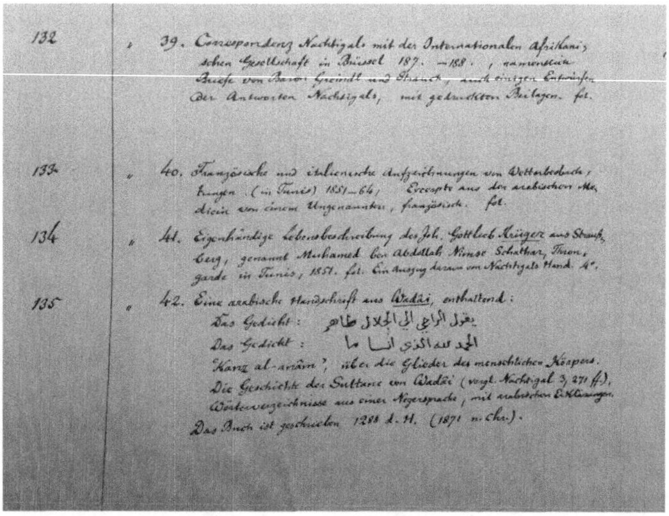
132 " 39. Correspondenz Nachtigals mit der Internationalen Afrikani-
schen Gesellschaft in Brüssel 187. – 188. , namentlich
Briefe von Baron Greindl und Strauch, auch einigen Entwürfen
der Antworten Nachtigals, mit gedruckten Beilagen. fol.

133 " 40. Französische und italienische Aufzeichnungen von Wetterbeobach-
tungen (in Tunis) 1851–64; Excerpte aus der arabischen Me-
dicin von einem Ungenannten, französisch. fol.

134 " 41. Eigenhändige Lebensbeschreibung des Joh. Gottlieb Krüger aus Strausberg, genannt Mohamed ben Abdallah Nimse Schathar, Thron-
garde in Tunis, 1851. fol. Ein Auszug daraus von Nachtigals Hand. 4°.

135 " 42. Eine arabische Handschrift aus Wadäi, enthaltend:
Das Gedicht: يقول الراجي الى الجلال طاهر
Das Gedicht: الحمد لله الذي انشا ما
"Kanz al-asrâr"; über die Glieder des menschlichen Körpers.
Die Geschichte der Sultane von Wadäi (vergl. Nachtigal 3, 271 ff.).
Wörterverzeichnisse aus einer Negersprache, mit arabischen Erklärungen.
Das Buch ist geschrieben 1288 d. H. (1871 n. Chr.).

Abb. 8: J. G. Krügers Manuskripte im Bestand und Verzeichnis der Handschriftenabteilung der Staatsbibliothek Preuss. Kulturbesitz, Berlin vom 6 Juli 1896 als Nr. 134 bzw. Nr. 41 des Tages gelistet.

deutsch-tunesischen Autors, des »armen Krüger«, endlich an die Öffentlichkeit zu bringen und damit sein Andenken, zugleich das seiner gleichfalls in Tunesien gestrandeten Schicksalsgenossen, wieder lebendig zu machen.

Verwirrend wie die Lebensgeschichte ist auch Krügers in G. Nachtigals Nachlass erhaltenes autobiographisches Vermächtnis. Es besteht hauptsächlich in einem ziemlich umfangreichen Band im Format 31/22, mit blauem Umschlag. Bis auf die erste, schwer beschädigte Seite, die vermutlich Angaben zu Kindheit und früher Jugend enthält, sind die übrigen, mit Bleistift beschriebenen, Seiten überwiegend mehr oder weniger in leidlichem Zustand. Auf einem Teil der 131 beidseitig beschriebenen Blätter zeichnet der Verfasser seine Erlebnisse und Fremderfahrung nach, von der Rekrutierung und Fahnenflucht von der preußischen Armee, der Überfahrt nach Algerien als französischer Fremdlegionär Ende 1833 und der bald darauf erfolgten Desertion, bis hin zur Ankunft in Tunesien und den Anfang im Dienst des Beys von Tunis um 1840.

Mit diesem autobiographischen Bericht erschöpft sich der Inhalt des Manuskripts nicht. Ein sorgfältig aufgestelltes, in 23 Kapitel aufgegliedertes Inhaltsverzeichnis[45] zeigt, dass der autobiographische Teil nur die ersten 9 Kapitel in Anspruch nimmt. Die übrigen befassen sich mit allerlei Themen der Landes- und Völkerkunde der Maghreb-Länder. Der auffällige Unterschied zwischen diesem ersten Teil und dem übrigen in Ausdrucksweise und Sprachniveau klärte sich, als sich erwies, dass es sich

45 Siehe unten, S 58 ff.

hierbei weitgehend um ein wortwörtliches, nur hie und da aus der persönlichen Erfahrung und Anschauung angereichertes »Plagiat« aus dem oben erwähnten *Berberei*-Werk der Missionarsgattin Friederike London handelt. Darüber hinaus enthält der Buchblock eine Fülle zerstreuter Fragmente, in denen sich der Autor u. a. auf zuvor behandelte oder neuaufgegriffene Erlebnisse und Beobachtungen mehr oder weniger ausführlich einlässt. Zudem finden sich reichlich lose Eintragungen, fragmentarische Notizen zur Geschichte der Beys von Tunis, vage Rechnungen, Einfälle, gelegentlich auch lyrische Ergüsse. Auch die arabische Sprache fehlt nicht: Vage Schriftproben, die erste, »Öffnende« Koransure, *Das Fathia*«, wie der Autor darunter kritzelt und eine Eindeutschung einfügt; außerdem eine bewegende Anrufung Gottes im muslimischen Stil, die uns als Epilog für die persönliche Lebensdarstellung des Deutsch-Maghrebiners Johann Gottlieb Krüger bestens geeignet erschien.

Neben diesem ohnehin inhaltlich wie formal problematischen Hauptmanuskript, das wir der Unterscheidung halber als K1 kennzeichnen, findet sich noch von Krügers Hand- und Unterschrift ein – fortan als K2 gekennzeichnetes – Heft von 31 geschriebenen Seiten, auf denen Ereignisse und Erlebnisse, die im Hauptmanuskript ausgeklammert oder nur gestreift wurden, näher geschildert werden. Beide Teile ergänzen sich auch insofern, als im ersten die Lebensgeschichte mit der Ankunft und den Anfängen in Tunis um 1842 aufhört, im zweiten episodenhaft von der Folgezeit bis November 1851 berichtet wird. Besonders relevant erscheinen hier die Ausführungen, die Aspekte und Einzelheiten des sozio-kulturellen Integrationsprozesses des »tunisifizierten« Deutschen in den Vordergrund stellen.

Aus beiden Handschrifteinheiten, so erschien es uns, ließe sich *ein* Text zusammenzustellen, der die eigenhändige Lebensdarstellung des Johann Gottlieb Krüger alias Muhammad ben Abdallah Nimsi in ihrem chronologischen Ablauf originalgetreu rekonstruiert und seine Erlebnisse und Erfahrungen dem eingeschlagenen Itinerar gemäß nachzeichnet. So entschieden wir uns, anstatt einer getrennten Wiedergabe, für eine komplementäre Verflechtung beider Teile, eine stellenweise Einfügung der K2-Ausführungen in die autobiographischen Darstellung von K1. Die K2-Stellen werden durch kursive Schrift gekennzeichnet. Aus K1 haben wir außerdem die verstreuten Fragmente und Notizen übernommen, die als Beobachtungen und Einfälle persönlichen Charakter aufweisen.

Originalwortlaut und originalorthographische Schreibweise bleiben unverändert, und werden buchstabengetreu wiedergegeben, bis auf einzelne Wörter bzw. Wortteile, die nicht entziffert werden konnten, daher durch Sternchen [***] ersetzt wurden. Zur »Lockerung« des dichten, wegen der angedeuteten Schreibmängel weiter beschwerten Erzählflusses haben wir die Textstrukturierung gelegentlich durch zusätzliche Absatztrennungen aufgelockert. Der Übersichtlichkeit halber haben wir zudem zu den ursprünglichen Kapitelüberschriften, wie sie im erwähnten Inhaltsverzeichnis von K1 aufgelistet sind, neue, inhaltskonforme, in eckigen Klammern und kursiver Schrift beigefügt.

Vieles weist darauf hin, dass der Autor, Johann Gottlieb Krüger, den Plan bzw. Wunsch einer Buchveröffentlichung mit sich herumgetragen hatte. Doch schwerlich hätte sich damals für das Publikationsprojekt, ungeachtet allen Zeitinteresses für Reiseberichte und Fremderlebnisse, ein Verleger finden lassen. Die eigenwillige, der Mundart des »*echt märkischen Plattdeutsch*« (P. R. Martini) dominant verpflichtete, alle Regeln der Grammatik und Rechtschreibung missachtende Ausdrucksweise, wäre vermutlich das erste Hindernis. Die Schulbildung Krügers, dieses, mit eigenen Worten, Sohns »*von armen aber achtbaren Eltern*« aus Ost-Brandenburg, mochte kaum das Grundschulniveau überschritten haben. Mit 20 Jahren hat er eine dreijährige Lehre bei einem Straußberger Schustermeister abgeschlossen. P. R. Martinis Behauptung, er sei »*des Lesens und Schreibens unkundig*«, erweist sich nun als nicht zutreffend, doch »*die Verwechselung des ›Mir‹ und ›Mich‹*« ist auf allen Handschriftseiten ein vordergründiges Charakteristikum. Am schlimmsten machte uns bei der Transkription die orthographische Willkür zu schaffen. Unzählige Wörter, zumal die vielen kabylischen Orts- und Personennamen, mussten Rätseln gleich erraten und ermittelt werden. Umso mehr, als die Dienstzeit unter den Franzosen sprachlich Spuren hinterlassen haben. Selbstverständlich haben ebenfalls die Lebensjahre unter den Kabylen und Maghreb-Arabern die multilinguale Verwirrung mitgeprägt. Dennoch tragen all diese Mängel und noch weitere Defizite dazu bei, aus dem eigenartigen, zufällig der Vergessenheit entrissenen Handschriftengut ein authentisches Dokument von unmittelbarer Historizität, interkultureller Relevanz und allgemeinem kulturgeschichtlichem Wert zu machen. Es ist unter vielen Aspekten das lebendige Zeugnis eines einfachen Manns des Volks aus den deutschen Landen in der bewegten Vormärzepoche und dem beginnenden Industriezeitalter, den die nationalen und europäischen Zeitumstände zum (etwa im Sinne des Zeitgenossen Georg Büchner) »unfreiwillig« aktiven Zeugen und duldenden Akteur einer Epoche machenden Entwicklung im europäisch-maghrebinischen Verhältnis und der entscheidenden Umbrüche in den Maghreb-Ländern zu Beginn ihrer Kolonialära werden ließen. Es vermittelt vordergründig und ungekünstelt ein, wie es Heinrich von Maltzan bei der Präsentation des verwandten Berichts eines anderen »Krüger«, des Preußen Schulze/Baba Hassan formuliert, »*Bild nordafrikanischer Zustände aus derjenigen Zeit, welche der Festsetzung der Franzosenherrschaft in Algerien unmittelbar vorherging*«.[46]

---

46   Siehe unten, Anhang VI.

Heutzutage ist die Einwanderung vieler Menschen aus den Maghreb-Ländern in Deutschland im Rahmen der Migrations- und Integrationsdebatte ein viel diskutiertes Thema. Das Beispiel Krügers und seiner Weggefährten (zuzüglich solcher, die von den französisch-algerischen Kolonialbehörden systematisch als Siedler angeworben wurden[47]) sollte die deutsche Migrationsforschung auf eine historisch belegte gegenläufige Bewegung aufmerksam machen: die Auswanderung deutscher Menschen nach Nordafrika im Zuge der französischen Kolonisation im 19. und 20. Jahrhundert.[48]

Dem Kernstück des vorliegenden Buchs, Krügers authentischen Aufzeichnungen, folgt als Annex eine Reihe ausgewählter Zeugnisse, die klärendes Licht auf verschiedene Umstände in Zusammenhang mit Krügers Erzählung, in Bezug auf die Person, den Handlungsraum oder die Zeitumstände, werfen. Außer zweckdienlichen Mitteilungen von Tunis-Reisenden, die den Deutsch-Tunesier begegnet sind, bieten sich da zwei Berichte über zwei andere Deutsche an, die ein gleiches Schicksal erfuhren. In gleicher Weise fanden sie in Tunis, nach gewagter Flucht aus der Fremdenlegion und lebensgefährlicher Irrwanderung, eine, wie auch immer, neue Heimat. Beide Berichte stellen jeweils einen anderen »Krüger« in den Vordergrund und bieten demnach weitere Anhaltspunkte für eine historisch genauere Erhellung des deutsch-maghrebinischen Falls »Krüger«. Der an- und abschliessende Beitrag von Dr. Martin Lowsky[49] beleuchtet den Fall Krüger aus der Warte der Karl-May-Forschung und präsentiert den neuesten wichtigen Fund zum selben Fall durch Michael Rudloff.[50]

Mounir Fendri, Tunis, im Sommer 2016

---

47 Es soll z. B. um 1845, mit Unterstützung vieler Persönlichkeiten aus den deutschen Fürstenhäusern, eine »Association pour la protection des émigrants allemands« gegründet worden sein, um die Kolonialauswanderung nach Algerien zu fördern. Siehe: Enfantin et l'émigration étrangère en Algérie. In: Revue Africaine, 1918, 59, S. 249–265.
48 Schon 1836 notiert Dr. Moritz Wagner auf seiner Forschungsreise in Algerien: »Die Zahl der Deutschen in den verschiedenen Städten der Regentschaft betrug nach den Registern der Intendanz zwar nur 835 Köpfe, doch dürfte der wirkliche Effektiv wenigstens doppelt so stark seyn, da jeder Mann weiss, wie über die Hälfte der dort eingewanderten Deutschen, theils um dem Milizdienst zu entgehen, theils aus blosser Nachlässigkeit versäumt hat, sich auf dem Stadtregister eintragen zu lassen. Dies gilt namentlich von der Taglöhnerclasse, welche durch die verabschiedeten deutschen Soldaten der Fremdenlegion einen starken Zuwachs erhält … Es gibt bereits deutsche Wirths- und Gasthäuser in Algier, wo Alles möglichst deutsch zugeht.«–M. Wagner: Reisen in der Regentschaft Algier. Leipzig: Leopold Voss 1841, Bd. 1, S. 117ff.
49 Siehe Martin Lowsky: Karl-May. Realien zur Literatur. Stuttgart: 1987 Metzler (Sammlung Metzler, Bd. 231).
50 Michael Rudloff: Neues zu Johann Gottlieb Krüger, Karl Mays Krüger-Bei. In. Jahrbuch der Karl-May-Gesellschaft 42 (2012), S. 269–308.

Eigenhändige Lebensbeschreibung des Joh. Gottlieb Krüger genannt Muhamed ben Abdallah Nimse

1   [Original-] Inhaltsverzeichnis

[Wie bereits erklärt, werden aus diesem im Manuskript K1 enthaltenen Inhaltsverzeichnis im Folgenden lediglich die ersten neun Kapitel in Gänze berücksichtigt und vollständig reproduziert. Aus dem übrigen Inhalt, der sich, wie erklärt, wesentlich als Plagiat aus Friederike Londons »Barbarei«-Darstellung erwiesen hat, haben wir anschließend eine Auswahl von Stellen übernommen, die einen direkten Bezug zur geschilderten Fremderfahrung des Autors aufweisen und, nachweislich oder vermutlich, nicht einer fremden Quelle entstammen. Bei der Wiedergabe der Kapitelnummern und -überschriften haben wir uns auf dieses Verzeichnis gestützt, da dieselben im weiteren Text nicht immer konsequent angewandt werden.]

Erstes Kapitel
    Desertation von Preußen – Algier – Bugia – Kabyls   5

Zweites Kapitel
    Unterhaltung mit den Kabyls – Gefecht – Erwarten Sidi Ali   15

Drittes Kapitel
    Reise nach Gifza – Unterricht der Religion – Muhameds Reise nach den Himmel, in der Nacht.   22

Viertes Kapitel
    Reise zum Scheick ben Samom – Zieht ein verborgenen Schatz – Joseph verliert sein Kopf – Grausamkeit in Asomoren.   37

Fünftes Kapitel
    Verkauft als Sklave, nach Owled Matta – Gabela Tod – Trauer um ihn   44

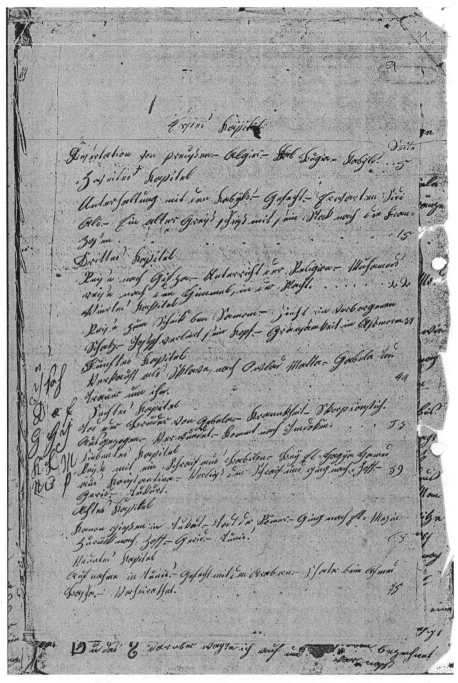

Abb. 9: Seite 1 aus J. G. Krügers Manuskript K1: Inhaltsverzeichnis.

[Original-] Inhaltsverzeichnis

Sechstes Kapitel
Tod der Bruder von Gabela – Krankheit – Skorpionstich – Ausgezogen – Verwundet – kommt nach Imdoken   53

Siebentes Kapitel
Reise mit ein Schraif aus Babilon – Bey El-Hagya Hamed aus Konstantina – Verließ den Schraif und ging nach Zott – Gerid – Tukurt   59

Achtes Kapitel
Kanon Gießen in Tukurt – Todt der Römer – Ging nach Et-Mezin – Zurück nach Zott – Gerid – Tunis.   68

Neuntes Kapitel
Aufnahme in Tunis – Gefecht mit den Arabern – Schater beim Ahmed Bascha – Verheirethet.   75

Zehntes Kapitel
Die Regentschaft Tunis.   89

Elftes Kapitel
Die Mauren in Tunis – Ihr Aberglaube – Marabuts – Heiligthümer – Märkte – Ahmed Bascha Bey – Polizei – Kairwan.   101

Zwölftes Kapitel
Der Sommerabend in Tunis – Fruchtbarkeit – Bardo – El Marza – Karthago   107

Dreizehntes Kapitel
Muhameds Geburt und Erziehung – Seine Heirath – Zustand der Religion in Arabien zu seiner Zeit – Seinen Gehilfen bei der Komposition des Korans   113

Vierzentes Kapitel
Muhamed tritt als Prophet auf – Die Regierung von Mekka ist gegen ihn   124

Fünfzehntes Kapitel
Gebet und Gottesdienstliche Reinigung der Muhamedaner – Untersagten Speisen – Genuß des Weines verboten – Sadham – Der Koran   135

Sechzehntes Kapitel
 Die Bewohner der Berberei – Mauren – Araber – Beduinen –
 Ihre herumziehende Lebensweise – Doars – Innere Einrichtung
 der Zelte – Die Berber oder Kabyls 146

Siebzehntes Kapitel
 Sitten und Behandlungen der Kabyls in den großen Atlas Ge [birgen] 157

Achzehntes Kapitel
 Kahl und Ben Abes 166

Neunzehntes Kapitel
 Araber – Beduinen Stamm ihr Herumziehen in der Wüste d Za[hara] 174

Zwanzigstes Kapitel
 Erziehung der Frauen 185

Ein und Zwanzigstes Kapitel
 Beischlafung der Muhamedaner – Verlobung – Hochzeit –
 Beschneid[ung] 192

Zwei und zwanzigstes Kapitel
 Geschichte von der Uhr an der grofen Moschee in Tanger –
 Legende von der See und Mücken 211

Drei und zwanzigstes Kapitel
 Marokko – Algier – Die Franzosen nehmen Algier ein 217

2 [Von der brandenburgischen Heimat über den preußischen Militärdienst in die französische Fremdenlegion]

[Die erste Seite von K1 ist stark beschädigt, als wäre sie mit Tünche überstrichen. Es gelang gerade folgende Zeilen zu entziffern, die allerdings den Ausschlag geben in der Frage nach Johann Krügers Geburtsort:]

Ich Johann Gottlieb Krüger gebürtig aus Vevai bei Wrietzen a/o[der] von arme aber achtbare Eltern. Lernte eine Profesion in Strausberg und Trieb sie bis in mein zwanzigsten Jahre. [Gestrichen:] wo ich alsdann Eintrat beim Militär des achten leib Infant. Reg. zu Guben.

2.1 [Ein ominöser Traum]

[Folgende Stelle aus K2 scheint uns geeignet, als eine Art Einleitung der Lebensgeschichte Krügers vorangestellt zu werden]

Da ich mit mein Plahn vereinicht war über meine Flucht aus mein Vaterland, oder ganz weg von Europa, da kam mich ein inerliches Gewiessen in mein Hertz, das ich die ganze Nacht darüber nach dachte ob ich durch die Gefahr komen würde den ich machte meine Gedanken hin und wieder, das kam mir vor als wenn man ein Striek durch Schneit das wieder zusamen gebunden wird aber der Knothen immer bleibt. Das war mich schohn von forneher Bestimt das ich nicht wieder von meine Gedanken zurückkehrte, da ich mich als Leerjunge in Traum in ein andere Weldtheil gesehen hatte, das ich über das Meer fuhr, wurde aus dem Schieff am Land gesetz ganz Allein. Ging in ein hohes Gebürge, traf ich eine Brücke an, da standen zwei Wächter, Einer auf die der Ander auf jene Seite der Erste wollte mich nicht rüber laßen, ich war drüber, hatte die Briecke hinter mir, traf viele Kinder und Schlug eins. Dann kamen die Alten bei mich rum, ich Verstand ihre Sprache nicht, so wurde über mich Geschosse und mit Lanzen nach mir Gestochen wurde aber nicht Getroffen. Das Ähnliche ist mich wiederfahren bei Bugia.

2.2 Erstes Kapitel: Desertation von Preußen – Algier – Bugia – Kabyls

Als ich nach meine drey jarige Lehre in Strausberg bei den Schuhmachermeister Bong in Monat April Frei gesprochen wurde, kam auch bald die Zeit das ich mußte Soldat werden. Tradt den 28 October 1828 beim 8. leib Infantry Regm. 2 Bllo 7 Com. Welches Batalion in Guben Garnosierte ein, und Diente 3 jar, bekam mein Abschied aus Magdeburg den 21 Nove. 1831. Reißte zu Hause nach Werben hielt mich da auf bis zum 28 May 1832. Von da Wanderte ich aus und kam bis Dißeldorf wo ich als Kaputeland[1] Eintradt beim 17 Reg. 6 Com. Auf 3 jar. Diente einge Monate und wurde V [****] aber nach Verflossene 9 Monat kam ich als Kranker in Lazret.

Da ich aber nach meine 3 Monatlichen Aufenthalt im Lazaret wieder zurück in der Company als Gemeiner Eintreten musste, wollte es mir nicht gefallen, aber gleich denselben Abend wurde ich mit einige Werber bekannt die sich Vertochen in Wesel aufhielten. (den wier waren Versetz nach Wesel das wir die Garnison mit den 1 Batalion Vertauschten) die machten mir den Muth nach die Franzosen zu gehen jch nahm das Anerkennen gleich in Obacht und Verließ das Fort Blücher wo die 6 Company Detaschirt war den 28 Juny 1833 auf Sonaben um halb 1. Uhr kam den Sontag gegen 10 Uhr nach Vendlow in Belscheck an meine Aufnahme war Gutt bekam mein Traktemant als Gargand 48 Sens alle 6 tage und mein Esen blieb da bis ein Transport von Deutschen, Schweizer, und Holländer sich gesammelt hatte Marschierten wier von da nach Give [?], Nanzig, und Tullong, von da Einbarkirt nach Algier, in der Fremden-Legion, was ein Elendes Soldaten Leben ist. In der Zeit haten die Franzosen Bugia Eingenommen[2] und fehlte dort an Leute, so wurde ein Batalion Vermehrt aus Deutschen und Pohlen welches das 7 Batalion Pohln genant wurde und nach Bugia Einbarkiert[3] das wir da die beste Garnison oder das Gelobteland finden würden aber weit gefehlt. Ich Verges es in meinen Leben nicht den Morgen da wier Eingeschieft wurden Begleitete uns die Militär Musick mit dem Marsch, macht mir keine [*****] vor. usw.

Angekommen nach Buschia den 29 Januar in der Nacht 1834 in einen Sturm und Regen das wier alle durch und durch Genetz waren, glaubten das daß Schieff jeden Augenblick würde zu Grunde gehen, oder ganze Erdboden. Endlich wurde das Schieff geanckert, wier wurden ausgeladen und auf Boote am Land gesetz, ließen

---

1 Kapitulant: »Soldat, der sich durch Vertrag (Kapitulation) zu einer längeren Dienstzeit verpflichtete u. sich dadurch Anspruch auf Altersversorgung erwarb.« (Wahrig)
2 Die Eroberung von Bougie/Bejaia durch französische Truppen erfolgte Ende September 1833.
3 Der Fremdenlegion-Chronik von Grisot und Coulombon (La Légion Etrangère de 1831 à 1887. Paris: Berger-Lerault 1888, S. 18) ist zu entnehmen, dass das 7. Bataillon, das den »nicht naturalisierten Polen bestimmt war«, am 25. Januar 1834 nach Bougie beordert wurde. Vermutlich war dies auch Krügers Einschiffungstermin in Algier und das nachträglich angegebene Datum vom 29. 1. das seiner Ankunft nach stürmischer Seefahrt.

Abb. 10: Nordafrika-Karte, auf der Krügers nordafrikanisches Itinerar in den Hauptetappen verfolgt werden kann: Von der ersten Landung in Algier und der zweiten in Bejaia, von da (nach mindestens 2-jährigem Aufenthalt in der Kabylei) in südöstlicher Richtung nach Chott-el-Hodna und den M'zab-Oasen bis Touggourt, dann die Flucht nach Tunis über das Bilad-al-Ǧarid.

unsere Gewähre auf den Schieff bis den andern Tag, da traten wier in der Stadt Bugia in der Nacht um 12 uhr ein, beim Sturm Blitzen, Donerschlägn und Regen, mit nasse Kleider und Lährenmagen, wo kein einziger Einwohner war als den Franzosen die bald Verhungert waren.[4] Da nahm jeder Gargand seine Korperolschaft suchte

---

[4] Die Korrespondenz und Berichterstattung der militärischen Befehlshaber widerspigelt ganz deutlich die missliche Lage der Besatzungstruppen in Bougie in dieser Zeit. Am 14. 11. 1834, über ein Jahr nach der Einnahme der Stadt, schreibt General Drouet d'Erlon an seinen Kriegsminister, in Anschluss an einen Dienstbesuch in Bougie: »Ce que j'ai vu à Bougie n'est pas du tout satisfaisant et me fait vivement regretter qu'on ait fait cette expédition. Elle a été entreprise avec légèreté et sur de faux renseignements, aussi elle n'a donné que de mauvais résultats.« (Correspondance du G. Drouet d'Erlon. Paris 1926, S. 96). Aus Ch.-A. Juliens Algerien-Geschichte erfährt man: »Duvivier [...] prit, le 7 Novembre [1833], le commandement supérieur de Bougie et dut faire camper les troupes au milieu des ruines, dans des conditions d'hygiène déplorables, parfois sans ravitaillement et en butte aux attaques des Kabyles.« (Charles-André Julien, Histoire de l'Algérie contemporaine 1964, S. 103). Einen aufschlussreichen Augenzeugenbericht liefert Fürst Pückler-Muskau, der im März 1835 auf der Seefahrt von Algier nach Bône/Annaba in Bougie eine Zwischenlandung machte: »Die Lage dieses Ortes ist außerordentlich pittoresk [...] Bougie selbst, von großem Umfang, und überall fast nichts als Ruinen alter und neuer Zeit darbietend [...] däuchte mir eine alte verlassene italienische Stadt [...] Wenigstens sah ich von diesem Standpunkt aus das schöne grüne Thal mit seinem bedeutenden Fluß [...] und den ganzen bedeutenden Umfang der Stadt, mit zwei bis drei festen Schlößern, und mehreren Blockhäusern, welche, ohngeachtet ihrer Nähe die Araber schon mehrmals attakirt haben, und nur mit Mühe durch Kartätschen davon zurückgetrieben werden konnten [...] Die Garnison befand sich in Bougie lange in einem förmlichen Blokadezustande, und nicht einmal wagen, vor den Thoren Holz in der Plaine zu fällen, ohne sogleich angegriffen zu werden. Die letzten Affairen haben jedoch, wie es scheint, den Feind

sich ein Nachtquartier in den verlaßenen Häusern. Endlich fanden wier ein Obdag, wo wier uns die Nacht aufhielten um das Ungestüme Wetter, machten unser Lager auf den Boden, mit unser naßen Kleudung legten uns nieder mit Lährenmagen und halb Verfroren dabey. Den andern Tag kriegten wier etwas Proveiand was übrig war auf den Schieff und die Gewähre. Gleich denselben Tag mußten wier noch ein Angrief machen auf den Feind, wo wir den späten Abend von unser Gefecht zurük kamen und brachten einige Toten und 9. Plesierten.[5] So gieng es alle Tage auf eine Schulter das Gewähr, auf die andere den Schaufel. Täglich Arbeiten und schlechte Behandlung von den Oberoffzieren, wenich Bezalung, schlechte Lebensmittel, den es war um die Winterzeit das nichts von Algier oder Europa konnte herbei geschaft werden wegen den konträren Wind um die Mitte des Winters.

etwas eingeschüchtert, der hauptsächlich von seinen Priestern und Marâbuts so aufgehetzt werden soll, welche hierbei wahrscheinlich ein Privatvotheil leitet.« (Pückler-Muskau, Semilasso in Afrika 1836, Bd. 2, S. 208f.). Noch 1837 befand Moritz Wagner Bougie als »ohne Widerrede die elendeste Stadt Afrika, das ich gesehen.« (M. Wagner, Reisen in der Regentschaft Algier 1841, Bd. 1, S. 217).
5   Verletzte.

3 [Flucht aus der Fremdenlegion – Aufnahme bei den Kabylen – Bekehrung zum Islam]

Da kann man sich leucht Denken das eine Unzufriedenheit unter den Soldaten war. Jch Entschloß mir lieber in des Feindeshände zu geben, als bei den Franzosen ein Soldaten-Sklaf zu sein und verließ das Bugia in der Nacht um 10 uhr den 28 März 1834. Nam mein Weg nach den Gebürge zu den Kabiels Taumelte die Nacht durch kam gegen Anbruch des Tages in Gebürge. Da ich mich aber wegen Furcht und Angst nicht Vertraute an einen Ort zugehen hielt ich mich am Tage in eine dicke Waldung auf, abgelegen von der Straße, bis auf den Abend wo ich dann weiter Gieng wußte aber nicht Wohin, das Hertz klopfte mich und war voll Angst, so das ich mehr Blut als Wasser Schwietzte, aber da es nun Finster war geworden Verließ ich mein Aufenthalt und lief in die Wildnis um hehr wie ein Verirrendes Schaf von seine Heerde bis in der Nacht wo ich in ein Dorff Bonnseaude[6] kam. es war aber alles Ruhich und Stille, kein Hund Belte, den die Einwohner hatten alle ihre Hunde Abgeschaft wegen den Feind das der so nahe war, den sie Glaubten durch das Hundebellen Verrathen zu werden. Aber ich faßte in Gottesnamen Muth und Trat in das Dorff, Alles war Ruhich und Schlief das ich Endlich in ein Haus ging und setzte mich an der Thür in der Stube, mein Sinn war das ich wollte die Nacht zu bringen in dem Haus, Aber ich höhrte das Leute in ein Winkel schliefen mit ein kleines Kind, welches an zu Weinen fing die Mutter Stillte das liebe und der Vater fing an zu Sprechen eine Sprache die ich nicht Verstandt. In den Augenblick wurde meine Angst zu groß und eine jnnerliche Anung ich sollte das Haus verlaßen, oder wenn es Tag würde mein Leben in das Dorf verlohren ging, und machte mich Still auf Verließ mein Nachtquartier, und das Dorf trieb mich wieder umher bis ich nach ein Garten kam. Traute mir aber doch nicht weiter zu gehen, wegen den Wieldenthieren mit ihr Heulen und Geschrei mich Umschloßen da stieg ich auf ein Baum der Etwas hoch war, um da mich von den Wildenthieren mein Leben zuretten, wo ich die Nacht durchbrachte und Erwartete des Tagesanbruch.

Die Morgenröthe dämmerte und der Tag began sich zunahen, auch das Geheul von den Wieldenthieren war nicht mehr, da stieg ich Herunter von den Baum und machte mich an die Straße setzte mich hinter einen dücken Strauch, breit über die Erde Gewachzen. Es war aber noch Dunkel man konnte noch nicht Roth vor Schwartz unterscheiden, da höhrte ich in der Frühstunde durch den nachhall das Gebürge auf

---

6 Möglicherweise *Boumessaoud* (nach dem Stamm der Ait Bou Messaoud) in der Umgegend von Bougie. Dazu notierte Heinrich Barth, der diesen Ort im November 1845 besucht hat: »Hier [vom Berg *Guraya* aus] sieht man weit über die Wohnstätten der Beni bu Msaud, der Tamsalt und anderer Tribus, und ich erkannte deutlich von hier das unabhängige Treiben jener unununterworfenen Stämme dicht außerhalb der französischen Vorposten.« (H. Barth: Wanderungen durch die Küstenländer des Mittelmeeres. Berlin: Hertz 1849, S. 64)

der Straße die von den Dorff kam wo ich gewesen war Leute sprechen, ich wartete getrost ihr Ankuft es war zwei Mann die Trieben drei Schafe vor sich her die sie auf einen Andern Markt verkaufen wollten die waren gutt Bewaffnet. Aber noch in eine kleine Entfernung wurden sie mir Gewahr, der eine pakt seine Flinte legte sie an seine Backe und Schrie: ho. Ho. Ich antwortete: Non. Non. Aber da sie Verstanden das ich Wahrscheinlich ein Mensch war Setzte er ab und kamen auf mich Gegangen und Betrachteten mich und meine Französchhe Onform, die ich Trug. Schien ihr das ich mehr den Thieren als den Menschen Verglich. Doch war alle meine Gefahr vorüber. Sie Umarmten mich und Küsten mich waren sehr fröhlich über Leute.

Da sie nach einen Markt Reisten der Entfernt war von uns drei stunden baten sie mich durch Zeichen das ich sollte mit ihr gehen sie wollten mit mich Sprechen und ich auch mit ihr, aber Leider wier Verstanden uns nicht, doch aber Verstanden sie mir das ich Hungerich währe und dabei auch sehr Mühde war, Sie Verstanden es gaben mich Brod und Tadteln zu Essen, ich war sehr Vergnügt über die Mahlzeit das ich mich Gesätiget hatte, so Reisten wier wie Bruden und Freunde bis nach ein Dorff Timrey.[7] Aber auf die Straße kamen noch viele Bedowiner zu uns, die auch nach den Mark Reisten die auf Esel und auf Maulesel beritten waren. Da sie aber sahen das ich Müde wahr Setzte man mich auf einen Esel bis nach den Dorff Timrey das nahe am Markt war. Es wurde aber Bald bekannt von meiner Ankuft das sich auf diesen Tag mehr Volk versammelte als die andere Marcktage, Den ich war der erste Europäer, oder Vielmehr in Soldaten kleider gesteckt den sie jehe gesehn hatten. Endlich erreichten wir das Dorff Timrey. Da wurde ich in ein Haus gebracht, es Versamelte sich Viele Menschen bei mich herum um mir zuschauen den es war wie ein Schauspiel ein jeder der, kam wollte mich sehen. Ich krichte zu Essen, Brod, Öhl, und Feigen das Brod bei die Bedowiner ist wie Kuchen gemacht, aber ich hatte viel Vergnügen beim Essen den jeder wollte sehn ob ich auch Essen konte.

Unter all den Volck drängte sich auch ein Bedowiner der Etwas Franzsösch und Spanisch sprach der hatte ein großes Krug und ein Säbel das er auch auf den Mark verkaufen wollte. Redete mich in Franzsch an wo ich auch wenich von Verstand es war mir aber ein Freundlicher Wilkom mit einen Mann etwas sprechen zu kennen. Welches sich bei mir in Schrecken Verwandelte. Er sachte zu mich, das Thut mich Liebermann leid, das ich dich mit diesen Schwert dein Kopf runter nehme und der Krug dein Fleisch bewahre. Er hatte aber sein Spas daran um mich Furcht einzu jagen. Er Sprach weiter, weil dieses die Gesetze von unsern Prophet Muhamed sind was mich in den Augenblück bei die Nachricht zumuthe wahr kann ich nicht sch-

---

7 *Timry/Timri*: Dorf südlich von Bejaia. Damals eine Siedlung des Stammes der *Fnaya*. Nach Eugène Daumas (La Grande Kabylie. Paris/Algier: L. Hachette 1847, S. 140) zählte das Gebiet der *Fnaya* 37 Dörfer. *Timri* gehört heute zum Bezirk *Fenaïa Ilmaten*.

Abb. 11: Markttag in der Kabylei um 1880.

reiben, doch aber sachte ich Gott sei Danck das ich satt bin ich werde darauf gutt Schlafen. Bekehrte meine Seele von der Angst und Frachte wann denn hier oder auf den Marckt, und Betete mein Bus Gebet was ich immer viel Betete »Ach Gott und Herr wie groß und Schwehr sind meine begangen Sünden, wie Oftmahls ich Erzürnet dich so manchen Tag und Wochen so manches Jar hab ich zu gebracht das ich die Schuld nicht Recht bedacht, die dich zum Zorn Gereizet Ach richte du Gerechter Gott mich so wie ich's Verdiene ich glaube fest und Traue dier du wirst um deinet Willen mir von Übel helfen, Amen« Nach dem Gebet wurde meine Seele leuchter und das Volck verzog sich auch Etwas, und blieb in mein Zimmer allein, Legte mich auf eine Strohmate und einen Laedernen sak mit Wolle ausgefühlt unter mein Kopf, und Schlief ein, Traumte von meine Mutter die ich nie Gekannt habe, Stand mich an mein Haupt und Raufte meine harre und sachte, mein Sohn laß dich Rasiren du hast lange Haare und Wachte darüber auf. Denkte nach über mein Traum, da kam die Wirthin vom Hause was eine Beiahrte Frau war, Lachte, kam zu mir und faste mich an meine Haare, und Zeichte mich mit ihre Hand das ich mich soll Rasiren laßen, oder ich mein Leben nicht behalte. Der Befehl von die Alltefrau war mich nicht sehr Angenehm, den mich Thaten meine lange blonde Haare leid in Wind zugaen. Den Andern Morgen versammelte das Volck sich wieder um mich her auch der mit sein Krug und Säbel was stets mein Begleiter war bis auf den Markt. Faste mich bei der Hand und drückte sie. Sachte das thut mir Leid das du Nzara[8] dein Leben hier solst lassen, wenn du aber willst so nim unser Religion dann wirst du dein Leben behalten, ich frachte was ihre Religion währe und an wem sie Glaubten, Er »wir glauben an Gott und an den Prophet Muhamed, und Zeigen und Sagen das Glaubens bekentnis das heist Lä jlä-Hä Ellalah Muhamed

8 Eigentlich *N'sara*, arab. (Plural) für Christen (von *Nâsra*: Nazareth).

Rasol Alalh[9], das heist Jch bezeuge das kein Gott außer Gott giebt und ich bezeuge das unser Herr Muhamed der Prophet Gottes ist.

Da führten sie mich auf den Markt zum Schau herum wo ich so bedrengt war das ich meine Füße bald nicht auf Gottes Erdboden setzen konnte so gar Käufer und Verkäufer ließe ihre Wahren liegen drängten sich ran um mich zu sehen so das ich durch die Vielemenschheit beinah in Omacht fiel. Da kam ihr Marabet[10] (Prister) ein Alterman, weis Kleider an trug und langen weisen Barth Freundlich in sein Angesicht immer mit jeden Wortt aus stos begleitete er mit Lachen der nahm sein Stock und machte sich unter das Volck platz das er zu mich kam faste mich bei der Hand drückte und küste sie und so faste er mich mit beide Armen um, küste mich den kopf und die Backen. Jch wiederholte dasselbe an ihm, dann führte er mich durch das Volck über den Ganzen Markt. Setzte sich mit mir unter ein Olifenbaum auf ein Steinfelsen sahe mich Freundlich an und drückte mich nochmahl die Hand und Küßette sie, ich wiederhollte dasselbe, sachte mich vor das Glaubensbekenntnis wie ich schohn erwähnt habe, machte meine rechte Hand zu hob den Zeugefinger in die höhe wie zum Schwur, Er sachte mich vor, ich sachte nach so wie das ein parmahl mich vorgesacht wurden, hatte ich es gelernet und sachte es selbst. Gleich so das vernomen war unter das Volck das ich den Glauben bezeuchte. Da kamen einige von die Kaufleute rissen mein Kasket mich von Kopf, und setzten mich eine rothe Kape mit ein Turban auf und waschten mich Hande und Füße nach Muhamödanischen gebrauch und sachten Folgende Worte das ich Himmel und Erde zum Zeuchnis anrufe das Muhamed der Apostel Gottes ist. Küsten mich und sachten jetz bist du unser Bruder mit Aufgenomen in unsern Glauben so wie du dieses wirst bekennen und hersagen soll es dein Paß sein und kanst Reisen wo du

---

9   Lâ ilâha illa'Allah, Muhammad rasûl'Allah: Das muslimische Glaubensbekenntnis.
10   Aus der unmittelbaren Algerien-Erfahrung des deutschen Wissenschaftlers Moritz Wagner bietet sich folgende treffende Beobachtung zu Amt und Stellung des »Marabut« im Algerien der 1830er Jahre, aus der sich auch die Situation erhellt, in der sich Krüger mit einem solchen Mann konfrontiert sah: »Die Marabuts versehen zwar auch den Priesterdienst, aber es ist nicht das blosse Priesteramt, das sie zu Marabuts macht. Die Ehrfurcht, die man ihnen zollt, hängt hauptsächlich nur von ihrem frommen Wandel, ihrer Enthaltsamkeit, Wohlthätigkeit, endlich auch sehr viel von ihrem Talent und Kenntnissen ab [...] Doch nicht allein in so ernsten und gefährlichen Momenten ist der Marabut Vermittler und Versöhner, sein heilsamer Einfluss dringt in alle Verhältnisse [...] Ich habe viele französische Militars gekannt, die in die Hände der Araber gefallen waren, und die Leidengeschichte ihrer Gefangenschaft mir erzählten. Sie wurden gräulich misshandelt, die Männer schlugen sie, die Weiber schmähten sie und spieen sie an, die Kinder bewarfen sie mit Koth und Steinen; sie wären in wenigen Tagen den Qualen erlegen, ohne die Dazwischenkunft der Marabuts. An diesen frommen Männern fanden sie die einzigen Beschützer«. (M. Wagner, Reisen in der Regentschaft Algier 1841, Bd.2, S. 17 ff.).

Abb. 12: Karte von Béjaia und Umgebung: Schauplatz von Krügers Anfangszeit in Algeriens Kabylei.

willst Nimand wird dier Leid thun[11] Sammelten geld für mich, wo auch ein jeder was bei trug, und Sprach mich den Seegen. Nach dem ging ein jeder nach seinem Handel, bis der Markt vorbei wahr. Ich wurde nach den Dorff Timrey wieder zurück Geführt in den Häuptling sein Haus, Varhaid ben Mose.[12]

Das ist mein Abentheuer von Bugia bis zum übergang der Muhamedanischen Religion, Johan Gottlieb Krüger

Der oben Genante Marabet, Prister heist Sidi Lakandy

---

11 Abgesehen von der allgemeinen, naheliegenden Bedeutung, durch Bekehrung und Aufnahme in die muslimische Glaubensgemeine sei der Proselyt ein freies Mitglied derselben geworden, könnte es sich hier um die sogenannte »`anaya« handeln, die traditionelle Schutzbürgschaft der Kabylen, die eine Schutzperson einem Schutzbefohlenen etwa durch Anvertrauen eines persönlichen Erkennungszeichens gewährt, um diesem weitgehende Immunität und Bewegungsfreiheit im Kabylenland zu sichern. Umso wertvoller ist die »`anaya«, wenn sie, wie hier im Falle Krügers, auf einen »Marabut«, einen hochverehrten Geistlichen zurückgeht: »Von einem *Marabut* verliehen, ist die *anaya* grenzlos. Während ein arabischer Häuptling seinen Schutz nicht über seinen Einflussbereich hinauszudehnen vermochte, erstreckte sich der Geleitschutz des kabylischen Marabut sogar auf solche Orte, in denen er unbekannt ist. Jedermann im Besitz einer solchen *anaya* kann die Kabylei weit und breit durchwandern.« (E. Daumas, La Grande Kabylie, 1847, S. 70ff.)
12 Sprich: *Farhât ben Mûssâ*.

3.1 Zweites Kapitel: Unterhaltung mit den Kabyls – Gefecht – Erwarten Sidi Ali

Gegen Abend weil die Leute vom Markt zurück kammen wurde ich aufgenomen in des Vorsteher sein Haus, nahmens Verhaid ben Mosy und die gemeinde das Dorff versammelte sich um mir in mein Zimmer untter hielten sich mit mir durch einen Dollmätscher, von Eäuropa. Aber den noch, bei ieden, der in mein Zimmer Trath, sich meiner nahete: mußte ich immer das Glaubensbekenntnis her sagen, sowohl bei den alten, als auch den Kindern, vorthwärend sagte man zu mir Shähet[13] das heist gib das Zeugniß von unsern Glauben. Nun wurde es endlich Nacht, die Einwohner vom Dorffe verließen mir, und einige Freunden [blieben] in mein Zimmer, da bragte der wierth das Nachteßen, eine sehr wohl gemachte speise von mehl zusamen gewäubelt was man küskezu[14] heist, mit Fleisch und Eier darauf, alle die versammelt waren setzten sich um die Schüssel rum und assen mit den Händen, den mit Löffel Essen ist Sünde bey sie.[15] Ich patschte mit meine Hand auch rein, wo mir aber mehr auf den Boden fiel, als ich in Leib kriegte endlich von diesen einen war so mitleidig das er mir immer Pakete zusamen rulte und stach sie mir in Mund rein so das ich auch meine Ladung hatte, nach dem Essen wurde Wasser gebragt und die Hände Gewaschen und auch den Mund ausgespiehlt und Gebetet das Faithia[16] was gebraucht wird wie das Vaterunser beiuns. Wier setzten uns nachher noch zusammen und unttterhielten uns mit Lachen und spielen. Bei der unterhaltung frug man mir wie ich Heiste ich sagte, Krüger, sie redeten zusammen, und gaben mir den Nahmen Mohamed wie ich nach her genannt wurde Mohamed ben Abdollah Schrieff.[17] Schrieff ist eine abstammung von ihren Prophet Mohamed

---

13 Von fremder Hand [G.Nachtigal?] unterstrichenes Wort, eigentlich: *shahhed!* d.h.: sprich die *ash-shahâda*, das islamische Glaubensbekenntnis.
14 *Kuskus*: Nordafrikanisches Hirse- und Fleischgericht. Das Wort kommt in Krügers Bericht in verschiedenen Schreibarten oft vor.
15 Eine im »offiziellen« Islam nicht fundierte Behauptung. Möglicherweise haben Krügers Gewährsleute die Anwendung von Besteck zum Essen, gerade in dieser Zeit des blutigen Zusammenpralls mit der europäisch-christlichen Zivilisation, als »heidnische« Sitte des Glaubensfeindes und Eroberers verworfen.
16 Eigentlich *al-fâtiha*, die Eröffnende, die erste und meistzitierte Koransure.
17 Muhammad, Sohn des Abdallah. Auch in dieser Namensgebung scheint sich die große Begeisterung der muslimischen Gemeinde über die erfolgte Islamisierung des »französischen« Soldaten auszudrücken. Man gab ihm den Namen des Propheten, dessen Vater auch Abdallah hieß. Allerdings kann dieser Name (wörtlich: Kreatur von Gott) auch die Bedeutung von »*Irgendjemand*« haben. Den Bezug auf den Propheten bekräftigt jedoch der Zusatz »*Scharîf*«. Wie Krüger hervorhebt, kennzeichnet er in der Tat diejenigen Muslime, die ihre Abstammung vom Propheten (über seine Tochter Fatima und ihren Mann Ali) ableiten (Vgl. Martijn Theodor Houtsma u. a. (Hgg.): Enzyklopädie des Islam. Leiden/Leipzig: Brill/Harrassowitz 1913–1934, Bd. 4, S. 349ff.)
Sie zeichneten sich durch die grüne Kopfbedeckung aus und genossen in den muslimischen Gesellschaften »das Ansehen eines religiös bevorzugten Geburtsadels« (Lexikon der islamischen Welt, Bd. 3, S. 55). Insofern

Desertation zu den Kabylen/Bekehrung zum Islam

Abb. 13: Eine Seite aus Krüger Manuskript K1: Die *fàtiha* arabisch und deutsch von Krügers Hand.

und wird sehr Heilich gehalten, bei sie. – Jetz kam die tzeit das wier Schlafen gingen, machte uns unser Lager von einer Einfachen strohmatte und einen Sack mit Wolle aus geführt an unsern Kopf, des Morgen standen sie frühe auf so wie der Hahn krägte Waschten sich und Beteten in ihre Moschee, nach den vorgeschriebenen Regeln ihren Prophet Mohamed, und Reisten ab. Ich blieb nun in diesen Dorffe, meine beschäftigung war, städts das Glaubensbekentniß hersagen und mich mit sie zuunterhalten, fand sie aber bei allen diesen Erforschen und nachfragen sehr Dum und einfälltig, Theilweise in ihren Sitten und Lebensart und auch in ihre Religion, und auch wie sie sich mit den Franzosen schlagen wollten, wenn sie fest an ihren Prophet, und auch Sidi Ali und Marabeten Glaubten würden sie alles überwinden, (Marabet ist ein Priester) Auf diese art machten sie Mehreremahl ein Angriff auf den Franzosen nach Bugia wo ich auch mit bei war, was sie aber kein vortheil machte und jedes mahl geschlagen wurden.

Da kam nun ihr Priester sannte Boten nach jeden Dorffe und ließ die vorsteher zusich kommen, sagte ihnen das er den Koran durch Gelesen habe und auf des Propheten Mohamed sich Tapfer zuhallten nach seinem Befehl, wie er auch sagte er hätte ihm in Traum gesprochen das er nicht sollte abweichen von sein Elschähet.[18] (Elschähet) heist sich Tapfer hallten, und auch der Sidi Ali werde sie auch Treulich beistandleisten welcher die stärke Gottes in sein Säbel hatte wo er früher die ungläubigen mit geschlagen hatt, welcher 75 Eln voraus und 50 Eln rechts und 40 Eln links haut.[19]

Weil sie dieses von ihrem Priester gehört hattn, ging ein jeder nach seinen orte zurück, und befahl sein Volk das sie sich sollten mit Lebensmittel versehn, den weil ihr der Priester befohlen hatt den sogenannten Donnerstag die Ungläubigen aus ihr Heiligesland vertreiben. Sie machten sich bereit, und Reisten den sogenannten tag nach Bugia, wo sie eine maße der Menscheit versammelt waren, welche waren

---

fällt der Übereifer der – allerdings nicht arabischen – Namensgeber, dem zugelaufenen »Irgendjemand« gleich die Verwandtschaft mit dem Propheten zuzusprechen, auf. Der spontane Impuls mag der Erstmaligkeit und Außerordentlichkeit einer solchen Konversion eines Mitglieds des furchtbaren Feindes im selben Dorf entsprungen sein. Reverend Davis gegenüber betonte Krüger noch stärker die große Auswirkung seines religiösen Übertritts in der kabylischen Gemeinde: »Ich wurde zum Adel gezählt, wie dies bei allen Convertiten der Fall ist und Einige wollten gar einen Heiligen aus mir machen, besonders wenn ich ihnen medicinischen Rath in mir bekannten Krankheitsfällen ertheilte.« Doch bald entfällt das »adelnde« Prädikat »scherif« und verschwindet aus Krügers Bericht. Besonders im Tunesien-Teil, wo er sich nach seinem Beruf am Bey-Hof als Muhammed ben Abdallah *Schater* oder nach seiner Herkunft als Muhammed ben Abdallah *Nimsi* (der Deutsche) zu erkennen gibt.

18 al-ǧihâd, gemeinhin als »Glaubenskampf« verstanden und übersetzt.

19 Der Glaube an die Wunderwirkung des Säbels/Stockes von »Sidi Ali Taleb« (vermutlich Ali ibn abi Tâlib, der Vetter und Schwiegersohn des Propheten Muhammad, welcher in der muslimischen Tradition im Rufe eines großen Glaubenshelden steht), soll bei den Kabylen weit verbreitet gewesen sein. In seiner Darstellung über die Kabylei (um 1850), erklärt Capitaine E. Daumas: »Der Sage nach, brauchte Sidi Ali-Taleub nur mit diesem Wunderstock den Feind ins Visier zu nehmen, damit dieser tot fällt.« (E. Daumas, La Grande Kabylie 1847, S.65)

Berietten was das Oberhaupt war die anderen zu Fuß einige mit Flinten einige mit Säbel, und einige mit Großenkniepeln der an einem Ende einem dieken knospen hatte und mit Nägeln verschlagen war, sie Glaubten wann sie hinkähmen nach den Christen das sie keine Mühe hatten zu fechten sondern nur Tod zuschlagen. Sie machten aber dieses mahl kein gewin gingen Ruhich nach Hause und waren darüber sehr betrübt: doch aber die Priester tröhsteten sie und sagten dieses mahl währe der Siede Ali noch nicht gekomen sie sollten gedult haben bis aufs andermahl.

Nach eine kurtze Zeit versammelten sich am ihren bestimmten Ort und unterrichteten das Volk vom ihren Prophet Mohamed und Sidy Ali wie sie die Christen geschlagen haben zu Meka und Medina, und sagten ihr auch das der jenige der auf den Schaagtfelde bleiben würde das der die Ewigegnade bei ihren Gott finde und im Himmel neun und neuzig Weiber bekomme und die von der Welt macht das hundert voll, und auch ihr Fleisch nie verwesen in den Gräbern und nur ein Ewign schlaf haben. Sie glaubten dieses und gingen zu Hause machten sich bereitet wie das vorichtige mahl und kamen zusammen auf die Plän von Bugia forderten die Franzosen rauß und ihren kampf zubeweisen. Da sie aber sahen das die Franzosen mit Bom[ben] und Granaten hinter sie herblietzten Reterirten sie sich nach ihren Gebürge zurück, und vier und 20 Man die das gebürge nicht erreichen konnten flüchteten sich in einer Moschee die auf der Plän, nahe am Meer stand wo ein Heiliger drein begraben war Namens Sidy Heige-Eidilo, Glaubten da ihre rettung zu finden weil das eine Freikierche war[20], sie waren aber betrogen, die Franzosen kannten keine Freikierche legten alle vier und 20 Mann darnieder. Die übrigen auf den Gebürgen stiegen ihre köpfe zusammen und Schriehen wo ist nun unser Sidi Ali mit seinem großen Säbel, er hat uns verlassen, nach diesem versammelten sich, und gingen nach dem Priester seine Wohnung, wo sie sich berathschlagten das ein jeder Sollte ein Einiährigen bok bringen und ihm Schlachten und eine Mahlzeit zusammen machen. Dieses geschah sie Schlachteten und bragten das Fleisch in großen Schüsseln auf einen bestimmten Platz alles kam zusammen mit Flinten und Trommeln und Schalmeien, Tanzten und waren vergniegt, weil das Fleisch gekocht war setzten sie sich bei rum und Assen wo ich auch mit Ass. nach dem weil wir geessen hatten hoben sie die Hände hoch und Beteten zu ihren Gott, und ruften an ihren Prophet Mohamed und Sidi Ali, um die Ungläubigen aus ihr Heiliges Land zuschlagen, unter diese Zahl befand sich ein Alter neunzig Jähriger Mann der nahm sein langstock that als wen er ihm Ladete und legte ihm auf ein Stein felsen und Zielte nach die Franzosen hien die bereits 6 Meiln von uns entfernt waren und sagte Taf Taf Taf seht wie die Ungläubigen falln da ist Sidi Ali mit sein großen Säbel der Hauet sie

---

20   Heiligen(grab)stätten erfüllten im Maghrebraum im Allgemeinen eine Asylfunktion für rechtlich und politisch Verfolgte. In Tunis sollte Krüger noch diese Erfahrung machen, als er mit seiner tief verschuldeten Schwiegerfamilie in einem solchen Schutzort ein Obdach fand.

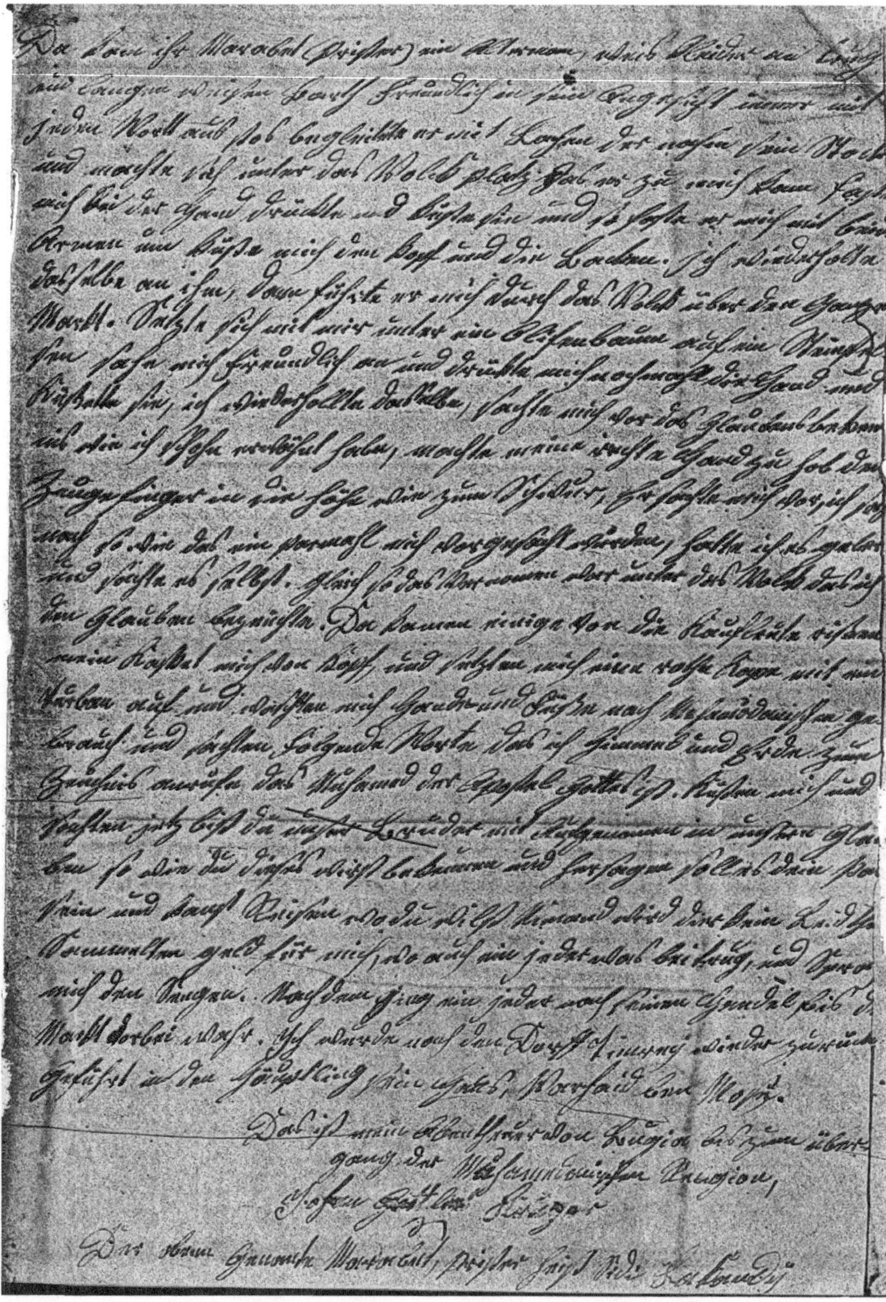

Abb. 14: Eine Seite aus Krüger Manuskript K1

alle die Köpfe runter, Morgen kennen wir nach unser stad Bugia zurückkehren, sie glaubten es und gingen alle ran und küssten ihm. Da setzten sie ihren Baal weiterfort bis am Tages anbruch wo sich einieder Entfernte zum Waschen und Beteten nach ihre vorgeschriebene Regel und dann ein jede zu Hause ging. Wo ich auch nach mein Dorff wieder zurück bei mein Verhad ben Mosy ging, diese Fest war in Tierscha[21] bei den Marabet Sidi Lakendi oder Mohamet Amkoran.[22] Ich hielt mir noch eine Zeitlang auf bei den Verhad ben Mosi bis ich die Sprache etwas verstand, und reiste nach Chifza um noch mehr neues zu erfahren von den Bidowinern.[23]

[Mit den Kabylen gegen die Franzosen]

Da ich noch in den Dorf Timerey war gingen wir Einmahl ein Angriff auf die Franzosen zumachen.[24] *Meine neue Landsleuthe foderten mich auf, ihren Feind raus zu Rufen zum Angriff ich zog meine Rothehosen die ich noch von die Franzosen übrig hatte*[25] *aus, und band sie auf meine Gewähr, stellte mich auf eine Rujne, was eine Holländische Mühle*[26] *gewesen war und Ruft zum Angrieff, ich hatte kaum eine Silbe gerufen, durch das Zeichen von meine Rothehose, wurde ich gleich mit eine Bom[b]e vom Fortt-Gureye*[27] *begrüßt, und dann Reihedurch von jeden Blockhaus, das 5*

21 Vermutlich *Tercha* im Bezirk *El-Kseur*, südwestlich von Béjaia.
22 Möglicherweise handelt es sich um jenen Mohammed Ben el-Hadj Ahmed al-Moqrani, der, nach anfänglicher Bekämpfung der Franzosen, von ihnen mit einem Amt investiert wurde, sich aber später zum Anführer einer Widerstandsbewegung machte und im Mai 1871 im Kampf als »Märtyrer« fiel. Er hatte aber auch mehrere Brüder und daher ist es schwer zu erkennen, welchen Moqrani Krüger genau meint.
23 Anscheinend hat sich Krüger jetzt entschlossen, nach Constantine zu gehen und wollte sich vorab auf sein Itinerar durch das »Beduinenland« vorbereiten.
24 Zum Vergleich und zur Ergänzung des Bildes, das Krüger von diesem Waffengang seiner neuen Glaubensgenossen gegen die französischen Okkupanten aus den Anfängen von Algeriens Eroberung liefert, sei auf das Bremer Blatt Der Bürger-Freund vom 28. 5. 1835 hingewiesen, in dem (aus dem Französischen) ein Augenzeugenbericht über einen »Angriff von Budschia durch die Kabylen in der Nacht vom 10. bis 11. Oktober 1834« abgedruckt ist. Diesbezügliche zeitnahe Informationen bietet ferner E. Daumas (La Grande Kabylie 1847, S. 79ff.) Auch der Deutsche Dr. Moritz Wagner, der Bougie Ende Mai 1837 besuchte, erzählt von der »heldenmüthigen Vertheidigung« Bougies »in der Nacht vom 5. Juni 1834. Gegen drei- bis viertausend Kabylen hielten mit einer Wuth und Tollkühnheit, wie sie nur dem wildesten Fanatismus möglich, trotz des verderblichen Kreuzfeuers der Stadt und Forts, die Blockhäuser umringt.« (M. Wagner, Reisen in der Regentschaft Algier 1841, Bd. 1, S. 216f.)
25 Damals bestand die Uniform der Fremdlegionären hauptsächlich aus einer krapproten Hose, einem blauen Rock und einer rotumwickelten Schirmmütze.
26 Die Mühle »*damus*«, welche, E. Daumas zufolge, bei einem Kabylen-Großangriff vom 29. April 1834 (vermutlich derselbe, von dem Krüger als Beteiligter erzählt) vorübergehend besetzt wurde.
27 Eine von den Franzosen auf dem Berg »*Guraya*« (nach einer Ortsheiligen genannt) errichtete Festung. Eine Fußnote Krügers lautet: »das Fortt Gureye licht auf ein hohen Berg bei Bugia, man kann von da die ganze Gegend übersehn.« (M. Wagner, Reisen in der Regentschaft Algier 1841, Bd. 1, S. 216).

Bom nach mich geworffen wurden da ich aber den Rauch von die erste Kanone sah legte ich auf mein Bauch und Rutschte hinter den Gegenstand. Der Feuerwerker von Fortt-Gureya hatte sein Ziel gutt genomen das Kugel grad auf den Punkt viel wo ich gestanden hatte die Übrigen auch in derselben Richtung 5. bis 8. Schritt neben uns niederfielen, wo sie den noch weiter Rolten und platzten ohne Beschädigung. Dann schlug der Tambur, und meine allte Landsleute kamen in Schlagtordnung heraus, ich kommandierte meine neue Landsleuthe zu Reterieren nach dem Gebürge. Alles was zu Fuß war, lief über Hals und Kopf das wir daß Gebürge Erreichten die aber Beritten waren machten sich Nahe an den Feind und Schossen dreist in die Front wir hatten das Gebürge kaum Erreicht da sah ich hinter mich 4 Dragoner die Lanzen gestreckt in Sturmgalob auf mich zu gesprenkt, ich weiß nicht wie Geschwind das ich über ein Graben, durch die Heke der Indischen Feige war sie waren in den Augenblik mich so nah in den Rücken wenn nicht die Heke unsre zwischen Gränze war, das sie mich mit ihren Lanzen kapot machten, ich nahm Ruhich meine Flinte Schoß auf ihr das ich ein Pleßerte[28] sie zogen sich zurück, ich ging durch das Holtz den Berg rauf von da ich die Schlagt über sehen konnte. Etwas vor mich 25 Schritt lief ein Bedowiner der auch Antheil an den Sieg genomen hatte, aber ohne Waffen nur ein Kniepel in der Hand. Zwischen uns beide viel eine Bome auf den Boden, das ein Stein auf Prallte viel den Vorgehenden auf die Hüfte das er niederfiel in Omacht. Aber das Ungeheuer wesen Rollte in seine Hitze durch die Streucher 2 bis 300. Schritt und platzte auseinander. Ich rufte den Niedergeschlagenen er kam zu sich. Da er mich in seinen Taumel ansah das ich halb Bedowiner und halb Franzose gekleidet war hatte er eine größere Furcht fier mich als wie fier die Bome Lief sein Gang fortt ohne ein Wortt zu sagen. Das war die Bedeutung von mein Traum dem ich vor 8 Jaar in Strausberg geträumt hatte.[29] Aber nicht der Traum der mich behüthet hatte, sondern die Wunderbare hand Gottes hatt mich Beschützt und mein Schutzengel, das ich Erfahren sollte in ein andern Weldtheil und bey eine andere Natzion die denn Christlichen Glauben nicht hatt, das auch da die Hand Gottes sich Offenbharet und mich zu Lehre gegeben wurde, da ich dadurch viel Erfahren sollte, was ich, wenn ich zuhause geblieben währe nicht Erfahren hätte.

---

28 Verletzte.
29 Siehe oben unter dem Titel [Ein ominöser Traum].

4 [Kulturelle und religiöse Eingliederung–Wanderungen in der Kabylei – Beschneidungszeremonie]

4.1 Drittes Kapitel: Reise nach Gifza – Unterricht der Religion – Muhameds Reise nach den Himmel, in der Nacht

Jetz verließ ich das Dorff und mein Verhad ben Mosi am einen Marktage wie ich gewöhnlich auf den Markt mit meine gesellschaft, stand auf der anhöhe des Steinfelsen unter den Olifenbaum, wo ich, weil ich meine Kopfbekleidung vertauschte mit einen Türkband, sah ich nach die ander Seite des Gebürge, eine Wunderschöhne aussicht wo mehrere Dörffer lagen nahmens Esnagen[30] und Ebsimsalz–Oberbeschen[31]–Millög[32] und andere kleine Dörffer, ich ging fortt bis nach ein Fluß der aus dem Gebürge-Benabes kam fliest im Mittländischenmeer nahe bei Bugia. Lienk an den Fluß fand ich Ruinen von einer alten Römischenstad nahmens Tichelet[33] eine halbe stunde entfernt eine andere nahmens Loxzer[34] welche noch mit ihre Ringmauer umgeben war und die Thore noch nicht verfallen waren und Einwendig die Vollemente von den Häusern und straßen zu unterscheiden waren, ich Badete durch den Fluß nach die anderseite Ging auf den Weg nach Esnagen[35] blib über Nacht wo ich noch zwei Deutschen antraf einer war ein Schmid aus Hamburg der ander war ein Bauer bei Sarluis zu Hause blieb über Nacht da, der Schmid war Verheiratet auf ein Dorff-Ettuzen war zum besuch bei den Bauer hatte aber wenig unterhaltung mit sie, ich blieb diese Nacht im der Moschee mit Kaufleute die von ein Markt zum andern Reisen, den andern Tag des Morgens Reisten wir weiter und blieben in der Nähe von Marktlarba[36] oder Mittwoch genannt, wo wir des Morgens früh nach den Markt gingen, meine Ankunft wurde bald bekanet von Ort zu Ort, brauchte keine Stafäten oder Amtsbläter.

Da ich aber das Glaubens bekentnis her sagte that mir nimand keinleid auf dem Markt befand sich ein Araber nahmens Omar ben Aun, welcher sehr Barbarisch aus sah und schehl vom Augen faste mir bei der Hand küste mir, und nam mir

---

30 Vermutlich *Ouzellaguen*, südöstlich von Béjaia.
31 Vermutlich *Iberbacen*, heute *Barbacha*.
32 Vermutlich *Amalou*, im Bezirk *Amizour*.
33 *Tiklat*, das römische Tubusuptus.
34 *El-Kseur*, römische Ruinenstätte nahe Tiklat, 20 km südwestlich von Béjaia.
35 Wahrscheinlich *Ouzellaguen*.
36 *Suq al-Arbaa*, wörtlich Mittwoch-Markt. 1845 notierte Heinrich Barth: »Besonders lustig war das am Mittwoch, wo die verschiedenen Tribus der ganzen Landschaft den bedeutenden Markt des arbâ auf dem Jril Barûk, einem jenseits des Flusses und der von ihm durchflossenen lieblichen Ebene gelegenen kleinen Plateau, besuchten.« (H. Barth, Wanderungen durch die Küstenländer des Mittelmeeres 1849, S. 64)

mit nach seinen Hausse in das Dorff Chalill Chifza.³⁷ Gab mir zu Esen und blieb über Nacht, des Morgens wollte ich vorttreisen, er ließ aber nicht zu, führte mich in sein Haus zurück und musste bei ihm bleiben. Jeden Abend nahm man mir bei der Hand und führte mich unter einen Baum um sie zu Erzählen von Europa, bis in der Nacht das der Moadsan³⁸ zum 5ten Mahl zum Gebet rufte, wo sich alles in der Moschee versammelte zum Gebet, nach diesem wen das vollendet war kam ein Alterman setzte sich neben mir unterrichte mir von den Mohamedanischen Religion, und nach einige Tage weiter zuerkannt, wo mein Opration in einen Fest bestand³⁹ und mit Trommeln Feifen und Schalmeien vollführt wurde, wo ich jetz nach ihrer art wierklich ein Schrief oder Heiliger war.

[Nachträge zu den Erlebnissen in der Kabylei]

Auch auf meine Zweite Reise von Timrey wo ich 7 Wochen auf hielt bei den Varhad ben Mosy, nach Es-Nagen und von da nach Ach-lill Gif-za da wurde ich aufgenomen bei Schaich A-mor ben Aun das war die Nacht von Mitwoch bis Donerstag, den Donerstag Morgen stand ich früh auf um weiter zureisen nach Konstantini da ich noch 8 Tage von Entfernt wahr, mein Hauswirth oder mein Wohlthäter so ich ihm nennen Kann war vor mich aus Gegangen, ich hatte kaum das Dorff verlaßen, da begegenet er mich auf den Weg frug mich wo ich hin wollte, ich Antwortete nach Kontantino zum El-Haisch Ach-Mett.⁴⁰ Er legte sein Finger auf sein Halsgurgel und zeichte mich damit das mir der Bay würde den Hals abschneiden den das wehre ein

---

37 Ferner auch als *Ach-lill Giffza* anzutreffen. Vermutlich *Khlil* im Bezirk *Akfadou*, südöstlich von Béjaïa. Oder *Khelil-Chefaa*, heute zwei benachbarte Lokalitäten in der alg. *Wilaya* Bordj Bou Arreridj.
38 Arab. *mu'adhin*: Gebetsrufer.
39 Gemeint ist die Beschneidungszeremonie (Zum Vergleich siehe unten Anhang VI, den Bericht von Schulze/Baba Hassan nach Heinrich Freiherr v. Maltzan). Darüber sagt Krüger in der von Nathan Davis besorgten Version: »Wie erstaunt aber war ich, als ich an einem schönen Morgen eine Menge von Frauen und Männern vor dem Hause des alten Mannes versammelt fand und auf meine Anfrage über die Ursache dieser Versammlung die Auskunft erhielt, daß sie mich in ihre Gemeinschaft aufnehmen wollten durch Vornahme der Beschneidung. Ich schauderte bei diesen Worten zusammen; indeß blieb mir nichts Anderes übrig, als mich dieser schmerzhaften Formalität zu unterwerfen, deren Einzelheiten des Anstands halber hier unerwähnt bleiben mögen. Es genüge die Bemerkung, daß die Weiber bei der Operation ihren Beistand leisteten und daß nach Beendigung der Ceremonie mein Name, Johann Gottlieb Krüger, in Mahomed ben Abd-Allah Scheriff umgewandelt wurde, unter welchem Namen ich während der ganzen Dauer meines Aufenthaltes unter den Arabern bekannt blieb.« (Erlebnisse eines Deserteurs von der Fremdenlegion unter den Arabern. In: Literarische und kritische Blätter der Börsen-Halle 1841, S. 941f.)
40 Gemeint ist Hadj Ahmed Bey, der das Beylik Constantine bis zu seiner Vertreibung durch die Franzosen 1837 regiert hat. Bis dann war er als Dienstherr Ziel zahlreicher Fremdenlegion-Deserteure. So z. B. v. Maltzans Baba Hassan/Schulze (siehe unten Anhang VI) sowie Krügers abermalige Schwager in Tunis, der

Bösermann. Er faste mich bei der Hand und brachte mir zurück nach sein Haus gab mich unter die Obacht von seine Weiber, das die mich nicht aus dem Haus ließen, so blieb ich eine Woche bis zum Mitwoch da wieder Markt war ins Haus. Aber von das Geheimnis was sich die Ältesten besprochen hatten wurde mir nichts gesacht. Er ging Mittwoch (Zok Lar-Ba) auf den Markt kam nach Mittag zurück brachte ein neuen Barnus und eine Rothe Kappe ein par Schuh Leinewand zum Hemd das Letzte wurde gleich dem Mudib[41] (Schulmeister) gegeben es mich noch denselben Abend gemacht wurde dem Andernmorgen auf Donerstag kamen die Weiber jede mit eine große Holtzschießel um Kuskus zu machen. Dann wurden drey Schafe geschlachtet die er auch von Markt gekauft hatte, auf den Mittag war alles fertig dann kamen die Männer mit ihren Flinten Alle in mein Wohlthäter sein Haus setzten sich zum Essen 4 bis 5 um eine Schiessel, ich wurde aber nicht zu die Mahlzeit eingeladen blieb bei die Weiber in die Stube, die bepakten mich die Hände und Füße mit rothe Baize El-Hanne es ging viel spas vor mit mich [in] die Stube als die Männer geessen hatten Beteten sie das Fathia und Ruften Gott um Seegen an über sie und auch über mich. Dann kam mein Wohlthäter und rufte mich, ich trath mitten unter alles Vollk was im Hause wahr, mein Kopf Barbiert, meine Hände und Füße Roth gemacht mit Elhäna (Baize), ein neu großes Hemd mit große weite Armel eine neue rothe Kappe neue rothe Schuhe ein Neuen weissen Barnos mit Quwasten vone auf die Brust, ich war jetz wie ein Bedowiner gekleidet, und war über mein Anzuch sehr Fröhlich, so blieb ich ein wenich stehn, bis über mich gebetet war und der Seegen hergesacht.

Da kam mein Beischneider ein kleiner Mager Mann trug ein schwartzen Baart, nahm mich bei die Hand gieng mit mich auf ein Zimmer, da war meine sietz gemacht und eine Schiessel mit Erde, mit uns kam noch ein alter Mann ich setzte mich auf den Sessel, die Schiessel mit Erde wurde unter mir gestellt, auf die Treppe stand meine allte Wohlthäterin zum Aufpassen, Siede Hamde Ben-Dottya so hies mein Beischneider, sachte noch einige Wörtter aus den Koran, machte das Hemd zurück nahm das Messer und schnitt die Vorhaut ab, der Allte nahm das zurük gebliebene in sein mund saugte das Blut aus, die Alte auf der Treppe fing mit eine Hellestimme an zu Schreien das lu, lu, Lu, was in Orgenthalischen bei jeder Feierlichkeit von die Weiber geschrieen wierd, auf das Zeichen Fingen alle Unterstehende Weiber das nach zu schreien, auch die Männer Feuerten auf das Siegenal die Flinten ab, die Großetromel wurde geschlagen die Schallmeien wurden geblasen, das geschach alles auf das Komande meine Wohlthäterin so gieng Tromeln, Schiessen, Singen, Tanzen, Pfeifen, alles durch Einander fortt bis auf den Freitag Morgen. Aber meine Wunde,

---

Hamburger Viereck. Krüger soll den gestürzten Potentaten noch in dessen Exil in der südostalgerischen Oase Sidi Oqba kennen und fürchten lernen.
41 meddib (Hocharab. muaddib): Im Allgemeinen der Erzieher; speziell: der Lehrer auf Koranschulen.

nach dem Aussaugen das Blut gestosene Rinde mit Honich gemacht, so blieb ich einige Stunden sitzen, dann kamen die Alltesten wünschten mich Glück wo ein jeder mich auch etwas Geld zum Geschenk gab, dann auch die Weiber dasselbe thaten aber nicht mit Geld sondern mit Eier und Tadteln, aber alles das Geschenk nahm mein Wohlthäter.

Das war meine Wunderbahre aufnahme in Ach-lill Gäfza bei den Amor ben Aun. Denn es ist Bekannt das sich viele geflichtet haben von der Fremden Legion zu den Bedowinern, aber kein Einziger hatt solche Festliche Beschneidung bekommen wie ich. Alle wurden Beschnieten, es seind wenig durch gekommen ohne Beischneidung. Einige auch, wan sie zu ein Bedowiner stame kamen wurden auch von oben Beschnieten das sie nie Mehr das Tageslicht zu sehn krichten. Vielmahl wann wier uns zusamen trafen Erzählten wier uns von die Beschneidung. Welche sachten sie hätten Reisenden angetrofen auf der Straße so hatt von ihr genomen und die Vorhaut abgeschnietten und dann in ihren Blutt gehen lassen. Andere waren kaum in ein Dorf angekomen das sie gleich Beschnieten wurden. Den in einige Dörfer ist der Fanatißmus so groß das es ist nicht Erlaubt ist mit ein Unbeschniettenen umgang zu haben. Ich hab es nicht angetroffen den ich war 9 Wochen im Land so das ich auf den 4 Juny Beschnietten wurde das Jar 1834. Das Füchte sich Alles sehr Wunderbahr mit mich.

Ich hielt mich auf bis zum Herbst, da hörte ich von reisenden Bedowiner das sich in ein Dorff Tägerminda[42] 2 Tagereise ein Allmang aufhielt. ich besuchte ihm, das war ein Stettiner aus Pomern der lag Elendich in ein Garten, war noch krank aus eine Wunde wie ich oben Erzählt habe. Verließ ihm aber Bald und Gieng nach Benauglies[43] da höhrte ich wieder das ein Allmang in ein Dorff Dohna[44] war ich Reiste hin fand den Mann auf die Straße liegen in seine Französchi Kleider aber sehr krank ich Redete ihm auf Bedowinisch an, er wendete sich auf den Rüken sah mich an und sachte auf Deutsch, Ach Gott was seh ich doch fier ein gesunden, Rothen, Frieschen Menschen, vor mich stehn, ich wollte gott Schenkte mir meine Gesundheit wie diesen Jungen Mann, ich konnte kaum die Erste Silbe mit ihm Reden auf Deutsch, da sprang er auf fing vor Freude an zu Weinen, das mich mein Herz auch überging zu weinen, ich Tröstete ihm und sagte das wier in der Fremde währen, Gott würde uns hier auch nicht Verlaßen, blib 3 Tage bei ihm. Es war ein Baier. Er ist bald nach meine Abreise gestorben und wurde Begraben als Mehamudaner mit das Lä, El, La, Hä jl lah Mehamed Räsulallah.

---

42   Vermutlich *Tiguermine*, im Bezirk M‹cisna.
43   *Beni Ourghelis*, ein kabylischer Stamm in der Umgegend südlich von Bejaia. Ihr Hauptheiliger war Sidi Moussa Tinebdar. (Siehe E. Daumas, La Grande Kabylie 1847, S. 64)
44   Vermutlich *Tihouna* im Bezirk *Chemini*.

Ich kam wieder zurück auf Zok-Teneen[45] *Markt Montag bei Timreye wo ich meine Kopfbedeckung mit ein Turban verweckzelte, da war ich aber kein Rekrut mehr, sondern schohn ein Alter gedienter Solldath, ich traf mein Freund denn Marabet Sidy Lakendy der mich das Glaubensbekentnis in meine ersten Ankuft hatt vorgesagt der nahm mich mit nach sein Dorff-Tierschä, machte die erste Fasten da, ich wurde aber ganz Einfach mit sein Schwartzensklave Behandelt. Es war aber das Jaar ein strenger Winter das ihm viel Rinder und Schafe starben den er war Reich an Vie. Ein Tag hatte es Starck geregnet das ihm 17 Schafe gestorben wahren, er selbst hatte sich viel Mühe gegeben das Vie unter dach zubringen, das er auch durch un durch genäßt war Er sahs in sein Haus am Feuer und Trocknete seine Kleider ich auch sahs neben ihm meine Kleider zutroknen, er war sehr Bethrübt über sein Vie, ich Frug ihm warum er so traurich währe. Er schellte mich als Naar ob ich nicht sehe das ihm All sein Vie stirbe ich sachte das sehe ich, aber du kennst doch Mosen und die propheten und den Hihob, den Gott alles genommen hatt und wieder gegeben, so versucht dich auch Gott der da Giebt und auch nimt und es stehet in seine kräften das er es dier wieder Giebt was er dier genomen hatt, die Wörter wahren ihm sehr Auffallend von mich als Ungläubiger er richtete sich auf und frug mir was ich währe ein Islam*[46] *oder ein Rome*[47]*, ich antwortete das ich ein Rome war gewesen aber jetz ein Islam, dann Erzahlte ich ihm von die Kinder Israel und von Sidene Eise*[48] *Herr Jesu Sidena Gähjeha*[49] *Johanes der Täufer ich kam so weit mit ihm das ich mehr wuste als er, da sachte er Inty Misselmin mak schin Rome*[50]*, du bist ein Islam kein Römer, von nun an wurde ich Behandelt wie sein Kind und Versprach mich zu verheirathen. Aber als der Sommer kam und die Hitze groß wurde, Bekam ich eine starcke Krankheit das ich einige Monathe nieder liegen mußte auf mein Krankenlager. Einmahl kam ein Fremder aus Augerbello ich bath ihm mein Lager zu machen ich hielt mich an ein Balken, aber durch meine Schwachheit viell ich in die Ohmacht man Glaubte mich fier Todt, da kam mein Freund der Marabet sang den Koran an mein Haupt ich höhrte das in die Ohmacht doch konnte ich nicht zu mir selber komen. Endlich und Endlich bekräftete ich mich wieder das ich nach und nach wieder Gesund wurde, das Jaar 1835 verging bis zu die zweiten Fasten*[51]

45   *Souk El-Ténine*, wörtlich: Montagsmarkt. Vermutlich ein anderer Fleck, als die heutige Stadt gleichen Namens, ca. 35 km östlich von Béjaïa.
46   Dieses Wort gebraucht Krüger gewöhnlich für »Muslim«.
47   Mit *rûmî* (= Römer) wurde (heute selten noch) der Christ im muslimischen Volksmund bezeichnet.
48   Arab.: *sayiduna ʿisa*, die muslimische Bezeichnung für »unser Herr Jesus«.
49   Arab.: *sayiduna Yahya*: unser Herr Johannes (der Täufer), der im Koran gewürdigt und daher im Islam in Ehren gehalten wird.
50   Vulgärarabisch für: Du bist ein Muslim und kein Christ, also: kein »Ungläubiger« mehr.
51   Krügers zweiter *Ramadan* unter den Kabylen fiel in die Zeit zwischen 21. Dezember 1835 und 19. Januar 1836.

da ging ich wieder zu mein Wohlthäter nach Ach-lill Giffza machte die Fasten, und Reiste dann nach Freihan[52] *in die Olifen gegend da fand ich ein Österreicher von die Deutschmeister das Jaar 36. machte ich den Tokter und hab dabei viel Erfahren.*

[Einweisung in den Islam]

Jetz unterrichtete man mir in Waschen und Beten, welches alles nach der regel durch geth, sie Beten des Tages 5. Mahl und vor jedes Gebet wird gewaschn des Morgens so wie der Tag anbricht beten sie zwei mahl führ sich und ihre Sünden, wen die Sonne am Himmel röthet beten sie Wieder zweimahl zu Gott und ihren Prophet Mohamed, auf den Mittag beten sie 4 mahl nach Mittag beten sie 4 mahl,[53] wan die Sonne unter gegangen ist beten sie 3 mahl die ehrsten zwei Gebete laud und das Letzte in gedanken, inder Nacht 4 mahl zwei laud und die beide Letzteren in gedanken, nach her, zweimahl fier die Ruhe des Nacht, und eins fier ihre Sünden nach jedes Gebet werden viele bewegungen Gemacht, sie steln sich mit das Angesicht nach den Tempel Meka und heben beide Hände hoch bis an die ohren und lassen sie wieder fallen und sagen Allah Oquar,[54] (das heist Großer Gott) wo sie als dann das Fathia hersagen und ein kurzes gebet, nach her neigen sich runter und die Hände auf die Knie und wiederholen Allah Oquar richten sich wieder auf, auf fallen gantz auf die Erde runter, und sagen Allah Maliki Elhamdo, das heist gelobt sei der König, so richten sie sich auf und beten weiter, diese bewegung wierd jedes mahl wiederholt bei jeden gebete das Waschen besteth auch in der Regel, es darf darum nicht viel waser verplantsch werden weil das auch führ Sünde gerechnet wierd sie hoken sich nieder nehmen waser in der Rechtenhand, schmeizen auf der linke waschen sich die Hände dreimahl, dan wierd waser in Mund genommen dreimahl ausgewaschen und die Gurgel auch aus gespühlt, nach her die Nase drei mahl aus geschnauft und gewaschen, und so nach her jeder Arm drei mahl bis am Elbogen dan es Gesicht auch drei mahl, so die Füßen auch dreimahl von kleinen Zehgen bis zum Großen und bis an die Knöcheln, das letzte wird Waser in die beide zeugefinger genommen und streichen sich damit übern Kopf, und wieder naß machen und die Ohren aus waschen, über das Hauptstreichen wird das Glaubens bekentniß her gesagt.

Ich nahm die regeln alle an und wurde dadurch sehr geliebt, mein Lehrer gab sei-

---

52 Vermutlich *Frehat* oder *Farhoun* im Bezirk *Akfadou*.
53 Gemeint ist eigentlich die Anzahl der vorschriftlichen Ritualbeugungen (*rak'a*) zu jedem der fünf täglichen Gebete.
54 Arab.: *allah-u akbar*, wörtlich: Allah ist der Größte (bzw.: der größte Gott).

ne unterricht noch nicht auf mit mir, sondern befleizigte sich mit mir jeden Abend, und unterrichte mir von die 30zig Tage Fasten, das man am Tage nicht Essen oder Trinken noch Tabak gebrauchen dürfte sowohl wie rauch oder schnopftabak auch keine wohlriechende sache Riechen das dis alles streng verboten wehre, und dabei auch Mehrere ander sachen, so wie man dieses gebot nicht haltet, und solches am Tage der Fasten thun würde der würde ihren Gott lästern oder selbst Essen. Nachher auch von den Weintrinken und Schweinefleisch essen und Gestorbenes Vie was nicht geschlachtet währe von sie, und erzählten mir auch die Wunderthaten wie der Mohamed durch den Engel Gabriel nach den Himmel Reiste[55] in einer sollchen geschwindigkeit, das er durch die Unruhe die im der Engel gemacht hatte, weiler ihm vom seiner Lagerstätte noch nicht kalt geworden war. Da hatt er Gott selbst gesprochen und den Koran mit runter gebracht, das wahr mir wieder etwasneues, den ich hatte schohn glesen in die Fabeln von Tausend und eine nacht das sich der König von Egipten mit seine Priester in der Moschee gestrieten hattn das er es nicht glauben wollte, er würde aber überführt von einen Schwartzkünstler so das er es doch zuglauben gestand, ich forschte weiter nach von den Märgen, und wahr darauf sehr neugierig das zu hören. Es wurde mir erzählt das er die Reise in einer Nacht gemacht hatte, wo er nach den ersten Himmel an kam der von lauter Silber war und die sterne an Goldenen Ketten hangen und dem Adam da antraf, der im in seiner Ankunft freundlich küste und umarmte und nahm sein Gebet an, wo er bis heutigen diesen Tage im Himmel die regel des Prophet Mohamed betet, und Adam ihm die 30zig Tagefasten zu seiner rückkehr mit gab. Jetz Reiste er nach den zweiten Himmel traf den Noah an der ihm auch mit aller Freundlichkeit aufnahm, und gab ihm zu seiner rückkehr das gebot den Wein und Geistiges getränk zu vermeiden ich Glaube der Mohamed war villeicht ein starker Säufer. Jetz bestieg er den dritten Himmel dieser bestand aus kostbaren Steinen, traf er an den Abraham, welcher ihm auch Freundlich aufnahm, gab ihm zu seiner rückkehr das Gebot der beschneidung wie er sein Sohn Isac hatt von dreizehn Jahr beschneiden lassen, nun sagte ich da wird ich bestimt Seelig werden ich hab mir noch Elter lasen beschneiden. Jetz bestig er auch den vierten, der mit lauter Smaragd aus gelehgt ward, da traf er den Joseph an der ihm auch Freundlich aufnahm und verlangte sein gebot von ihm. Da stieg er rauf nach den 5ten Himmel der aus lauter Diamant bestand, hier traf er Mosis der ihm auch im empfang nahm als die frühern Patriarchen gebot ihm in seiner rückkehr das Schweine Fleisch zu ver[meiden] Jetz bestieg er auch den 6ten Himmel wo er den Tödten Engel Azarel antraf, der, wie der Mohamedaner sagt wan ein Islam stierbt

---

55   Muhammads Himmelsfahrt (*al-isra*) beruht nur andeutungsweise auf Vers 1 der 17. Koransure, nahm jedoch im Volksglauben epische Breite und phantastische Züge an.

das dieser die dritte Nacht runter kommt und schlacht mit sein stab auf den Grab welches sich auf thut und er hinunter steigt und fragt den selben nach den Glauben bekenntniß, ist der Todte rein von Sünden kann er dieses her sagen wo aber nicht, hauet er ihm mit sein Stab ganz schwartz und das Grab kewetzsch[56] ihm zusammen, und seine Seele kann nicht in den Himmel kommen bevor sie Buse gemacht hatt. Nun erreichte er auch mit seine Tausendmeiln-Stiefeln den 7ten Himmel wo er Jesus-Christus antraf, welcher ihm bat er sollte die Christen zu seiner Religion mit übernehmn. Jetz mußte der Glückliche Prophet noch eine Reise machen wo er allein mußte gehen und der Engel Gabriel nicht mit durft, nur allein, er hatte das recht nach den Thron Gottes zu gehen, er mußte aber vil Gebürge Schnee Kälte Wasser, durchmache. Endlich kahm er nach den Thron Gottes, legte seine Hand auf den Thron, und Gott reichte ihm seine Hand und gab ihm den Koran, und unterhielt sich eine Zeitlang mit ihm, bis er wieder abreiste, und traf den Engel Gabriel der auf ihm wartete im 7ten Himmel an, also hatt Mohamed den Koran und die Gesetze von Himmel geholt. Ich sachte ach ich wollte daß ich da auch mit bei gewesen wehre, den Es muß wahrscheinlich ein Großes fest im Himmel gewesen sind, und vielleicht Alles Ölomiert gewesen um seiner Ankunft, so hielt ich mir auf in das Chalil Chifza bei mein Omar ben Aun bis zum Herbst und machte meine Reise nach Fraihohe.

4.2 Viertes Kapitel: Reise zum Scheick ben Samom – Zieht ein verborgenen Schatz – Joseph verliert sein Kopf – Grausamkeit in Asomoren

Bevor ich fort reiste kam noch ein ander Deutscher Nahmens Josephf aus Achen welcher sich zwei Jahr im Lande rumgetrieben hatte und sich mit die Arzenei durch geschlagen hatte, sagte das wir wollten zusammen reisen gingen von da fort nach ben Eidel[57] in der Olifen Gegnd wo sie uns auch wohl in emfang namen den es war grade um die Zeit das Olifenlesen, wir krichten von jeden etwas verkauften sie und namen das Geld, es fanden sich auch Kranken da, den sie seind sehr unerfahren in die Arzenei Kunst, so glaubten sie, das wir Europäer, waren, die Arzeneimittel gans zu versten, den sie glaubten ein jeder Europäer sei ein Arzt.[58] Wir machten auch

56 Etwa: *quetscht ihn zusammen.*
57 Vermutlich *Tizi Aïdel*, im Bezirk *Tamokra*. Oder vielmehr ist das Gebiet des Stammes der *Beni-Yadel* gemeint.
58 Die Beobachtung über die rückständige Lage der Medizin im Maghreb kommt häufig vor in den Berichten deutscher/europäischer Reisenden vor. Auf seiner Algerien-Reise im Auftrag von August dem Starken notierte der sächsische Botaniker und Mediziner J. E. Hebenstreit 1732: »Ich habe gefunden, daß eine Handvoll Kräuter ein allgemeiner Paß und Freybrief sey; denn man hält einen solchen, der sie sammelt, für einen Barbiero, wie man mich auch beständig genannt, welches einen Arzt bedeutet, den man in Ansehung seiner

einige anwendungen fier sie was uns einschlug so krichten wir beruf in ganzen um Kreise von drei bis vier Tage und gewanen unser zutrauen fest bei sie wier kamen auch nach einige Alte-Ruinnen von den Römer her wo wier steine mit Lateinische inschrift drauf fanden sie glaubten das darunter Geld vergraben war was sie gewiß behaupteten und plagten uns das wir es sollten rausziehen was uns unmöglich wahr etwas aus die Erde mit Beten zuziehen doch aber wir machten beide unsern Plan uns beide davon zubefreien, gingen nach dem Ort hin wo das Geld stechen sollte, ich legte mir mit das Ohr auf den stein, wo die Lateinische inschrieft drauf war und lauschte eine halbestunde, stand auf und sagte das der Schatz noch fün und zwanzig Jahr verborgen währe, und dan ein Junger Mann das Glück haben würde im zuziehen, sie glaubten es und gingen wieder nach den Ohrt zurück Nahmens Freihoh, den Eidel heist das Kantonn, setzten unse Arzenei Schaft fort, wier waren Dockter der Medezin sie haben aber Dockter der Synparty.

wir machten unser geschäfte fort bis wier uns etwas geld zusamgespart hatten und machten uns Kleidung wie ein Derwisch und Reisten durch die Plän nach dem Scheik ben Samom[59], den es war unsicher dorthin zukomn, weil wier die Tolbe Edries[60] vor uns hatten welche am Tage auf den Raub gehen und des Nachts den Koran oder den Rosenkranz lesen, seind sehr Gast Freundlich mit Reisenden, aber so wie er sich aus den Dorffe Gehen sie ihm nach und ziehn im aus, dabei sind es doch immer Fromme Männer weil sie städts den Koran lesen, wir kamen mit unser Derwisch Kleider glücklich beim ben Samom an, der uns guth im fang nahm sagte warum habt ihr euch Derwisch gekleidet, wir sagten das dieses am gewisten wehre durch zukomn, Er schlagte die Hände zusamn und lachte und sagte es, die Weisheit des Europärn geht über alles, er behandelte uns sehr guth lies uns ins Bad gehn und gab uns reine Kleidung wier blieben eine Zeitlang und machten unse Arzneimittel ford, weil wier aber nicht mehr viel geschäfte hatten frugen wir ben Samon weiter

---

Wissenschaft ehren müsse.« (Hebenstreit in Bernoullis »Sammlung kurzer Reisebeschreibungen«, Bd. 10, 1783, S. 422). Noch Mitte des 19. Jahrhunderts stellte der Orientreisende Heinrich Freiherr v. Maltzan in Tunesien fest: »jeder Europäer wird in diesem Lande für einen Aesculap gehalten, und muß wollend oder nicht wollend sehr oft den Arzt spielen.« (Reise in den Regentschaften Tunis und Tripolis. Leipzig: Dyk'sche Buchhandlung 1870, Bd. 2, S. 273).

59   Hadj Mohamed ben Zamoum, Stammeshäuptling der *Flissa*. 1837 schloß er sich dem Emir Abdelkader an und wurde sein Verbündeter. In Krüger/Davis wird das angedeutete Ziel näher bestimmt: »...und erreichten nach sechs Tagen wohlbehalten einen Stamm in der Nähe von Konstantine, dessen Haupt, Namens Ben Simon, uns sehr freundlich aufnahm.« (S. 942). Es dürfte sich um *El-Hadj Muhammad ben Zammoun* handeln, die seinerzeit wichtigste Person im Stamm der *Flisset-um-Ellil* im Gebiet der *Ben Salem*. (Siehe Moritz Wagner, Reisen in der Regentschaft Algier 1841, Bd. 1, S. 214).

60   Vulgärarabisch: *tolba*, sing. *tâlib*: hier im Sinne von Student. Manche Heiligengrabstätten waren gleichzeitig Lehrstätten mit Unterkunft für Studierende und bildeten *zâwiyat*. Zu den berühmtesten dieser Art im Kabylenland zählte die von *Sidi Ahmed ben Idriss* im Gebiet der Aït-Iboura. Nach E. Daumas waren die Umkreise solcher *zauyat* wegen der Übergriffe der jugendlichen »*tolba*« berüchtigt.

zu gehen er bewilligte und sagte wan wier wollten bleiben so würdes ihm sehr lieb sein, wo aber nicht, so würde er uns ein schreiben mit geben nach ein andern Scheik, er fruk uns wo wier hin wollten wir sagten nach Medigane[61] guth sagte er der Scheik ist mein Freund er heist Tetery er gab uns ein Brief und wir reisten ab.

angekommen nach Medigane traten wier fohr den Scheik Tetery man nent ihn auch Bey Tetery[62] küsten ihm die Hand ich zu ehrst nach her Josepht, Schauete uns barbarisch an und Schüttelte mit den Kopf und rufte einen von seine umstehenden Araber und sagte pagt den Schelm Josepht Hauhet ihm den Kopf runter den Gott hatt ihn mir wieder in die Hände gegeben. Den der Josepht hatte schon früher mit i[h]m zusamgelebt, ich blieb über Nacht und wurde behandelt wie alle Fremden, des Morgens sagte ich das ich wollte fort reisen, man erlaubte es mir.

Ich schlug meine Reise nach dem Gebürge über den Atlas und kam nach einer Stad ben Abes welche berühmt ist in die ganze Berberei, wegen ihre guthe Bernußen oder Mantel genant von da ging ich nach Klaah was auf ein sehr hohen berg liegt und der Weg wie ein Schlange rauf geth, aber wenn mann rauf ist, ist wirklich wie ein Paradies anzusehn ober ganz Oben, und liegen zwei große Städte drauf und auch eine sehr große und Schöhne Moschee nach Tuniser art gebauet und lagen auch drei kanonstücke da und ein Mörsen ein zwölffinder und zwei Sekfinder ich hatte eine große bewunderung darüber wie die da rauf gekommen waren und sie wusten es auch selbst nicht, ich war in ganzen acht Tage da, und hatte meine Aufwartung beim Omar ben Hauzen von da ging ich fort nach Beude blieb über Nacht den andern Tag nach Huschvähn blib einige Tage da und ward aufgenomn von den Priester zu meinr Abreise versammelte er mir eine Kolekte und machte mein Weg nach Asemorcn.[63]

Ich wahr noch keine stunde gegangen da kam ich nach ein bach welcher aus den Gebürge her kam Da saßen drei Araber und frühstückten, weil sie mir sahen sagten sie Be-Smlah[64] das heist in Nahmen Gottes oder ich sollte mit sie Essen, ich war Satt, weil ich eben im Dorffe gefrühstik hatte sie verstanden mir aber nicht glaubten das ich sie verachtete kamen barbarisch auf mir zu gegangen und pagten ihre Flinte und wollten mich erschießen, legte es an die Backe und zihlte auf mir, ich entblöste meine Brust und sagte die Kraft Gottes wird stärker sein wie deine er

---

61   Vermutlich *Medjana*.
62   Bis zur französischen Eroberung bildete Tittery eins der drei Beylik des Deylik von Algier. Bis um 1830 war Mustapha bu Mezrag der Bey von Tittery. Die Franzosen entmachteten ihn und ernannten an seiner Stelle Mustapha Ben Omar. Die geschilderte Begegnung soll also in Medjana mit dem entmachteten Mustapha bu Mezrag stattgefunden haben, der im Asyl weiterhin eine politische Rolle spielte. U. a. hat er erfolglos ein Bündnis mit Ahmed Bey angestrebt.
63   Vermutlich *(Bordj-)Zemoura*.
64   Arab.: *bi'sm-illah*: Im Namen Allahs. Oft verwendete Formel bei jedem Anfangen. Hier (normalerweise mit dem Appellativen: *hayya…!*) als Aufforderung zum Mitessen.

zog ab, und die Baterie gab kein Feuer er ward darüber sehr erschroken und wurde gans bleig, sie gingen aber nach den selben Dorffe wo ich hin wollte, doch aber mir nicht gans frei gehen zu lassen zogen sie mir meine Schuh aus, und fisitierten mich ob ich auch geld bei mir habe sie fanden aber nichts, weil ich's mir aufgehoben hatte unten in meine Schgiba[65], so kamen wir nach dem Dorffe sie wusten aber nicht das ich Schon da bekannt war ich verklagte sie beim Scheik, wurden darüber bestraft und musten mir meine Schuh raus geben, und durften nicht über Nacht bleiben den weil es rumstreicher waren das Dorff hies Gaafer.[66]

ich blib über Nacht und Reiste den andern Tag nach den Schmit aus Hamburg zum besuch wo es auch sehr Ärmlich mit ihm in seinen Ehestande war, und von da nach Asemoren, wo ich da wieder zwei Europäer ein Deudschen und ein Franzosen antraf, wier klagten unser Schiksahl was wir gesehen hatten, ich erzählte ihn von Joseph aus Achen wie es den gegangen hatt und sie erzehlten mir das sie den vorigen Tag zwei Christen in Feuer gefunden haben und verbrant von den Arabern das sie nicht wollten hersagen das Glaubensbekentnis [zu sagen]. Ich sagte es und der andere Deutsche auch namens Ali, aber Mustefa der Franzose nicht den weil er an den vorigen tag zurück dachte, Schimtfte auf den Derwisch und auch auf seiner Religion, Der Derwisch wurde Zornig und hob ein Stein von der Erde und Schlug den Mostafa damit ins angesicht so das er auf den Boden Fiehl, foderte ihm zum zweitenmahl das Zeuchen ab. Er beneindte es, jetz Schluch er ihm völlig Todt, fier unsern Angesicht, und Bandem im stricke an seine Glieder und zogen ihm zum Dorffe raus, wier durften ihm nicht begraben sonst würde uns auch unser Lehben gekostet haben, er wurde in die streicher geschmießen, so, das ihm die Wildethiere fraßen, mein Ali reiste fort von da, und, Ich blieb noch einige Zeitlang machte die Fasten, und wurde schlecht behandelt, auch musste ich viel Kälte aus stehen, weil ich halb Nakkent wahr, den es war im Jahr.1837. weil die Franzosen die Erste Expedition nach Konstantin machten[67], weil sie durch Hunger und Kälte und Schnee verspielten und ließen viele Leute zurück die Todt geblieben waren, wo sie bestimt glaubten das hatte der Sidi Ali gemacht. Wo alsdann alle vorsteher in der ganzen umliegende Gegend des Konstantin, nach dem Bei El-hascht Achmet zum besuch Reisten, um ihn zutrösten.

---

65 Arab.: *shakiba*: Umhängesack.
66 Vermutlich *Djaafra*, eine Siedlung im Gebiet der *Beni-Yadel* (heute eine Stadt in der wilaya von Bordj-Bou-Arreridj).
67 Der erste Versuch der Franzosen, Constantine einzunehmen, fand im November 1836 statt und endete mit einem Debakel. Erst im darauf folgenden Jahr (Mitte Oktober 1837) konnte dieser wichtige Platz in Ostalgerien erobert und mit ihm das Herrschaftsgebiet des Bey von Constantine der französischen Okkupation unterworfen werden. (Die Hafenstadt Bona/Annaba wurde schon 1832 eingenommen).

[Unterwegs von Chott El-Hodna nach Biskra]

Das Jar [18]37. [verbrachte ich] in Uläd Madhe[68] bei den Schaich Abdollah Bo-Azis, als ich von dem forttlief wurde ich verwundet und Ausgezogen kam ich nach Elm-Ziele[69] den 17 Tag in die Fasten ging zum Kait Sie Larby ben Gähne[70] bis das ich korirt war, da kam ein Schaus von El Haisch Ab-del Kader im-Haidin Emir,[71] dem die Franzosen zum König gemacht hatten, der Schaus wurde mit Beriefe gesandt an den Bay El-Haisch Achmet zu Konstantin den die Franzosen aus seine Stadt gemacht hatten hielt sich auf bei Sidi Auckba. Der Schaus Mustafa ben Muhamed war sein name kleidete mich wieder Ordlich und hatte in Sin mich mit Zunehmen bis nach Fetza Maroka, das Schlug uns aber fehl. Wier brachten auf von Elmt-ziele den 3 Tag nach die Fasten 9 Mann wahren Beritten ich und ein ander Bedowiner zu Fuß nach Mitternacht um 3 Uhr, die Nacht war uns günstich aber der Marsch war weit das wier gegen abend in ein Zellten kamen wier wurden sehr gutt Behandelt, aber ich war betreflich Mühde das Trebuth heist Siede Baale, den Andern Morgen ritten wir späett um 9 uhr fortt über eine große Ebne aber Sumpfich das wier uns den Weg sparsam suchen mußten, die Reiter hatten es noch Schlimer als wir zu Fuß doch mußten wier uns zu leuchte Infantrie machen und dichte sätze nehmen um über die Wasserlöcher zuspringen, nach 6 Stunden strabatien waren wir über den Sumpf auf Festenboden.

Aber es wurde weder Abgesessen oder Geruth oder Speise genomen, der Schaus befahl uns beide Fußgänger nach Imdoken zu gehen, den weil sie noch ein dichtigen Marsch bis zum Schaik Ab derach man, nach Tolke[72] zu Reiten hatten, wo sie Vielleicht die nacht auf die Pferde zubringen müssten. Da der Orth Indoken uns am Nächsten war so Befahl er mein reis Gefährten mich da hin zubringen, und mich in seine Schwiegereltern ihr Haus abzuliefern, bis er nach einigen Tagen, wenn er die Gelegen fienden würde, mich durch ein Maulesel von da Abholen, das war die Abrede. Sie Ritten rechts durch die Plähn, wier beiden gingen Links auf die Richtung

---

68 *Ouled-Madhi*: Ortschaft zwischen M'sila und Schott El-Hodna. Vormals eine Siedlung des gleichnamigen Stammes.
69 *M'sila*: Stadt am Oued-Koob, ca. 140 km südlich von Setif.
70 Offensichtlich handelt es sich um Larbi ben El-Hadj ben Gana, aus der mächtigen Familie der Beni Gana im Südosten Algeriens. Er war mit Ahmed Bey von Constantine verbündet und mit Abdelkader verfeindet.
71 Emir Abdel-Kader Ibn Muheddin (1808–1883), der bekannte Chef des algerischen Widerstands gegen die französische Eroberung. Kämpfte gegen die Franzosen von 1832 bis zu seiner Gefangennahme 1847. Um 1837 war Abdelkader darum bemüht, die algerischen Stämme unter seine Autorität zu vereinigen und genoß dabei die Unterstützung der Franzosen. Zwischen beiden Parteien wurde im Mai 1837 der (bis Oktober 1839 anhaltende) Friedensvertrag von La Tafna abgeschlossen.
72 *Tolga*, Oasenstadt, ca. 35 km westlich von Biskra.

nach den Berg wo Imdoken[73] *lag, der Berg schien sehr nahe zu sein aber es war noch eine gutte streke das wier nach Mitternacht in den Orth kamen. Alles war Still und Schlafend, wier kamen an das oben genante Haus. Wachten die Leuthe aus den Schlaf, da sie von mich den Gruß bekamen Von ihren Schwiegersohn, Schaus Mostafa ben Muhamed und ich sein Mameluk war, (Bediente), Sprang alles in Freude auf machten ein Feuer an mich zu Währmen den es war sehr kalt. Sie baten mir Essen an aber ich war zu Mühde, doch aber nam ich einige Tadteln die mir noch was Neues waren zu mich. Unter der Zeit machten sie mich mein Lager zum Schlaffn, ich wollte auf stehen und nach mein Lager gehen, aber so wie ich mich Gesetz hatte blieb ich sitzen, meine Füße krum an Leib das es mir Unmöglich war sie grade zustreken, so wurde ich durch zwei Mann auf mein Lager getragen, sie hatten viel Mittleid mit mich, nahmen Strausöhl rieben mich die Gelenken damit ein und deckten mich Wahrm zu, auch auf den andern Morgen konnte ich die Beine noch nicht grad ziehn, so musste ich 6 Tage krum gehen. Sollche Mühdigkeit hab ich vorher und auch nicht Nacher nie wieder gehabt, ich werde sie in mein Leben nicht Vergessen.*

Ich wartete Täglich auf ein Maulesel, das mich vom Schaus sollte gebracht werden, um mich abzuholen. Ihm schlug es aber Fehl. Er sollte das Glück nicht haben, zum Bay El Haischy Ahmet zu kommen und seine Briefe Abgeben vom Emir Abderkader, da der Bay höhrte das Schaus Mostafa ben Muhamed als Gesante vom Emir zu ihm gesandet wurde, sachte er, hatt den der Abder-Kader keinen andern Minister, als das er mich diesen Hund schieckt: vier und zwanzig Mann auf gessen zu Pferde mit dem Befehl wo sie ihm Begegnen, ihm und seine Mannschaft zu Tödten und die Köpfe bringen. Die Uhrsache war die. Das der Schaus früher bei dem Bay gedient hatte war ihm Ungetreu geworden und Fliechtete sich zum Emir. Der Schaus hatte aber auch seine Kundschafter die ihm davon in Erkenntnis setzten. Er machte sich Geschwind von Tollke auf und Ritt rechts über Dschiibil Garasch, nahm die Flucht nach Aein-Made,[74] *ich habe nie wieder von ihm was gehöhrt.*

---

73 *M'doukal*: Oasenstadt im Batna-Gebiet.
74 *Aïn Madhi*, in der heutigen *wilaya* von Laghouat, war ein Mittelpunkt der Ordensbruderschaft der *Tidjania*.

4.3 Fünftes Kapitel: Verkauft als Sklave, nach Owled Matta – Gabela Tod – Trauer um ihn

Die Fasten wahren vollendet zum beschluß machten sie den Feiertag welchen sie Ed-js-Chir[75] nanten welcher mit Scheibeschießn und Pfehrde reiten spielen der Musik Tanzen und ander Lustbarkeit vollbracht wurde. Ich blieb noch funzehntage, bis die Tröster von Bey El-Hascht Achmett zurückkamen, und blieben über Nacht bei uns, unter diesen befand sich ein Scheik Nahmens Abdollah-Bu-A-Sis[76], von Oläd-Made, oder Hott-Na[77] aus der Zachra[78] welcher mir mit drei kameeln umtauschte und Namm mir mit nach seiner Heimat. Des Morgens verhüelten sie sich in ihre Häuke[79] und Bernusen und setzten sich auf die Pferde zum Abreisen, es war sehr kalt und viel Schnee gefalln in der Nacht. Man brachte mir auch ein Pferd zum Reiten aber ohne Sattel und zaum mußte mich darauf setzen und mit sie Reiten, da ich mir aber bald Wund gerietten, mußte ich absteigen und zu Fuß gehen, wo ich meine Füße auch wund lief den ich war Barfuß, und meine Leibkleider bestand aus ein stükchen Wollenes Zeug was ich mir in der mitte ums leib gewickelt hatte, so mußte ich den ersten Tag mit laufen ein mahl zu Fuß das andermal zu Pferde, und auch manchmal die mördie Dornen aus die Füße ziehn, das ich mir lieber Tod als Lebendich wünschte. Gegenabend kamen wier nach ein Dowar[80] oder Zelte beim Scheik Oläd-Mokarone[81] Sidi Hamed ben Mohamed genant blieben über Nacht, den zweiten Tag reisten wier nach Elmt-ziele wo es mir auf meine Reise wieder ging wie den vorigen Tag.

Elm-Ziele ist eine Stad wo der Bascha von Algier alle Jahr ein Lager von Tür-köesch Milether hinschikte um die Konterbution zuholen und ständig eine Abthci-

---

75 Arab.: ʾid-as-saghîr: wörtlich: das »kleinere« Fest, womit im Islam der glückliche Abschluss des *Ramadan*-Fastens gefeiert wird. In Krügers Erzählung lässt sich dieses Ereignis auf den 9.–11. Januar 1837 datieren.
76 Die *Bou Aziz* waren eine Häuptlingsfamilie des ostalgerischen Stammes der *Hnancha* (Vgl. Charles Féraud: Les Harar. Seigneurs des Hanencha. In: Revue Africaine 18, 1874). In einem Gesuch der Notabilität des Beylik von Constantine an die Pforte um Hilfe gegen die Franzosen vom 16. 9. 1835 gehört ein Abdallah bin Bu-Aziz zu den Unterzeichnenden. (Vgl. Temimi, S. 235).
77 Zwischen den ferner erwähnten Städten *M'sila* und *Bou-Saada* liegen die *Hodna*-Ebene und der Salzsee *Chott-el-Hodna*. Zu den *Hodna*-Stämmen zählen auch die *Ouled-Madhi*.
78 Die Sahara.
79 Arab. *haʾik*: »Übergewand aus einem langen weißen Stück Wollstoff, um den Körper und über den Kopf geschlungen.« (H. Wehr).
80 Arab.: *duwwâr*: Beduinen-Zeltlager in kreis- bzw. halbkreis-förmiger Anordnung.
81 *ouled-Moqran*: Bedeutender Stamm in der Medjana-Ebene (Beylik von Constantine). Sidi Hamed ben Muhammad al-Moqrani, der damalige Häuptling der Moqran wird in der zeitgenössischen französischen Literatur (vor seiner Rebellion 1870/71) als »großzügig, gastfreundlich, ein Freund von Ehren, Macht und Repräsentation« charakterisiert; ferner als »äußerst geistesgegenwärtig unter dem Schein der Gutmütigkeit, redselig und lebenslustig, von ritterlicher Tapferkeit, stellt er einen der besten Typen des arabischen Grandseigneurs dar.« (E. Daumas, La Grande Kabylie 1847, S. 142)

lung da blieb die alle Jahr gewekzelt wurde, und wurde von ein kait[82] unterhalten. Wier kammen gegen Abend hin, wo sie sich über seine Ankunft sehr freueten, und auch ihm von sein Dowar schon welche erwarteten wier blieben über Nacht, und wurden sehr Guth aufgenommen der er wahr vorsteher von denselben. Den drietten Morgen setzten sie sich auf zum abreisen, was mir auch befohlen wurde, da ich aber Jammerte noch weder zu Fuß gehen oder Reiten konnte foderte ich Reitzeig es wurde mir so gleich gebracht, und mein Pferd gesattelt, wie ich mir alsdan drauf setzte, und kriechte auch Schuh und ein Bernus, und Ritt mit sie, weil ich dreistundn mit sie geritten wahr, sahe ich die Schöne Ebne und die große Herde Kameele welche seine wahren, die an den Fluß oder Elwed-Schell[83] genant, von da erblick ich schon sein Doar oder Zelte, welche sich sehr schöhn von weiten ausnahmen, von da wurden wier schon erwartet auf den Wege von seinen Söhne, und alle seine Reitende Araber die auf eine Linge standen, alle schöhne Kleider an, und guthe Pferde, auch ihre Geweere mit Silber oder Gold auf gelegt, und auch ihre Musik dabei mit Großen Trommeln. Bewielkomten ihm mit den schöhnsten anlauf der Pferde, und schießenden Gewehren und ihre Musik spielte, so gimg das Galopieren und sturm Reiten und abschießen den Gewehren bis wier auf sein Zelt hinkamen, wo ihm, weiter alles in emfang nam. Setzte sich vor sein Zelt auf einen Türkischenteppig wo er geküst wurde von alle seinen Unterthanen (den er war Scheik von Sechtausend Araber die in Zelten wohnten ohne die zwei Städten Elm-ziele und Bosäide,[84] und auch noch einige Kleinedörffer die in ein Gebürge liegen, wo er seine Frücht auf bewaarte). So wurde seine Ankunft führ ein Großesfest angesehen, und die ganze Nacht mit Gesang, Spielen, Tanzen und Schießen, bis auf den andern Morgen durch gemacht. Noch eine Großebewunderung hatten sie aber, weil ich nur allein weiß unter sie wahr, den sie waren alle Schwartzbraun, meine Beschäftigung war von jetz an meinen Herrn zu Bedinn, weil ich sein Sklave oder Mameluk war.

Wier hielten uns nicht lenger auf, auf einen Ort, als fünf bis sech Tage, auch manchmal nur zwei oder drei Tage, Theils wegen unser Vieh auch Theils wegen Waßer. Und auch wegen nachsetzung des Feindes von übrigen Scheiks, die an uns Grenßten, mehreremal sich mit uns schlugen. Eines Tages am Ende des Frühjahrs wo wier Nahe am Feind herangerückt hatten, und sein ganzes Volk versammelt hatte, auch die von den beiden Städten Elm-Ziele und Bo-Saide, versammelten, welche der mehrsteihl von ihm zu Fuß waren. Kamen auf einer Linge an Marschiert, wie ein Avansier Marsch, ihren Fahnen von allerhand koleren, in der Mitte, und auch ihre Musik die vor die Fahn herspielte, den auch ihre Heiligen oder derwischen die sich

---

82 Arab. *Qayid*: Chef, Häuptling, Statthalter.
83 Wie *Oued M'sila*, fließt *Oued Chelell* ebenfalls in den Salzsee *Chott el Hodna*.
84 *Bou Saâda/Boussada*: Stadt in der heutigen *wilaya* von M'Sila. Liegt ca. 70 km südwestlich von M'Sila.

das Haupt entblöst hatten und ihrem Haren bis auf dem Schultern hingen Tanzten voraus und schrien Allh-Allh o Gott o Gott. Wie nun alles versammelt, kam ein Geschrei von der anhöhe ein Kleingebürge Eladuh Eladuh[85] der Feind der Feind, alles schrie, Pferde her, Pferde her, sie Schmissen so geschwind wie möglich ihre Reutzeug drauf, und Ergrieffen ihre Waffen, und Rieten nach den Feind zu. Ich pakte auch eine Flinte und ging mit, mit das Fuß Volk, und ließen die Weiber zurük, um, wenn der Feind uns schlagen sollte, sie geschwind die Zelte auf paken, auf die Kameele. Die Reiter stellten sich in einer Linge nach Schlagtornung auf, Mein Herr und seine beiden Söhne Ritten vor die Fronnt hin und hehr, und rufte hab ich auch brawe Männer, hab ich auch brawe Männer, Sie antworteten, euch zum Rum, euch zum Rum. So blieben sie in der Schlachtornung auf gestellt, bis Nachmittag das die Größehietze etwas vorbei war, da kam mein Herrn sein Älster Sohn und sachte mir das ich sollte zu Hause gehen, es würde vielleicht nichts werden von den angrif.

4.4 Sechstes Kappitel: Tod der Bruder von Gabela – Krankheit – Skorpionstich – Ausgezogen – Verwundet – kommt nach Imdoken

Ich war kaum in das Zellt, da kam ein Fürterliches Geschrei von der Schlachtstellung her, Kameele her Kameele her, die Zellten auf gepakt Sidi Gabela Mät Sidi Gabela Mät,[86] unser Herr ist Tod, unser Herr ist Tod, seine Mutter die, die Todesnachricht hörte, krieselte sich einige malerum und viel in Ohmacht. (Der Feindes stamm war vorran gerückt welcher sich auf fünzehntausend Reiter zahlte, und unser Stamm nur auf sechstausend, von den Feindlichen Stamm waren mehrere Scheiks zusammen wo von Scheik ben-Aude der Oberhauptman war, mit welchen sich mein Herrn sein Sohn auf die Furchtbarste Todes art gefochten hatt, wo er ein Schuß in Schlaf bekam, die Kugel auf eine seite rein auf die ander wieder rauß und blieb wie ein Siegender Held auf den Schlachtfeld Liegen, und sein Stollzesweißes Pferd die flucht nach uns zurückkehrte.) Die Kameele wurden sogleich herbeigeschaft, und die Zelten runter gerissen aufgeladen, und uns so geschwind wiemöglich zureteriren, und die Bewaffnete manschaft bildete eine Tiraljer linge[87] den Feind uns abzuhalten. Wier Trieben die ganze Nacht bis auf den andern Tag und die zweite Nacht bis auf den dritten Tag wo wier unser Zellte auf schlugen an El-wad Schlell,

---

85 Arab. *al-ʿadû* : der Feind.
86 Krügers Übersetzung zufolge, wäre der mit »*Sidi Gabela Mät*« wiedergegebene Aufschrei so zu lesen »*sîd el-gabîla mät*«, d. h.: der Herr/beste Mann des Stammes ist gestorben. Es zeigt sich aber, dass der Verstorbene nicht der Häuptling selbst, sondern sein Sohn war, der eventuell »*Gabala*« (?) hieß.
87 Franz. *une ligne de tirailleurs*

alle Zelte wurden aufgeschlagen und den Siegendenheld seins wurde auf die Erde hin gebreitet, ohne auf zu richten.

Vor unser Zellten auf zweihundert schrit bauete der Vih Hierte sein kleines Zellt auf wo sich mein Herr oder der Vater von dem Todten Sieger drein setzte Zog seine Schöhnekleider aus und Legte alte Kleider Von sein Neger an, zum Trauer, Rufte mir dan bei Name ich ging zu ihm, erbefohl mir ein Kafe zumachen, that dieses und bragte ihm sogleich, stand vor ihm mit der Tase in der Hand sah er mir mit Trähnenden Augen an und sachte zu mir Sidi Gabela Mät. Ich Repondirte nicht reichte ihm den Kafe und kehrte mit Trähnenden Augen zurück. Nachdem kamen seine Ganze zubehörden Männer und Weiber und küsten ihm den Kopf und sagten Ze-Limt-Ra-zik-Bar-ka-fik[88] das heist Friede sei dein Kopf der Segen sei mit dier. Von da ging alles nachdem Sieger sein Zelt hin, richteten es auf namen die jüngen Kameelen die noch an die Mutter saugten banden sie und legten sie in das Zelt als dan trieben sie die alten heran, weil die hörten das ihre jungen schriehn und sie sie nicht erretten konnten. Machten sie ein umkreis um das Zelt und schriehn nach ihren jungen, als dann kamen auch die Weiber, mit ihren Haren runterhangen bis auf Schultern und die Gesichter schwartz gemacht, ihre kostbaren Kleider aus gezogen und alte Schwarzen oder Gelben von Wolle angelegt, kratzten sich ihr Angesicht wund und schlugen mit stökkern auf eine Höllzernen Schüssel machten ein Furchtbares geweine und liefen in den kreis mit dem Kameelen um das Zellt rum. Die Kameele schriehen nach ihren jungen, die Weiber nach ihren Herrn, die Männer saßen von weiten und Schluksten, so entstand nun ein Furchtbares Jamer geschrei, das alle Kreature die von der Natur Erschafen sind jedes nach seiner art Heulte oder schrie zu Letz wurde den Sieger sein Weises Pferd durch sein Neger in den Trauerkreise herumgeführt, diese In-deb[89] oder Trauergesang, dauerte Drei-wochen, des Tages drei mal gemacht, des wegen wurde aber nicht auf ein Platz geblieben sondern Rumgezogen wie gewöhnlich.

Aber nach verlaufenden drei Wochen kam der zweite Sohn nahmens Im-Zaude[90] von die Kornscheider zu Hause, steigte ab vom Pferd trat in sein Zelt klagte über Kopfschmerzen legte sich auf sein Lager 5 Tage und Starb auf sein Krankenlager so das der Allte Vater in Zeit von 4. Wochen seine beide ällteste Söhne durch den Tod verloren hatte. Er faste dabei aber ein Mänliches Hertz, und sachte Gott hatt sie mir gegeben Gott hatt sie mich genomen, es war ihm auch sehr Gefallich gewesen wen sie den Trauer gesang hatten Aufgehoben. Aber Merkwerdig war es Zubetrachten von den Bo-Azis, weil sie seinen zweiten Sohn des Morgens zum

---

88 Arab. *slem râsik, al-barka fik*: Eine Beileidsformel.
89 Arab. *an-nadîb*: die Totenklage.
90 Wahrscheinlich *Mess'ûd*.

Begräbnis bereiteten, sie nahmen zwei Stangen banden die zusammen und legten eine Strohmatte darauf, dann die Leiche in weise Leinewand gewickelt und daruf auf ein Maulesel gebunden, da sas der allte Bo-Azis auf sein Pferd das halbe Gesicht in sein Häuck (Schleier) gehüllt. Alles schrie und Weinte er aber keine Thräne – auch kein Wortt sachte folgte mit Geduld dem Leichnam bis nach sein Begräbnis. Er wurde in Elm-Ziele begraben. Ein jeder von seine Söhne hinterließ vier Weiber und auch einige Söhne und Töchter. Das Rumziehen war wie gewöhnlich, fünf bis sech Tage auf ein Platz.

Ich blib noch bis zu dem Fasten, wo ich von die große Hitze in Sommer sehr krank wurde dabei aber eine schlechte Behandlung, auch mit meine Lebensmittel gings es Traurig her, gewöhnlich Brod und Milch was doch für ein Kranken sehr Nachtheilich ist, dabei aber noch die Plage von Läuse, zu mein Trinkgeschier hatte ich ein Lädernsack, wo mich der Neger wenn es ihm gefällig war ein wenig Wasser rein machte zum Trinken. Einmahl da wir Nahe an Bo-zaide[91] unsere Zellten aufgeschlagen hatten, hörte ich das sich in denselben Ort ein Europaer auf hielt das war ein Deutscher aus Darmstadt zu Hause seine Name war Lambert, hier Abdollah hatte auch bei der Fremden Legion gestanden, so gleich als er von mich hörte kam er zu mir (den wir Deutschen suchten uns immer auf) Er verstand viel von die Artzeney, machte einige Mittel um mich wieder herzustellen, wir aber waren nicht lange beisammen sondern wurde Bald von ein andern Trebut Schäft[92] abgeholt nach Oläde Mokarne, beim Scheik Muhamed ben Muhamed. Ich war noch nicht recht gesund, als er vorttging, mußte Manchmal viel Leiden wann wier weiter zogen, den ich konnte das Reiten nicht Aushalten auf das Kameell so mußte ich jeder Zeit zu Fuß gehen. Mein lädernes Trinkgeschier was mit ein Rohr versehen war um das Wasser mit in Mund zuziehen hatte ich vergessen zu stechen, hatte sich in der Nacht ein kleiner Freund eine Skorbion rein gemacht, den Andern Morgen suchte ich nach ob noch Wasser drein war um mein Durst zu Löschen, war ich war Betrogen an Stad Wasser zoch den kleinen Freund der mich einwenig in die Lippe stach, ich Erschrak sehr, es wurde gleich ein Eißaue[93] geholt der mich das Gift aus saute.

So verging die Zeit in meine Traurige lage bis zu den Fasten, das ich Endlich wieder von meine Krankheit Hergestellt war. Ich war aber das Leben Müth bey mein Abdollah Bo-Azis, den 15 Tag in die Fasten waren da wir uns Niedergelassen hatten an den Fluß Schlell sahe ich mich die Gelegenheit ab um fortt zu Laufen was auch

---

91 Vermutlich *Bou Saâda*.
92 Wohl: Chef, Häuptling eines Stammes.
93 *ʿissâwî*, Angehöriger der Ordensbruderschaft der *ʿissawiya*, die von Sidi Muhammed ben ʿIsa gestiftet wurde. Die *ʿissâwî* standen im Rufe, gegen Skorpionenstiche und Schlangenbisse immun zu sein (Siehe Martijn Theodor Houtsma u. a. (Hgg.), Enzyklopädie des Islam 1913–1934, Bd. 2, S. 563f.).

bald geschah es war die Nacht eine Furchtbarenacht das Regnete und Donnerte bis am Morgen, das der Regen in Strömen runter viel. Etwas vor Sonnenaufgang trat ich aus mein Zelt, das Wasser war besser aber alles Schlief noch in den Zelten ich zog mich gleich an nam meine richtung nach den Fluß Schlell zu, aber ehe ich Erreicht hatte hörte ich hinter mir Schreien und mit Pistolen auf mich Schießen sah mich um wo ich mein Herr sein Kleinen Sohn mit einen seinen Diener erblikte, schriehen auf mich das ich warten sollte, ich blib stehn bis auf ihrer ankuft. Sie hatten den befehl von Bo-Asis mich oder mein Kopf nach sein Zelt zurück bringen Ich antwortete, aber mich kricht ihr nicht und mein Kopf wan der Scheik Sidi-Ab-der-Kader[94] wiell ist euch auch nicht mächtig, doch aber, wollt ihr meine Kleider haben, da nehm sie hien sie bewielligten meine Kleudung. Ich zog mir aus und gab sie alle hin, und ließen mir Nakent in der Wüste um herlaufen, sie namen diese und liefen damit zum Bo-Asis zurück. Welcher sogleich Sech von seine Reiter befahl mir nach zusetzen, welches auch geschah, ich war kaum eine Stunde gans leucht und ungehindert von Kleider im der Wüste rumge laufen da hörte hintermir ein geschrei, und Schiessen auf mir ich blieb sten (wie mir da zumuthe war bei dieses Anbendtheuer ist beser zu denken als wie zuschreiben) sie kamen auf mich zugesprenkt wie die Löwen um mich in stücken zureißen, oder zuermorden, doch ein anderer der mir die Kleider hat abgenommen stieg wühtent von sein Pferd und zog ein Messer stag mir durch den Linken ober Arm das daß Blud nach im sprietzte auf eine Seite rein, auf die ander raus, ließen mir als Armer nakender und verwundeter in der wüste Laufen, wi soll ich weiter Schreiben – verwundet, Blutig in Schmertzen, Nakend ausgezogen.

Ich lief nun wie ein starker Renner den Tag hin durch fortt – Nach Sonnenuntergang traf ich eine Moschee an die in der Wüste stand seit Sidi Ham-Eledy[95] wo einer von ihren Heiligen drin begraben war. Nam ich diese Nacht meine Herberge da, legte mir mit mein verwundeten Arm der dick aufgeschwoln war von der Kälte, und lehren Magen, Nakend dazu auf der kieste des Heiligen oder Tha-Bohth,[96] wiekelte

---

94 Krüger beruft sich hier entweder speziell auf den örtlichen Vorsteher einer Bruderschaft, bei dem er, wie im Folgenden mitgeteilt, Aufnahme fand, oder allgemein auf den (ferner erwähnten) Schutzheiligen *Sidi ʿAbdel-Qadir al- Djailani*, den in Nordafrika viel verehrten Begründer eines weit verbreiteten religiösen Ordens.
95 Es heißt wohl: *zâwiyat sidi* …: Die Heiligenkapelle des Sidi … Eine *zawiya* ist eine »kleine Moschee mit dem Grab eines muslimischen Heiligen mit Kuppel, nebst (in der Regel) Lehr- und Beherbergungsräumen.« (H. Wehr). In Nordafrika entwickelten sich die *Zâwiya* »nicht nur als Orte der Weltflucht, sondern auch Mittelpunkte religiösen und mystischen Lebens […] Sie wurden Anziehungspunkte, religiöse Schulen und in gewissem Maße unentgeltliche Gaststätten für Reisende« (Martijn Theodor Houtsma u. a. (Hgg.), Enzyklopädie des Islam 1913–1934, Bd. 4, 1320f.)
96 Arab. *tâbût*, Sarg, Schrein

Abb. 15: Josef Chavanne: Die Sahara oder Von Oase zu Oase [Eine Szene aus der nordafrikanischen Wüstenlandschaft, in der sich ein Teil von Krügers Abenteuern abgespielt hat.]

mir in das katunenen Leichen Tug[97] was mein Bettzeig mit theilte blieb die Nacht in meine Großen Leidenschaft bis am Morgen, verließ meine Herrberge und Reiste weiter, es war am Morgen sehr kalt, hatte auch etwas gereift das der Erdboden weiß war, Einestunde nach Sonnen aufgang sahe ich von weiten Schäfer mit Schafe Treiben ich eilte auf sie zu, da sie meiner erblikten ließen ihre Heerde Liefen davon, den sie glaubten das ich ein Gespents war, weil ich Nakent angelaufen kam. Ich rufte sie an, Sie standen und erwarteten meiner, schien über mein schiecksahl mitleidig zusein. Sie zogen beide ihre Mäntel aus, und gaben sie mir an zuziehen, wo ich mir jetz erwärmte gaben mir auch etwas von ihres Brod was sie übrrich behalten hatten von der Nacht, so blieb ich den Tag bei ihr und auch die Nacht wo sie mir mit nach ihre Zellt namen und wurde nach ihren Kräften nach guth behandelt. Des Morgens zeigten Sie mir den Weg nach In-doken was eine starke Tagereise war. Ich meine Straße vollführte kam gegen Sonnen untergang hin, wurde beim Scheiks Ab-Derrkader aufgenomn weil der von mich abhörte das Glaubensbekenntnis gab er mir Kleidung bragte mir in ein Zimmer, hollte mir ein Dokter, welcher drei Messer glühend machte und damit

---

[97] Heiligenschreine werden gewöhnlich in fahnenartigen Tüchern umwickelt. Diesen Sargbezug wird wohl gemeint, und nicht das eigentliche Leichentuch.

auf mein verwundeten Arm brente so das der Schwulst sich verlohr machte mir als dan ein umschlach wo ich in zwanzig Tage geheilet war. Nach meiner herstellung kam ein Schrief mit dem ich Reiste nach Bis-kire und Sidi Ayan.[98]

Dies war meine Aufname beim Scheik Abdollah
Bo-A-sis vom Stamm-Awlad-Matta oder Hott-Nah
Zwischen Algier und Konstantin in der Zachra

[Notizen zu südost-algerischen Orten]

Biskra

»Bis-kere und Sidy Aqua nennen sie das Gelobteland, weil es sehr Fruchtbahr ist von aller hand Früchte und Dateln. Bis-kire ist weitläuftig aus einander Gebaut, ein jeder Eigenthümer hatt sein Hoff in seinem eigenen Garten gebauet wie eine Seperation, ist Reich am Wasser wo sich die Fließendn Queln nach alln Garten und Höffen hin verbreiten, auch ist die Gerberei das Ziegen-Leder eine große beschaftigung wegen den weichen Wasser welches es so fein herstellt als wie der schönste feine Kordiwan.«

Sidi Oqba

»Sidy Aqua fünfstundn von [Biskra] entfernt[99] Zehlt mit zu eine Heiligen Stadt ist sehr vest mit eine Ringmauer umgeben und mit schönen hohen Häuser gebauet und eine große Moschee drein, wo das Begräbnis Abder-Zolle-Aschra,[100] oder der Zehnte Jünger von Mohamed, für eine Heilige Pilgerstadt von den Mohamedanern nebst Meka ernannt wird, es Liegt in der Wüste fünf Tage von Konstantine, Bey Hagy Hamed hatte Jährlich eine Türkische abtheilung von Trupen dazubringen um die Konterbution einzusammeln.«

---

98 Vermutlich *Sidi Aoun*, kleine Ortschaft südwestlich von Biskra.
99 Die Entfernung zwischen beiden Orten, Sidi Okba und Biskra, beträgt 18 km.
100 Gemeint: *as-hâb ar-rasûl al-ʿaschra*: Die zehn Gefährten des Proheten, denen, der Überlieferung nach, das Paradies verhießen sei. In der Tat fielen mit ʿOqba Ibn Nâfiʿ im Jahr 682 n. Ch. mehrere Krieger, die als »Gefärten des Propheten« bekannt sind, doch keiner von den »zehn« namentlich erwähnten.

Touggourt

»Tukurter statten. Besteht aus einzwanzig Dörffer, in der großen Sandwüste angelehgt davon Tukurt die Hauptstadt ist, wird Regierd von Scheik Ben Galeby ist sehr Reich von Dateln und ander Garten Früchten ist aber sehr ungesund, wegen das, daß Wasser Tief in der Erde auf achzig Fuß und drüber nach gegraben wird und nachher den Brunnen zur bestetigung der Erde mit Datelholz versehen wird wo es dadurch einen faul artigen Geschmack bekomt, die Quele hatt aber solche kraft das sie den brunen bis oben anfült und vergiest sich nach allen seiten der Garten, kein Ackerbau haben sie nicht, ihre nothdürftiges Getreide bringen die Araber die in Zelten rum ziehn alle Jahr wann die Dateln reif sind wo sie es mit der gleichen Vertauschen: Es licht zwanzig Tage von Algier und zehn Tage von Konstantine, standen nie unter einen andern statten. Haben immer ihren Scheik oder den sie auch Bey nenen für sich gehabt.«

4.5   Siebentes Kapitel: Reise mit ein Schraif aus Babilon – Bey El-Hagya Hamed aus Konstantina – Verließ den Schraif und ging nach Zoff – Gerid – Tukurt

Nach meiner Heilung in Imdoken, bei den Scheik Ab-der-kader Kam ein Schrief aus Babilon[101] war, von Maroko, der die Walfart mit seiner Familie nach Meka machen wollte, blieb acht Tage bei uns, ich machte Bekantschaft mit ihm, zu Reisen, bis nach ihren Prophet sein Heiliges Grab, oder bis nach seine Vaterstad, mir war aber nicht viel daran gelehgen weder an Meka noch nach seine Vaterstad, mein Wunsch war nur nach einen Christlichen Stamm zu kommen.[102] Er trauet sich aber nicht zu Reisen mit seiner Familie, weil sich auf die straße die wir machen wollten eine Reuberbande aufhielt, so wartete er's bis sich ein Kompelot zu sammen war die uns mit namen. Wier verließen Imdoken, Reisten eine stunde wo wir am gebürge kamen, mit Strauchholtz bewachzen da wo sich die Reuberbande aufhielt, jetz ging es in Trabe fort bis eine Halbestunde vor Sonnenuntergang, wo wir das Gebürge noch auf eine kleine entfernung vor uns hatten, Trafen wier eine Ruine an von den allten Römern die noch fast in ihr Mauerwerk stand, machten halt und stiegen auf den Berg der allten Ruine um unser aufsicht weiter nach vorne zu sehn, Erblikten

101   Wie sich aus dem Vorhergehenden bestätigen läßt, gebraucht Krüger hier »Babilon« im Sinne der alten abendländischen Literatur (wie etwa noch in Wielands »Oberon«) für Kairo.
102   Den (schließlich nicht erfüllten) Plan, unter dem Vorwand einer Pilgerfahrt nach Mekka in die Heimat zurückzuflüchten, hegte Krüger, Gustav Nachtigal gegenüber, wieder in Tunis (siehe Anhang).

wir eine Schöne Große Ebne die mit vielen Araberzellten bewohn war, hießen sich Owlad-A-Raasch, wo wier übernachteten. Unsere reise war folglich sehr schwehr dem ganzen Tag im Trabe zulaufen, aber noch wurden wier nicht angehalten von keinerbande, den weil der mehrste theil bei uns war was der Schrief auch wohl verstand, wie Er ihr mehrermal das Fathiah hersachte, das sie glaubten sich dadurch eine große Gunst zu verdienen bei ihren Gott. Blieben über Nacht in den Zellten welche sich über seine Ankunft ser freueten, des andern Morgen sagte er ihnen das Fathiah her und Reisten nach Bis-kira,[103] wo ich noch einen Sachzn antraf bei den Kait der da Verheiratet war mit der Tochter von Kait,[104] Blieben über Nacht in einen Garten, unsere Nachtessen wurde uns von den Vorsteher gebracht.

Den dritten Morgen Reisten wier nach Sidy Aqua,[105] wo wier den Bay Hagy Hamed antrafen der zu der Zeit von den Franzosen aus Konstantine vergagt war[106] welcher ein Barbarisch ansehen hatte, Trug einen langen schwarzen Bart, Schwarzbraun von Angesicht eine Grobestimme Etwas diek von Statur, hatt die Größe von vier oder Fünf zoll handelt sehr wüthen mit seinen Unterthanen, und noch schlimer mit den französchen Solldaten, wan sie ihm in die Hände fallen. Kaum hatten wier ihm gegrüßet bemerkte er das ich ein Christ gewesen sei, Glaubte das ich auch ein Franzose war, befahl das man mir sollte fesseln und in Gefängnis werfen. Hier blib ich als Unglüklicher vierzehn Tage in fesseln liegen bei wenig Wasser und Brod doch der Wächter von mir war nicht unbarmhertzig, welcher ein Gekaufter Sklave war, Nahmens Mostafa aus Russland und auch noch einige andern die mir Tabak, und von ihre Esen alle Tage etwas bragten, sagte ich zum Mostafa das er Sagen sollte zum Bey, ich wahr kein Franzose sondern ein Nimze[107] oder Deutscher, wehre. Den ich wuste das der Bey schon von unser Behandlung gehört hatte bei dem Franzosen, dieser bragte seine rede an, des andern Tag wurde ich vor ihm gebragt, wo er auf einen Türkischen Teppig sas, Küste ihm die Hand, setzte mich auf die beine vor im nider, frug mir wo ich her war und wie Lange

---

103   *Biskra*: Die Hauptstadt der Mzab-Oasen. Liegt ca. 235 km südöstlich von Constantine, ca. 125 km südlich von Batna.
104   Gewiss handelte es sich um einen konvertierten Sachsen, um die Tochter des *Qaïd*, des Ortsvorstehers von Biskra, heiraten zu dürfen.
105   Eigentlich *Sidi Okba*, nach dem muslimischen Feldherrn ›Oqba ibn Nâfi‹ genannt, der im Islamisierungs-Krieg gegen die einheimischen Berber (und Byzantiner) im nordwestlichen Afrika in diesem Ort (682) getötet und begraben wurde.
106   Nach seiner Niederlage vor den Franzosen Ende 1837 flüchtete der Bey von Constantine, Hadsch Ahmed, nach Südalgerien, besetzte Biskra, die Hauptstadt des *M'sab*, bis er im Mai 1838 von Emir Abdelkader in die Flucht getrieben wurde. Daraufhin ließ er sich eine Zeit lang in der Oase *Sidi Okba* nieder, bis er sich 1848 den Franzosen ergab.
107   Ein Deutscher. Fortan hielt der (zumindest äußerlich) Konvertit Krüger an dieser Identitätsbezeichnung fest und gab sich nunmehr stets als Abdallah Nimsi zu erkennen.

Momedaner, wo ich mir aufgehalten die ganze Zeit her, ich erzehlte ihn alles und vorzüglich von Abdollah-Bo-Asis. u. s. w. Er hörte gnau meine Rede an, Schauet sich nach sein Miniester um, welcher rechts neben ihm stand, und vor ihm einige von seine Araber ein halbzirkel bildeten, vor sein Zellt zwei Löwen an der Kette lagen. Redete mir an sagte Junger Mann: Dein Leben war in größter Gefahr. Ich beabsichtigte, dich Morgen enthaupten und deinen Leichnam diesen Lowen vorwerfen zu lassen. Aber Mustafa der Kerkermeister sagte mir das du kein Franzose seiest. Sagte, es Thut mir Leid das ich Euch Deutschen nicht früher gekannt habe, weil ich in meine Resedens, gewohnt habe, so würde ich drei bis viertausend Soldaten von euch haben und damit gans Afrika schlagen. Driekte mir etwas Geld in der Hand, und gab mir an mein Schrief zurück.

In derselben Nacht kam ein befehl von dem Tyranen das sich der Schrief und alle seine Pilger gleich auf derstelle aus sein Gebieth machen, oder wo nicht so würden sie Morgen alle enthauptet werden, (welches, wegen den Schaich seine Tochter geschah.) Wier rießen unsern Zellten so gleich ab, Ladeten sie auf unsern Maulthieren und Reisten die Nacht um zweiuhr ab, wurden von Sech Araber begleitet durch die Wüste nach die Sawege Sidi Mosi[108] die wier des andern Tages um zehnuhr antrafen wo ich da ein Deutschen traf, der aus Trieer zu Hause wahr sein Name Brokel, hier Mostafa von Profesion ein Zimerman war auch ein Desertier von der Fremden Legion, weil er mir Sprach krigte er Hoffnung mit uns zu Reisen. Da wier aber auf den unsichern Weg durch die Wüste stark fortt Reisten, so konnte Er nicht mit uns kommen blieb uns auf den Halben Wege zurük, wier fanden auch keine gelegenheit ihm mit uns zuschafen. Reisten den ganzen Tag durch bis in der Nacht um elfuhr wo wier nach ein Dorff kamen Sribe[109] genant blieben über Nacht, des andern Morgen da wier unser Maulthiere beladen hatten kamen einige von den Einwohner sagten uns das einer von unsern Pilger vor den Dorffe Tod lag, wo ich meinen Armen zurük gelassenen Brokel erkannte. Lag in einer Grube Nakent aus gezogen, sein Rosenkranz um den Hals, sein Tabaks Rohr nebem ihm lag, aber dabei gar nicht Verwundet, Mein schrief gab etwas geld her zu sein Begräbnis wie ein Mohamedaner zukomt.

Wier machten nun unser Reise weiter fortt in Großer schwierichkeiten bis nach drei Tage das wier eine Stad Henke Sidi Nesche[110] erreichten, wo es den Scheik Schon bekannt gemacht das wier kamen, wurden als Gast bei ihm auf genommen. Aber die Gastfreundschaft dauerte nicht lange, wo wier nach her die größte Lebens Gefahr aus zusetzen hatten, wegen den umliegenden Arabern, die vom Befehl des

---

108 Vermutlich *zâwiyat* Sidi Muhammed Mussa, unweit des Salzsees *Chott Melkhir*.
109 Vermutlich *Zribet el Oued*, etwa 25 km südwestlich der nächsten Station, *Khanget Sidi Nadji*.
110 *Khanget Sidi Nadji*, ca. 100 km östlich von Biskra.

Bey Hagj Hamet uns bewachten, wo wier Vier und funzig Tage in der grösten angst Lebten, von seine vierundzwanzig Maul thiere vierzehn von Hunger gestorben wahren, und unser Lebens mittel aus Tateln und ein wenig gersten Brod Bestand. So beschloß ich meine Pilgerschaft bald auf zu Geben, und forschte nach einen andern Tranzport der nach Zoff[111] Reiste war nicht weit, nur fünf Tage ohne die Nächte mit zuzehln, aber dabei mehrstentheils ohne Wasser auch mit unsern Lebensmittel die aus Tatteln und Mehl bestand, Eb-zieze[112] genannt, vom Abend bis zum andern Abend ein Mund voll bekam, und die Hietze so groß das wier unsere füße in die Schuh auf den Sandigenboden verbranten.

Nach fünf Tage erreichten wir Zoff durch Mühselige Reise, von Hunger und Durst blieb uns nicht aus gesetz zu sein. Ich blieb einige Tage da, und von da nach Gerid[113] in das Tattelland in der Regentschaft Tunis, der Ort Nef-te[114] genannt, wo ich zu ehrst aufgenomen wurde bei den Scheik Omar zu Al-ge-Ma und später in der Sawiye bei den Priester Ali ben Omar, wo ich den Koran Lernte, wurde da durch Guth behandelt krigte neue Kleider guthes Esen und alle Freitage sammelte er eine Kolekte führ mich ein in der Moschee meine Aufhaltung war vier Monat. Bis eine kleine Korwane von Tunis kam wo sich zwei Römer mit ihre Frau und Kinder drunter befanden die nach Tukart Reisten um da bei den Scheik Kanon zumachen. Ich ließ mich über reden, verließ mein Schöners Dattelland, Machte eine zwanzig Tägige reise durch die Großensand Wüste nach Tukart[115] wie ich sollche noch nie gemacht hatte, erstlich die Sonne in der Mittags linge stand, das unser Schaten um die Mittags Zeit nicht Länger als wie zehn Zoll, zweitens kein Waser, Driettens der große Sturm welcher ein Salpeter geruch hatte, zu mancher Zeit ankam wie aus einen Glühenden Ofen, wo wier uns machmal auf die Erde nieder legten bis der Dunst vorrüber war. Ach selbst wan wier es Morgens aufstanden, waren wier in Sand begraben das einer den andern suche.

Bevor, eh ich da keine Kentniß von hatte stand ich Morgens früh auf, sahe mir nach meine Kameraten um, wo ich keinen von erblikte, als wie ein Kameel was mit sein Hogen Pukel noch nicht gans bedekt war, ich stand im Zwei[f]lung das sie schon abgereist waren und mich vergessen hatten, Grabte ich mein Kameel aus, das es auf stand. Die Lastthiere haben das an gebrauch bevor sie sich niederlegen oder auf stehen sie zu Ehrst ein Gebrumel machen. Dieses hörten meine Reißgefährten

---

111 Die Oase *Oued-Souf*, heute kurz *El-Oued* genannt.
112 *ebsissa*: nordafrikanische Breispeise aus Weizenmehl; ehemals als Reiseproviant geschätzt.
113 *Schott al-Djerid*: Oasenlandschaft im Südwesten Tunesiens.
114 *Nafta*: Oasenstadt in der südtunesischen Palmenlandschaft *Schott al-Djerid*, unweit der algerischen Grenze.
115 Siehe unten in Anhang VI das ähnliche Touggourt-Abenteuer von Schulze/Baba Hassan nach H. von Malzan.

in ihren Schönen sand Betern, wo einer nach den andern rauß gekrochen kam, das wier alle versammelt waren, und Reisten weiter zwei Tage, kamen wir an die Saltzsee, Lagerten uns an eine Waser Quelle um uns von unsern Durst zu befreien und auch unser Troken Wasser geschier wieder auf weichen und voll machen, um damit uns zu versehn auf der Reise. So wier aber von Tranken, dabei einen kühlen Bitterlichen Geschmack fanden, wurden wir gewahr das es uns zu unser Gesundheit gans nachtheilig wahr und alle eine Ganße gelbe Haut bekamen und durch eine großer geschwindichkeit von uns ging. Ruheten uns aus bis auf den Morgen, wo wir die Saltzsee über Reisten, aber auch Gefährlich ein unbekanter der die Straße nicht kennt darf sich nicht trauen allein über zu gehen, weil man vielle Tiefe Gruben antrift die oben mit Saltz bedekt seien und unten alles hol ist, grad wie ein Wasser was mit Eis befroren ist, wen man auf solche Plätze kommt und durchbricht würde man nie wieder zum vorschein kommen, die stellen wurden uns bald bekannt gemacht von den Reisenden welche jede mit zwei bis drei Finger hoch Wasser über Schwommen war so Reisten wier immer den Troknen nach, und kamen den zweiten Tag gegen Sonn unter gang über die Salz see wo wier Tukert bald erreichten.

[Bannerträger einer Mekka-Pilgerkarawane]

Dann nach 15 Tagen in Imdoken kam ein Schrief El Haschy Hausin aus Bagda[d], der kam von Rchab Geino brachte eine menge Pilger mit sich um die Wahlfarth nach Makka zu machen. Er war zufrieden mit mein Anerbieten, weil er keine Mann hatte wo er sich drauf Verlassen konnte, nahm er mich gleich wie sein Mamelok an, gab mich auch gleich die Morgenländische Kleider anzuziehen, er hatte 21 pack Thiere pfehrde und Maul esel, 2 Weiber 1 Sohn und 1 Tochter ich wurde in seine Familie mit Aufgenomen. Nach 8 Tagen da sich das Wir Erholt hatten Reisten wier ab, ich trug die weise Fahne mit dem Namen Eingestieckt Schaik Sidi Abder-Kader-Giläny[116], wier hatten beinahe eine Stunde getrieben da mußte ich wieder zurück und das Pferdeschloß hohlen das wier Vergessen hatten, den man kann solches in diesen Land nicht Entbähren den weil die Pferde damit des Nachts Angeschlossen werden wenn man in Freien Ruht. Als ich es von den Platz genommen hatte und wieder mit meine Fahne vorwärts Reiste, sah ich die Kärwane eine große Strecke vor mich Treiben ich lief Geschwind um sie wieder Einzuhohlen, da that mich der Leib weh, ich sah

---

116 Sidi *Abd al-Qādir al-Ǧīlānī*: Muslimischer Gelehrter aus dem 12. Jh. Starb 1166 in Bagdad. Wird u. a. im Maghreb als hochgesegneter Heiliger verehrt. Auf ihn geht der mystische Orden der *Djailaniya* zurück.

keinen Menschen vor mich, ich setzte mich in eine Niederung, als ich Auf stand sah ich zwei Mann 30 Schritt vor mich stehen, ich hatte sie Vorher nicht Bemerkt und sie mich auch nicht denn sie hatten Warscheinlich hinter ein straug gelegen, mit das Angesicht nach die Kärrowane gerichtet sie waren Bewaffnet und noch jeder ein dichtigen Knippel in der Hand Wohin jetz Es wahr kein Rath aus zuweichen, weder zu Rechten noch zur Linken, wer wird Helfen, Gott wird Helfen, wenn meine Fahne Seegen hatt. Ich trath zwischen sie, mit dem Gruß Selemalekum, sie waren wie Verblift, als sie mich sahen, und höhrten den Gruß, keiner konnte mich den Salam zurück geben den ich wahr ihr eine ganze andere Gestalt, als sie waren mit die Morgenländische Kleider, die weise Fahne ich weis, mit blonde Augen Blonden Baart, das musste ihr vorkommen als wenn ich von Himmel zwischen ihr gefallen währe, sie Verlangten von mich die Fathia und den seegen, was ich auch ohne Weiter umstände ihr hersachte, dann Kiesten sie mich Hand und Kopf, schnitten einige Fetzen von meine Kleider, um Baraka (Seegen) so folgte ich Ruhich die Karawani, wo sie aber hin gegangen sind das weis ich nicht. Ich hohlte die Karawany ein und Erzählte das was mich begegnet war den Schrief, er gab mich das Fathia wieder zurück und auch den Seegen.

Wieder auch Einmahl als wier von Henka Sidi Nädschy nach Zoff Reisten, hatten wier in der Wüste ein par Stunden hallt gemacht in der Nacht. Als wier auf brachen und schohn ein guth Stück getrieben hatten Vermießten wir ein von unser Pilger, Ich mußte zurück bis nach den Nachtplatz da fand ich den Mann in Sand versteinert Schlafen liegen ich Weckte ihn auf so gingen wier beide die Karawoni nach. Da er aber Etwas krank war, wurde er auf ein Kameel geladen ich ging zu Fuß, da aber die Lastthiere es Nachts weit aus Schreiten konnte ich ihr kaum folgen so das ich ehrst ein wenig und Zuletz eine gute Strecke Zurück blieb, so das alles zusam kam Hunger, Schlaf, und Mühde, meine Augen wahren so verwiekelt das ich ein Fußtrit vom Kameel vor mich wie ein Tiefern Born sah oder den kleinsten Strauch als den höchsten Baum auch noch Andere Vitizion die mich vorkamen als Gespenste oder Wüsten Geister. Ich Taumelte mich fortt bis die Sonne bald Aufging, da fiel ich nieder und ein fester Schlaf übermante mich, ich hatte kaum eine halbe Stunde geschlafen machte meine Augen auf und sehe den Zauber Kniepel das er wollte auf mein Kopf fallen, oder wie der andre sagte das er ihm die Hand zurük gehalten habe. Das waren zwei von unse Pilger die auch waren zurück geblieben, die hatten mich gefunden das ich Schlief, der eine hies Ahmet Chrabi Giuni der andere Muhamed Situni aus der profinz Algier der letzte ist noch immer in Tunis jedesmahl wenn er mich seht so Erinert er mich von den Zauberkniepel aus der Wüste, der Erste wahr kühn gewessen das er gesacht hate den Hund will ich Todtschlagen, aber Muhamed Situni wie er mich Erzählte soll ihm die Hand gehalten haben weil der Chraby hatt Schlagen wollen, sie verließen mich und gingen ein par hundert Schritt setzten sich auf den Sand und stopften die pfeife das Hampfkraut was sie immer Rauchten, da vergingn mich der Schlaf, Hunger und Mühdichkeit vor dem Schwebenden Zauberkniepel über mein Kopf, ich ging an ihr Vorüber und Folgte den Schrief.

Auch wieder als wier von Schried nach Tukart Reisten wahren wier vier deutsche Renagaten beisammen, der eine hies Carl Joseph Zolaino geboren zu Mainz 1791 den 12 te December erzogen in der politechnische Schuhle daselbst und im Dienst seiner Majästet Napolion Kaiser von Frankreich premier Leutenant und späther, bei der Russen und Deutschen Legion Adjudant in General-Stab nach den Frieden von Paris, in Civil, Forstmeister in Dienst des Herzog von Nassau, das hatt er mich selbst in meine Bibel geschrieben.[117] *Er ist schohn lange unter die Erde begraben, aber seine Name ist noch immer Lebendich bei mich, der Andere aus Böhmischbrod Hederofsky, hier Aly, der Dritte, aus Forluis, Weiger hier Zliman, die beiden letzteren seind auch schohn lang Abgereist in der Andere Weldt, doch aber bin ich fröhlig das ich Heite noch ihre Nahmen anzeigen kann.*

Wier krichten Zank in der Wüste wegen Wasser das wier unsern Durst nicht löschen konten. Er pakte eine Gelade Flinte machte Feuer auf mich im Anschlagen sties ihm ein Araber den Arm zurük der Schus gin neben mich vorbei das die Kugel im Kameelsattel stechen blib. Das war in eine Sauwe Sidi Mosy die beiden Letzten waren sehr zornig so das der Böhme auch eine Flinte nahm und wollte ihm Erschiessen, die Araber machten zwischen uns den Vertrag. Nach die Ermordung der Römer in Tukart reiste er nach Imsab von da machte er die Pilgereise nach Meka. Ich war Schohn Verheirathet in Tunis und als Throngarde Angestellt beim Bay, da kam er in Sommer von Meka wieder, Traf mich in Gollette[118] *an ich nam ihm nach Tunis in mein Haus.*

So verlangte er ein Schein vom Sidy Ah-Mett Bascha als Dokter, dem er nicht bekam, sondern der Bay gab ihm zu Antwortt, er sollte gehen den Handlanger machen blib noch einige Monate in Tunis und Reiste wieder nach Lim-Sab und ist da gestorben als Islam.

Das alles hab ich in der Wüste Erfahren, wenn ich an alle die Wunder denke so Glaube ich doch das immer mein Schutz-Engel mich Behüthet hatt. Ein jeder

---

117   Dass Krüger eine eventuell aus der Heimat mitgebrachte Bibel so lange noch im muslimischen Land, nach allerlei Abenteuern, wobei er wiederholt ausgeplündert wurde, aufbewahren konnte, ist wenig wahrscheinlich. Vermutlich verwendet er das Wort für »Buch« und meint hier ein unterwegs besorgtes Heft, das ihm als (Reise-) Tagebuch diente.

118   *La Goulette*: Hafenort in der Nähe von Tunis.

Reisender der vor 30. Jahren[119] in die Barbarey gereist dem werden auch sollche Ähnliche fähle vor gekomen sind.

4.6 Achtes Kapitel: Kanon Gießen in Tukurt – Todt der Römer – Ging nach Et-Mezin – Zurück nach Zoff – Gerid – Tunis

Jetz Erreichten wier nach zwanzig Tägige Reise die Resedens Tukart von Scheik Ali ben Galeby, (wird auch Bey Tukart genant).[120] Der uns mit die gröste Freude seines vorhaben um von uns Kanonen zu seiner Sicherheit das dem umliegenden Araber von sein Gebieth zurück zuhalten auf nahm. Er gab die Römer ein Haus wo sie bequämlig wohnen konnten, und wir wahren vier Deutsche Mohamedaner gab uns auch unse Haus, wo ein jeder sein Zimmer führ sich hatte, krichten unser Esen von Scheik geliefert Täglich drei mal, und auch neue Kleider Die Römer krigten Weizen und Fleisch Buter Öhl geliefert um sich ihre Essen selbst zu kochen, bekamen auch geräht um sich Brantwein zu Brennen, und versprach uns alle zusamen, wann wier eine Kanone ferttig haben und ihm vor die Füße legten, mit Soviel Tahler als wie ein Kameel tragen kann uns zum geschenke geben. Wier Deutschen verstanden nichts, die ganze kunst hing von den Römern ab der sich als Kanongießer aus gab Nahmens Petero, und Batista sein Gehülfe war.

Nach ein Halbmonat da wier von unser Schwehren Reise wieder hergestellt wahren, begannen wier unser kunst an zu fangen, Giengen in die Garten hieben die Schönste Obstbäume runter um die Forme davon zu machen, wier setzten nun unser Sache fortt, zwei von meine Kameraten waren kran[k], ich und ein Böme aus Bömeschbrod zu hause Nahmens Hederofsky, hier Ali, Arbeiteten mit sie in die Holtzarbeit, krichten unser Tagelohn nach hiesigen gebrauch zwölf Achroben per Tag, da wier nun fertig waren mit der Holtzarbeit Fingen wier den Gußofen an zu bauen von Lehm und Ziegehare, wie der fertig war mußten alle Unterthan in das Tukarter Gebieth all die alten kupferne Kessel zusamen Bringen um die zuschmelzen, und davon Kanon zugießen.

Da sah ich ein das der Kontrak schlecht ausfalen würde, machte ich einen andern Plahn um mich von Tukart zu Entfernen, auch dieses Geschah bald mit mir. Reiste

---

119 Möglicherweise haben wir hier einen Hinweis darauf, dass diese nachträglichen Aufzeichnungen in den 1860er Jahren ins Reine gebracht wurden, etwa in der Zeit, als Gustav Nachtigal am 8.10.1863 an seine Familie schrieb: »Er [Krüger] hat heut seine Lebensgeschichte, die er mit gewisser Vorliebe schriftstellerisch ausgearbeitet hat, zu mir gebracht zu etwaiger Zustutzung etc.«

120 *Touggourt*: Wüstenstadt im Südosten Algeriens, liegt ca. 900 km von *Algier* und ca. 220 von *Biskra* entfernt. Die Ben Djalleb waren lange Zeit Herren (mit *Sultan*-Titel) des Touggourter Reiches.

nach Et-Mezin[121] beim Scheik Hagih Ali eine Tagreise von Tukart wo die beiden Monarchen immer wehrend Krieg zusammen haben, die Einwohner von Et-Mazin erkanten mir bald und sagten das ich ein Kanon Gießer aus Tukart wehre, auf dieses hatte ich wieder ein neues Schicksall zu hoffen, verleuchnete, und sagte das ich es nicht wehre, sondern ich käme von Argelau[122] und wollte nach Zoff gehen, und der Weg hätte mir über Tukart eingeschlagen, hatte gesehen wie die Römer an das Kupfer Schmelzen wahren, doch habe ich nicht da geschlafen nur Heutmorgen in meinen durch Marsch gesehen, und von da hier hergekommen. Ich wurde geglaubt und mußte das Glaubens bekentnis hersagen, und wurde aufgenommen beim Zallah ben Leid wo ich ein und vierzig Tage blieb, Beschäftiechte mir wieder mit meine Arzeneikunst, und unterhaltungen der Religion von Mohamed, Erzählten mir die Wunderzeichen die er gemacht hatt, und wie groß er angesehn ist bei Gott. Das er der erste Erschafen ist von Gott. Eehe die Weld er Schafen wahr, und war auch früher wie Adam Erschafen, aber nicht persöhnlich sondern wie eine Blume im Paradies Garten gestand hatt bis er seine Zeit aus hatte und kam Nathürlich auf der Welt zeugte sich wie ein Prophet, Ehr erleuchtete die Welt Den sie wahr vorher finster setzte den Mond am Himmel welcher sehr nidrig stand, nahm ihm auch wieder Runter und zerbrag im in zweitheile die helfte nahm er untern Rechten Arm, die andere helfte unter den Linken und setzte sie auch wieder zusammen, da durch haben wir jetz den Halben und Ganzen Mond. Einen andern Tag des Morgens, hatten sich wieder seine Anhänger versammelt vor seinen Hause und foderten noch ein Wunderzeichen von ihm, da Lag ein alter verdrokneter Dattelbaum vor seine Thühr, sagten die Anhänger, wann sich der Baum Aufrichtete und bekente das er ein Prophet sei so wollen sie auch glauben. Er legte seine Hand auf den Baum, welcher sich so gleich aufrichtete, mit grühnen zweigen und Reife Datteln vor ihm her ging rufte das Glaubens Bekentnis so auch alle Steine weil er den Berg Arafath bestieg, vor ihm herliefen, und schrieen Mohamed ist der Prophet Gottes, des gleichen auch unsichtbare Geister, wurden zu derselbigen Zeit Sichtbahr um zubekennen führ seine Anhänger das er der Prophet Gottes sei, sagten her das Glaubensbekentnis.

Da ich nun Täglich in das geschäfte fortt Arbeitete, Hörte ich von den Armen Römern die ich in Tukart gelaßen eine Traurige nachricht, wegen das er seine Kunst in den Kanon machen nicht verstand, bedinte sich zur aus rede das ihm die Mohamedaner bezaubert haben Schimfte auf ihre Religion und vergrief sich an einen Derwischen und schlug ihm zuboden. Kaum da er zubodenlag schriehen die ander Araber, auf, der ungläubige hatt unser Religion geflucht, und schlagt auf unsern Heiligen dieses hörte

---

121 *Tamacine*, eine Wüstenstadt ca. 20 km südwestlich von *Touggourt*.
122 Wahrscheinlich *Ouargla*, im Süden von *Touggourt*.

gleich der Scheik, ließ ihm auf der stelle Töten, und auch seine Frau, wurden aus der Stad geschlebt blieben auf der Erde liegen ohne zubegraben. Seine Tochter von zwölf Jahr, wurde Mohamedanisch verheiratete sich mit ein Arabern, Batiste ging wieder nach Tunis zurük, wo ich ihm Spähter hin antraf, und Reiste von da nach Triboli.

Ich blieb in Et-Mazin bis zu den Fasten, wo ich alsdann mit Lebensmittel versah, und Reiste wieder zurück nach Zoff was ich über Fünftage erreichte, wurde beim Scheik ben Zelem aufgenommen, welcher ein Derwisch war saß in seinen vorhause mit einen Rosenkrans von Tausendperlen welche jede Perle die Größe, wie eine Flinten Kugel hatte, streifte ihm von der rechten Hand zu Linken und wieder von Linken zu der Rechten, und mit jeden streif hundert Perlen über strich und jede Perle hundert mal das Lä Elä hä jle-Lah zubedeuten hatte. Ich hielt mich bei diesen Scheikh Zelem acht Tage auf, wegen die Fasten, auch wegen seine Zeremonien, bevor ich fortreiste gab er mir noch den Seegen zu einer S[***] mit, welche sich Lah-Chohe[123] hießen, was die berühmteste unter der Mohamedanischen Religion ist. So Reiste ich mit meinen Seegen, nach mein Schönes Datelland Gerid zurük und hielt mir auf in Toser[124], beim Scheikh Nasser[125], nach einigen Tage kam auch mein Kamerad Hederofsky oder Ali von Tukart zurük welcher Nakent aus gezogen wahr von den Arabern. Bragte mir weiter die nachricht von den Armen Römer, das er und seine Frau 24 Stunden in der größten Todesqualen hate liegen sehen. Keiner der unbarmherzigen Araber zeigte die geringste Spur von Mitleiden für sie. Der Tod befreite endlich von ihren Leiden. Erzählte mir weiter daß die Leichname des Römers und seine Frau den Hunden zur Speise überlassen wurde und ihre Tochter ein zwölf Jähriges Mädchen, errette ihr Leben durch Annahme des Islams.

---

123 Vulgärarabisch für (religiöse) »Bruderschaft«.
124 Die Oasenstadt Tozeur im tunesischen Südwesten, Hauptstadt des sog. »Biledulgerid«, des Palmenlands der älteren Afrikageographie, dürfte um 1840 Krüger nicht viel anders erschienen sein, als Heinrich Freiherr v. Maltzan ein Duzend Jahre später: »Tusar ist jetzt nicht mehr, wie im Alterthum und wie noch im elften Jahrhundert, als el Bakry [arabischer Reisender und Geograph] hierher kam, eine einheitliche Stadt, sondern *eine* Gruppe von Dörfern, welche in den Pflanzungen in unbedeutender Entfernung von einander zerstreut liegen […]. Wie in der algerischen Sahara, so sind auch hier alle Häuser, außer dem Regierungspalast, aus Luftziegeln erbaut.« (Reise in den Regentschaften Tunis und Tripolis 1870, Bd. 2, S. 150).
125 Gemeint ist sicherlich Scheik Muhammad an-Nasir ibn asch-Scheik as-Saadi, die damals angesehnste Persönlichkeit in Tozeur. 1840 wurde er von Ahmed Bey in seiner Würde offiziell bestätigt.

[Ankunft in Tunis]

Wier erwarteten beide den Thronerbe von Tunis, der alle Jahr mit ein Lager dahinkomt um die Konterbution abzuholen, Sidi Mohamed Bey.[126] Wendeten uns an ihm um in seinen Schutze mit nach Tunis zureisen daß gesuch wurde uns ergünstigt aufgenommen und die Erfüllung gewährt. Kriegten ieder ein Maulesel, und Lebensmittel aus der Küche des Amts bedienten des Bey. Nach siebzehn Tagen erreichten wier Tunis[127], wo wier beide den Achmed Bascha[128] vorgestelt wurden, und von diesen ohne weitern Umstände durch einen Offizier nach der Kawallerie gebracht. Wo mein Kamerad drei Monat diente ist wieder Desertiert weis nicht wohin.

126 Damals, 1839, war dieser als Vetter des regierenden Ahmed Bey (1837–1855) und dessen Thronfolger der sog. Bey des Lagers (arab. *bey al-mhalla*), dessen Amt hauptsächlich darin bestand, zwei Mal im Jahr das Landesinnere an der Spitze einer Streitkraft zu durchstreifen, um Steuern einzutreiben und rebellische Stämme zu unterwerfen. In dieser Eigenschaft hat ihn die Hamburgerin Marie von Schwartz, die im März/April 1848 Tunis besuchte, kennengelernt: »Der Bey des Lagers ist ein schöner Mann im kräftigsten Lebensalter; offener Ausdruck und durchaus edle Züge versprechen beim ersten Blick alles Gute, was von ihm allgemein bekannt ist.« (M. E. v. Schwartz, Blätter aus dem afrikanischen Reisetagebuch einer Dame 1849, Bd. 2, S. 194f.) Nach dem Tod Ahmed Beys 1855 bestieg Muhammad den Thron und wurde somit, bis 1859, Krügers neuer Oberherr.
127 Am 8. 3. 1839 schreibt der französische Konsul in Tunis nach Paris: »Sidi Hamda, Cousin du Bey, vient de rentrer à Tunis avec les troupes dont le commandement lui avait été confié pour percevoir les tributs trimestriels.« (Archives du Ministère des Affaires Etrangères, Paris, Quai d'Orsay).
128 Über Ahmed Bey und seine Regierung empfiehlt sich u. a. folgende Monographie: L. Carl Brown: The Tunisia of Ahmad Bey 1837–1855. Princeton: University Press 1974.

5 In der neuen Fremd-Heimat: Das Leben in Tunesien

5.1 Neuntes Kapitel: Auf Nahme in Tunis – Expedition – Gefecht mit den Arabern – Schahter beim Ahmed Bascha – Verheirethet

Meine Aufnahme bei der Kawallerie[129] war mit den grösten wohl mein vergnügen. Meine Oberoffiziere wahren mir sehr günstig, weil sie auch von Christlichenstamm waren, auch fand ich dabei Instruktuer welche Christen waren um die Kawallirie zu lernen.[130] Einer aus Pohln Nahmens Graff v. Czapanowsky[131] redete Deutsch mit mir und Schenkte mir auch einige Piaster stüken, welches mir eine Großefreude machte, weiter, kam mein Eskaderons Scheft führte mich in sein Zimmer ließ ein Barbier kommen um mich zu Rasieren, wo ich als dan meine Uneform bekam als Kawallirist. Legte meine alten Arabertöni[132] ab, und zog mir auf Millithärisch an, welches mir eine Freude vor allen Freuden war, wurde auch von Dienst auf ein Monat befreiet, aber schlechte bezahlung und auch schlechtes Essen auf Arabische manier, es wurde mir von Zeit zu Zeit Avanseman[133] versprochen so wie der Bey

---

129 Ahmed Bey (1837–1855), der 10. in der Reihe der tunesischen Beys aus der seit 1705 (bis 1957) amtierenden Hussayniten-Dynastie, zeichnete sich aus vor allem durch ein ehrgeiziges, doch schließlich gescheitertes Reform- und Modernisierungsprogramm in Anlehnung ans europäische Modell, das vorrangig im Militärwesen Anwendung fand. Kaum an die Macht gekommen, zeigte er sich eifrig bestrebt, eine »moderne« reguläre Armee auf die Beine zu stellen, die jedoch die schwachen Potentiale des Landes erschöpfte und zu dessen vorkolonialem Verfall wesentlich beitrug. Schon zu Lebzeiten Ahmed Beys, und in höherem Maße unter seiner beiden Nachfolgern bis zum Protektorat 1881, geriet das aufwendige Militär und somit der Beystaat in Verkommenheit, was auf Krügers weitere Laufbahn negative Folgen haben sollte.

130 Ahmed Beys Kavallerie wurde Ende 1838 gegründet. Die Organisation und Ausbildung waren in der Tat Europäern anvertraut, z. B., außer dem Polen Sczepanowski, dem Franzosen F. I. Greff und dem Napolitaner L. Visconti. Den Oberbefehl hatte anfangs der Mameluck griechischer Herkunft Ahmed Agha inne. Über die Anfänge von Ahmed Beys Armee siehe André Martel: L'armée d'Ahmed Bey d'après un instructeur français. In: Cahiers de Tunisie, t.4, 1954, pp. 143.

131 Als Fürst Pückler-Muskau 1835 Tunesien besuchte, war der Pole Sczepanowski Offizier im tunesischen Dienst. Auf Befehl des Beys begleitete er den deutschen Reisenden auf seiner zweimonatigen Tour durchs Land. Aus Pücklers Ausführungen ergibt sich, dass Sczepanowski infolge der politischen Unruhen von 1830 Polen verließ, erst in Ägypten diente, dann, auf englischer Empfehlung, nach Tunis kam. Pücklers Schlussurteil über ihn lautete: »Hier wird es auch an seinem Orte seyn, meinem immer gleich gut gelaunten und verbindlichen Begleiter, dem Obersten von Sczepanowsky, die lebhafteste Erkenntlichkeit für das Vergnügen und den mannigfachen Nutzen zu bezeugen, welche ich seiner angenehmen Gesellschaft verdanke. Meine besten Wünsche ihm, und mögen seine ferneren Schicksale die Härte der früheren vollständig ausgleichen.« (Pückler-Muskau, Semilasso in Afrika 1836, Bd. 5, S. 191). 1848 ist Marie von Schwartz ebenfalls demselben Exilpolen begegnet. »Er betrachtet Tunis«, notierte sie, »als seine Heimath, ist daselbst seit vielen Jahren als Oberst in der Cavallerie des Beys angestellt.« (M. E. v. Schwartz, Blätter aus dem africanischen Reisetagebuch einer Dame 1849, Bd. 2, S. 168f.).

132 *Tenue*: Anzug, Uniform; hier wohl die Bekleidung, mit der er aus Algerien kam. Die regulären Beytruppen trugen damals eine europäisch anmutende blau Hose/Jacke-Uniform. Eine genaue Beschreibung derselben bietet Pücklers Semilasso in Afrika (Bd. 3, S. 54ff.).

133 *Avancement*: Beförderung.

Abb. 16: Ahmed Bey (1837–1855), Krügers erster Dienstherr in Tunis.

Abb. 17: Ein hoher Offizier der Kavallerie von Ahmed Bey in typischer Uniform. Die Grafik zeigt den bekannten Minister Khayreddin.

das Regement würde Kompelet machen, mich als Offizier bei einer neuen Eskadron zuversetzen,[134] welches doch nicht geschah wegen das die unkosten zu groß waren, auch der Bey darüber krank wurde ging führ seiner Gesundheit nach der Gollette, blieben die Sommer Monate da wegen der großen hietze in Tunis, bis zu den Fasten wo er wieder nach seiner Resedens Bardo zurückkehrte.

[Gescheiterter Fluchtversuch]

In den Fasten oder Ramdhan kriechten wir erlaubnis nach Tunis zu gehen da ich die Stadt von innen noch nicht gesehen hatte, und unsere Kaserne eine Stunde weit davon lag gieng ich auch mit, wo ich einen Deutschen Mohamedaner wie ich auch war und auch dieselbe Reise gemacht hatt wie ich war Shahter beim Bey, hatte sich Verheiratet mit eine Maurin. Nam mir mit nach sein Haus als Gast, die Fasten oder Ramdhan bei ihm zu machen.[135] So wurde ich in Tunis bekannt, wo ich nach her auch mehrere mal Kaufleute antraf die Deutsch mit mir Sprachen, des gleichen auch ein Kaptän Herr von Lord aus Berlin, wo ich den grösten versuch bei im machte wieder nach mein Vaterland zurük zu kommen. Versprach mir wann er seine Reise nach Egiepten gemacht habe und wieder zurückkehre mir mit nehmen wollte nach eine kurze Zeit kam ein Reuscher Adjudant der von Konstantinobel, welcher nach Engeland Reisen wollte, redete mir zu das ich an einen Kunsul wenden sollte und von da meine Freiheit bekommen muß, alsdann mit im Reisen, ich wagte mir ins Sardinesche Kunsulhaus[136] wo ich sobald von einer Milithär Patrolie wurde rauß geschmißen, und den Ahmed Bascha vorgestellt.

---

134 Im tunesischen Staatsarchiv (Archives Nationales de Tunisie, Tunis), Abteilung »*Wizârat al-harb*« (Kriegsministerium), sind wir auf ein Register (Nr. 3093) gestoßen, in dem die Namen der Kavallerie-Soldaten (*askar al-khayyala*) des Jahres 1258/1842 aufgelistet sind, darunter der Name Muhammed ben Abdallah al- Ǧerîdî, also: aus dem Djerid. Es liegt nahe, anzunehmen, dass es sich hier um Johann Krüger, der für die Bey-Armee ja im Djerid rekrutiert wurde, handelt. Unter demselben Namen steht der Vermerk: »er ist *odha-baschi* im Block 2 geworden«. Zu einem ferneren Namen unter »Block 2«, nämlich Ahmed ben al-Hadj Jussuf, wird vermerkt, er sei in eine andere Abteilung versetzt worden und »an seine Stelle kam *odha-baschi* Muhammed ben Abdallah al-Djeridi«.
135 Es handelt sich um den Hamburger Viereck, mit dem sich Krüger dann verschwägert und von dem noch oft die Rede sein wird.
136 Friederike London (siehe Einleitung) erzählt ebenfalls von einem jungen Deutschen, der 1840 nach Tunis zwecks Übertritts zum Islam kam, seine Tat bald bereute und ins Haus des sardinischen Konsuln Truqui, flüchtete, der ihm Asyl gewährte und ihm nach Europa zurück verhalf (F. London, Die Berberei 1845, S. 137. Siehe auch Ewald unten, Anhang II). Dass auch Krüger beim selben Konsul Asyl gesucht hatte, muss vor allem daran gelegen sein, dass »Ritter« Truqui damals gleichzeitig das österreichische Konsulat

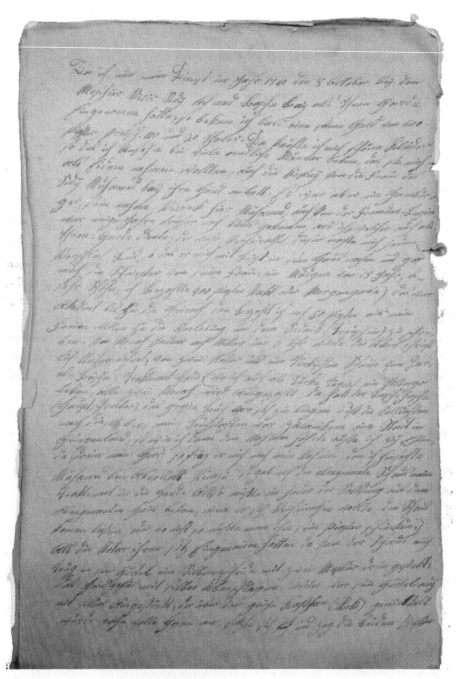

Abb. 18: Seite 21 aus Krüger Manuskript (K2).

In der neuen Fremd-Heimat: Das Leben in Tunesien 113

5.2 [In Tunesien]

[Soziale Integration: Verlobung – Eheglück – Scheidungsdrama]

Da ich nun mein Dienst im Jahr 1840 den 8 October bey dem Moschier Vicir Sidy Achmed Basche Bay als Thron-Garde Eingenommen hatte, so bekam ich bald eine suma Geld von 600. Piaster,[137] *preusch. 100 und 20 Thaler. Da kaufte ich mich schöne Kleider so das ich Ansehn bei viele orndliche Männer bekam, das sie mich als Eidam nehmen wollten, auch die Kosiny von die Frau des Sidy Muhamed bay ihre Hand anbott. Es war aber ein Hamburger, sein nahme Viereck hier Muhamed, auch von der Fremden-Legion war einige Jahre früher nach Tunis gekomen, als ich, welcher auch als Thron-Garde diente, der wahr Verheirathet, dieser machte mich jeden Vorschlach Leid, so das er mich mit Liest in sein Haus nahm und gab mich die Schwester von seine Frau, ein Mädgen von 15 Jahr, aber sehr schöhn, ich Bezahlte 400 piaster Nakt*[138] *(oder Morgengabe) das war Akordiert bis zu die Heirath, dan bezahlt ich noch 50 piaster aus mein Freien willen zu die Verlobung, um denn Sedaik*[139] *(Trauschein) zu schreiben. Im Monath Januar [1841] nach Mittag um 3 uhr wurde der Ackort schriftlich Unterzeichnet, von zwei Notar und ein Türkischen Schaus vom Dar-el-Bascha*[140]*, Traktement Haus, (wo ich auch als Türke Täglich ein Silbergr bekam, alle zwei Monath wird ausgezahlt da hatt der Basch-Josche*[141] *(Hauptschreiber) das große Buch vor sich zu liegen ruft die Solldahten nach die, a,*

leitete. Einen preußischen Konsul in Tunis gab es zu dieser Zeit (und bis Oktober 1870) noch nicht, dafür aber einen »Chargé d'affaires« (Geschäftsführer) in der Person des schwedischen Konsuln Adolf Tulin. Warum Krüger nicht diesen angesteuert hatte, ist nicht ersichtlich. Doch auch in diesem Fall hätte er keine Chance gehabt. Als Gustav Nachtigal 1863 nach Tunis kam und sich um seinen Landsmann gekümmert hatte, erfuhr er, dass Tulin Krüger nicht als Preußen, sondern als Untertanen des Beys ansah und sich seiner insofern nicht annehmen konnte und wollte.

137   Währungseinheit im tunesischen Währungssystem bis zur Kolonialzeit und der Einführung des französischen Francs. Die einheimische Bezeichnung dafür war *riâl*. Um 1840 wurde die tun. Piaster/*riâl* auf ca. 70 französische *centimes* geschätzt.

138   *naqd*: der Barbetrag des *mahr*, der Morgengabe, Aussteuer. Von diesem Betrag sollte ein Teil sofort bei Eheschließung und ein Teil nachträglich quittiert werden. Laut einer an anderer Stelle wiedergegebenen Fassung des Ehevertrags Krügers betrug die nachzuzahlende Summe 100 Piaster. Als es später zur Scheidung kam, verlangte die Frau mit Nachdruck die Erstattung des Betrags.

139   *ṣsadâq* : Ehevertrag.

140   *dâr al-bâscha*, wörtlich »Haus des Pascha«: Amtsstelle in der heute noch nach ihr genannten Straße in der Tuniser Altstadt. Ursprünglich Amtssitz des Paschas, des seit 1574 amtierenden Statthalters des osmanischen Sultans in Tunis; nachträglich fungierte das Gebäude als Verwaltungsstelle für die türkische Miliz.

141   *Bâsch Khoǧa*: Amtsinhaber in der alttürkischen Verwaltung; etwa: Hauptschriftführer.

b, c, mein Buchstahben war Zälanikene eine Stadt in Griegenland,[142] *so wie ich dann den Nahmen höhrte rüfte ich vy Efende (drein mein Herr) so frug er mich nach mein Nahmen, dem ich hersachte Muhamed ben Abdollah Nimzi, so gab mich der obengenante Schaus mein Traktement in die Hand. Allso mußte ein jeder der Solldung aus dem Obengenanten Haus bekam, wenn er sich Verheirathen wollte, den Schaus komen laßen, oder wo nicht so mußte man ihm sein piaster schiecken.)*

Als die Notar ihren sitz Eingenommen hatten da kam der Schaus auch Trug in sein Gürtel eine Silbernescheide mit zwei Messer drein gestekt, das Handgefäs mit silber Überschlagen, weiter war sein Gürtel auch mit silber Ausgestückt, der über den grühn Kaftan (Rok) gewiekkelt wurde rothe volle Hosen an setzte sich und zog die beiden Messer aus die Scheide legte sie Überkreitz vor mich nieder, was führ bedeutung weis ich nicht, dann fingen die Notar anzu schreiben, Lobgott den Herrn die ganze Weldt und wier Beten zu ihm und zu unsern Prophet Muhamed. Nach dem, giebt der Baba Aly ben Mostafe Türke Hannafy[143] *seine Tochter Menäne*[144]*, den Mameluck Muhamed ben Abdollah Schathar zu verpaaren den Nakt zu verpaaren seind 400 piaster davon 300 Bezahlt sind und 100 Rückständich auf ein Jahr die Kenner*[145] *von die Tochter Baba Aly ist der Bruder Mostafa ben Aly und der Andere Baba Aun aus Chodäms.*[146] *Das Mädgen ist nicht Gegenwärthig bei der Unthterschreibung so auch der Mann nicht da ich aber niemand hatte so machte ich mein Stellvertreter selbst. Dann wird noch ein Vers aus den Koran hergesagt. In nahmen Gottes Lob Gott den Herrn die ganze Weldt dem Schöpfer aller Geschöpfe der Himmel und Erde Erschaffen hast und alle Kreaturen in der ganzen Weldt und das Meer mit seinem Eigenthum so hast du uns auch Erschafen uns zu Verpaaren und uns zu vermehren das wier deine Glaubigen Islam sein durch dein Prophet und Apostel Muhamed dem du uns gesand hast und Erkenen das du nur Allein wahrer Gott bist und kein Ander nicht und der Prophet Muhamed dein Apostel ist, dann wird nach her zugesacht was auf den Vater sich zieht ich habe meine Tochter denn M. gegebn*

---

142 Wie aus einem Soldregister von »Dâr al Bâscha« des Jahrgangs 1840 (im tunesischen Nationalarchiv) zu entnehmen, erfolgte die Soldzahlung nach Garnison und dann nach in- und ausländischen, meist »türkischen« Städtenamen. Vermutlich handelt es sich dabei um den reellen oder fingierten Herkunftsort des jeweiligen Soldaten. Darunter kommt auch der Name der griechischen Stadt Saloniki/Thessaloniki vor, die Krüger hier zu meinen scheint.

143 *al-hanafi*: der Hanafite: Angehöriger der *Hanafia*, der muslimischen Gemeinde, die sich zur Rechtsschule (*madhab*) des Abu Hanifa bekennt. Damit bekräftigt sich die türkische Herkunft bzw. Zugehörigkeit von Krügers Schwiegervater, da die Türken, im Gegensatz zu den einheimischen Tunesiern, die sich zur *Mâlikiya*, der Rechtsschule des Mâlik ibn Anas, bekennen, in der Regel *Hanafiten* sind.

144 *Mannena*, so hieß also Krügers erste Frau. Der früher geläufige, heute altmodische Name leitet sich von »Emna«, wie die Mutter des Propheten Muhammed hieß, ab.

145 Die Trauzeugen.

146 *Ghadames*: Wüstenstadt im Südwesten des heutigen Libyen; hatte bis ins 19. Jh. hinein eine große Bedeutung als Hauptstation und Umschlagplatz auf dem transsaharischen Karawanenweg.

worauf ich Antworte ich habe sie genomen dan wird das Fathia gebettet und mit die Hände über Gesicht und Baarth gestrichen mit Hamdolah Rba alemina[147] *(lob gott der ganzen Weldt) dann wurde Zukerwasser gebracht und jeder Gast mit ein Glas Bewürthet nachdem gingen die Männer raus, und die Weiber begleiteten sie mit das Trilu lu lu, zum Hause raus. Als die Männer alle raus waren nahmen die Weiber den Platz ein wo sie die Braut glükwünschten in der Nacht weil abgespeist war wurde die Braut auf ein kißen gesetz das man ihr die Hande und Füße mit die Elhanne Beitze roth machten bei jedes auf legen der Elhanne würde das Bekannte lu lu jmer geschrihen und die Musik Arbabay*[148] *begleitete sie mit dem Gratolier Marsch.*

Das wurde Langsam gemacht um sich damit zu Amosieren, da keine Fremde nicht viel da wahren ging ich nicht fortt von meine Brauth um dem Spas all mit Anzusehen, da sie nun fertig wahren mit ihr wurden ihr die Hände und Füße verbunden und hinter den Vorhang aufs Bett gestohen die Andern Weiber Sangen und Tantzten bis sie Mühde waren, so war meine Verlobung.

Jetz war mein Geld all, so mußt ich mit die Hochzeit warthen bis zum May das ich wieder Geld bekam, meine Gute Eltern die waren aber so voll Schulden das sie sich in eine Freikierche Schutz suchten vor ihren Gläubiger, so war ich mich allein überlaßen, das meine Brautt nicht mahl ein Hemd zur Mittgift bekam, Ich Schaffte mich um der Zeit etwas Sachen die zur Haushaltung gehöhrten an, die Zeit verging und ich bekam Geld, machte meine Hochzeit in der Sauwie-Bakry Freikierche bei meine Schwiegereltern[149] *so guth wie ich konnte 8 Tage vor die Hochzeit wurden die Brauth die Haare Schwartz gemacht, ob sie gleich schwarze Haare hatte aber das ist nicht genoch zu eine Hochzeit, auf solchen Tag müssen die Haare schwarzblau glänzen, die Farbe machen sich die Weiber selbst, sie Besteht aus Gallenapfel die*

147 *al hamdu li-llahi rabbi'l-alamin*: Der Anfang der *fatiha*, der Eröffnungssure des Korans.
148 Wohl *ar-rabâb*, ein altes Streichinstrument. Eine lose Notiz in K1 lautet: »Arbaibeja ist ein muhamedanische Figoline mit zwei Seiten drauf gespant. Laudh ist eine muhamedanische Gittharre mit acht Seiten drauf gespanth«.
149 Bekanntlich fungierten Heiligenstätten im Maghreb auch als schutzgewährende Zufluchtsorte für Verfolgte und rechtlich Belangte. Treffend notierte Heinrich von Maltzan im Zuge seiner Tunesienreisen: »Diese Qobba's (bekuppelten Heiligenstätten) besitzen mancherlei Analogie mit den Wallfahrtskapellen des katholischen Europa im Mittelalter. Wie jene in der erwähnten Epoche das Asylrecht für Verbrecher und Verfolgte aller Art besaßen, so finden noch heut' zu Tage in Tunis alle Diejenigen, welche mit dem Gesetz zerfallen sind, eine schützende Zufluchtstätte bei den Gräbern der Heiligen, die man im hiesigen Dialect Sauyi zu nennen pflegt. Namentlich die von Schulden Bedrängten bedienen sich dieser Asyle mit Vorliebe, um sich der Verfolgung der Gläubiger zu entziehen.« (H. v. Maltzan, Reise in den Regentschaften Tunis und Tripolis 1870, Bd. 1, S. 95f.)
Es wird sich zeigen, dass die Schwiegerfamilie Krügers tief verschuldet und daher in dieses Heiligtum geflüchtet war. Der genannte Ort, *Zawyiat al-Bokri*, die dem Heiligen Sidi al-Bokri geweihte Stätte, liegt im Tuniser (Alt-) Stadtviertel »*Halfaouine*«. Ehe sie vor einigen Jahren wegen Verwahrlosung zugemauert wurde, war ihre Besichtigung in der *16, Rue ben Othman*, einer Quergasse zur *Rue Zawiat al-Bokri* noch möglich.

werden in Öhl gekocht bis sie ganz schwartz werden dann nacher in ein Mörschen gestoßen und gesiebt, nachdem in ein Topf der dazu jmer Bereitet ist, vermischt mit ein wenig Gumi Arabikum und Nelkenwürtzeln und geschlagenen Hamerschlach das wird alles fein zusamen Gestoßen nacher mit Wasser über ein Gelindes Feuer langsam gekocht bei manche steht es beinah 24 Stunden auf den Feuer, da werden die Haare mit Angestrichen und dann mit papier und Lapen bewiekelt, ein oder zwei Tage bis die Haare ganz troken werden, dann wird ins Bad gegangen und mit eine Art schwartzen Samen der vorher ins Wasser aufgeweicht ist der nimt die Farbe runter und macht die Haare den Glanz – Serktona heist der Samen bei eine Brauth werden die Haare mehrere Mahl Gefärbt, Zäbcha[150] heist die Farbe. Da nun mit die Ferberey, oder Zäbcharey alles in Ornung war so wurde wieder die El-Häna auf Hände und Füße gemacht, den Tag vor die Hochzeit wurde die Brautt das Gesicht bemahlt, auch die Haare auf Unsichtbare pfleken aus gezogen, dieses alles muß die Hebe-Ame, oder eine andere Frau El-Hänane die dazu Bestiemt ist machen aber das, lu, lu, lu, wird nicht dabei Vergesen dies alles macht die obengenante Frau mit die Brauth in ein Zimmer Allein, bis sie fix und fertig Angezogen ist dan wierd sie in die Brauthkamer gebracht bis in der Nacht das der Brauthigam kommt.

Also trath ich auch in der Nacht vor das Haus mit meine Glänzende-Rothe-Uneform und Klopfte an die Thür da muß man sich an das Mosianische Gesetz Erinnern, der Brauthigam komt zu Unbestimten Zeit, da wurde mich die Thür geöfnet und in großen Pompt rein geführt, mit der Musick und das lu, lu, lu, meine Brauth sas Aufgeputz wie eine Prinseszin auf ein Stuhl ich setzte mich auf ein andern, wie ein Prinz, hob ihr den Schleier vom Gesicht, dann brachte man uns jeder ein Glas-Zokerwasser und wier Tranken in Gemeinschaft vor alle beistehenden Gäste, nach dem gingen wier beide in die Brauth Kamer und machte die Thür von Einwendig zu, und eine andere Thür Aufgemacht, u. s. w. so war meine Hochzeit hier in Tunis.

[Teilnahme an einer Strafexpedition nach Süd- und Zentral-Tunesien]

Er [der Bey, nach dem gescheiterten Fluchtversuch] beschloß mein Kriegesgericht, bald mit dreihundertstokprügel und ein Jahr Arestant in der Kaserne nach den Mohamedanischen Gesetze. Doch weniger wie zweihundert werden nicht gegeben, und mehr wie tausend auch nicht. (der Kadi giebt nur achtzig oder Thämäniin Schilde[151]). Nun mußte ich wie ein Arestant nach meiner Kaserne zurück. Doch

---

150 *Sabgha* : Färbemittel. Vom Arabischen *sabagha* : färben.
151 Arabisch. Wörtlich: 80 Peitschen- bzw. Stockhiebe.

von die drei hundert stokprügel war ich befreit von mein Oberst aber mußte bleiben als Gefangener in der Kaserne bis zum Monat Juni, wo sich seine Unterthan auf dem Weg nach Triboli zu Kabis[152] wegen die schwehren abgaben Revoluzion machten wo er selbst mit seine Ganze Trupen hin Marschierte um Friedn zu machen, wo die vier Eskadron Kawallirie auch mit zu zehlten, da ich bei war die ganze Arme der Kawallerie wovon vier Eskadron zwei davon Ulaner, zwei Dragoner.[153] Diese Beuthe war uns alle ein große Freude und mir noch mehr den weil ich mein Kasern Arest dadurch entlassen wurde, es machte uns aber Keine Freude auf den Marsch, wegen die große Hietze von der Sonne, das wann wier unsere Hände auf die Säbel legten die Haut verbranten auch wegen Mangel am Waser, wann wier unser gefähsse voll machten so gleich warm war den noch dabei die Lebensmittel sehr schlecht unsere Nahrung bestand mehrstentheils aus grunen Pfefer oder Obstfrüchten, kein Tracktement bekomen wier nicht als bis wier wieder zurück nach unser Garneson kamen Ahmed Baschah war bei allen diesen nicht verzagt, Ließ seine Trupen in Fakis[154], Reiste von da mit einige von seine Minister und bedienten nach der Insel Gaerba zu Waser, und von da nach Gabis, wo er nicht mehr Manschaft bei sich hatte wie zweihundert von seine Araber, ließ sein Zelt im einen Garten aufrichten setzte sich auf sein Thron, ließ die Anführer von den Stamm rufen, sachte zu ihr, sie sollten sich nicht weiter geleisten mit ihm zuspielen, den sein Arm reichte von Abend bis zum Morgen durch sein ganzes Gebieth, ob er gleich nicht mehr Manschaft mit gebracht habe als wie zweihundert Mann, das währe reichlich hinlänglich vor ihm, gab einen wing nach seinen Baschhamba oder Polizeikumzarios welcher so gleich mit seine Diener zufaßte und in einer Menute sieben die Köpfe runter hatten und die übrigen in Ketten gefeßelt waren, hatte seine Trupen nicht nothwendig, besiegte den Krieg allein, machte Friede mit sie und setzte andere Hauptmänner ein, und kam nach ein halbes Monat wieder zurück.

Und nam sein Rückmarsch über Zahchel[155] nach Karwain[156], welche eine Hei-

---

152 *Gabes*: südtunesische Oasenstadt an der Küste, ca. 400 km südlich von Tunis–In der Tat war Gabes 1840 Ziel einer Strafexpedition.
153 Zu diesem Straffeldzug nach Gabes setzte Ahmed Bey seine Truppen Anfang Juni 1840 in Marsch.
154 *Sfax*, südtunesische Küstenstadt, etwa 270 km südlich von Tunis. Der tunesisch Chronist Ibn abi Dhiaf, der als Bey-Sekretär an diesem Feldzug teilnahm, berichtet, dass Ahmed Bey, nachdem er vor der öden, wasserarmen Strecke zwischen Sfax und Gabes gewarnt wurde, das Gros seiner Truppen in Sfax zurückließ und die Fahrt zur See mit reduzierten Kräften fortsetzte (Siehe Ahmed Ibn abi Dhiaf: Ithāf ahl az-zamān bi-akhbār mulūk Tūnis. Wa 'ahd al-'amān, Bd. 6. Tunis 1971, S. 73–76).
155 *Sahel*: Küstenstreifen und Hauptanbaugebiet der Olivenkultur in Mitteltunesien, in dem Sousse das Hauptzentrum ist.
156 Die Stadt *Kairouan* wurde von den ersten muslimischen Eroberern im 7. Jh. als ihre Basis für die weitere Islamisierung Nordafrikas gegründet. Jahrhunderte lang stand sie im Ruf einer der heiligen Städte des Islam. Bis zur französischen Eroberung 1881 blieb sie Nicht-Muslimen versperrt. Vorher konnten nur

lige Stadt ist, wo ein Jugendfreund von Mohamed begraben sei, über sein Begräbnis ist eine Große Kappelle gebauet es darf in dieser Stadt weder Christ noch Jude rein oder durchreisen. Er fragte aber [nicht] viel nach die Heilichkeit sondern, Marschierte mit seiner ganzen Arme durch wo Christen und Juden bei waren, die Heilige Einwohner wahren sehr unzufrieden, das ihre Heiliger Boden verunreinicht wurde. Lagerten uns eine halbestunde davon, kriechten zum zweiten mal eine Expedition mit seine Unterthan die in Zellten wohnten Hammame[157] genannt, wo die Kawallerie ausrücken mußte, wier bekamen unser verpflegung dreitage, bestand aus Sech runde Zwiebak. Maschierten gegen Mittag in der Gröstensonnen Hietze damit ab, und patrollierten sechtage und Nachte nach unsern Feind, ohne Brod und Waser, und ohne Gersten vor unsern Pferden, auch durften wier nicht mal absteigen nur in Großernothfall, oder wann wier ein wenich Waser antrafen um unser Pferde zudränken, wo wier uns noch drum schlugen. Die Arabische Schlagten seind nicht wie die Europäschen, den sechtentag des Morgens fanden wier unsern Feind, an einen Waser Reichen Platz, und viele weide, welches ein vergnüchter anblik von der Anhöhe war, von den vielen Zellten die alle auf eine Ebne standen. Wier hatten aber nicht viel mühe sie zugewinnen. Begrüsten sie mit einige Bomenschießn der sie aus den Schlaf erwachte, darauf wier auch gleich einen Sturmmarsch auf sie machten das in Zeit von zweistunden der ganze spasch geendicht war wo wier sech Tage nach sie gesucht hatten, die Hauptmänner nahmen wir gefangen, wurden den Bey vorgestelt wo fünf davon die Köpfe runter kriechten, und achtzehn, ein jeder Tausend stokprügel, und auf Galeera Zeitlebens, die übrigen wurde alles ihr Vermögen abgenomen, und der viertheil unter den Solldaten vertheilt.

Nach den kampf Marschierten wier nach unser Garneson Tunis zu rück. Kriechten unser Traktement auf die rückständige drei Monat, und auf vier Monat beuhrlaubt. Ich blieb in meiner Kaserne Dienstfrei, bis zum achten des Ramdhan als ein Minister von Keiser[158] geschiekt wurde und bragte ihm den Titel Moschier[159] Viezier Ahmed Bascha Bey von drei Rosschweifen, das war im Jahre (1840). Da ließ er mir fodern von der Kavallerie nahm mir an seine Resedens zum Schahter, welche Stellung eine sehr hohe und wichtige betrachtet wierd. Machte den Feierlichen Tag in seinen Großen vorhofe des Pallestes zu Bardo, wo er mit seinen Prinzen um geben war, auch wier zwelf Mann Shather standen Rechts neben ihm mit unsere

---

wenige Reisende (z. B. Fürst Pückler-Muskau im August 1835 und H. v. Malzan 1852) durch eine Sondergenehmigung des Beys die Stadt betreten.

157 *H'mamma*: damals als räuberisch und widerspenstig berüchtigter Beduinenstamm in der Steppenregion zwischen Sfax, Kairouan und Gafsa.

158 Gemeint ist der osmanische Sultan, der Oberherr der Beys von Tunis.

159 *mushîr*: Höchster militärischer Titel, entspricht etwa dem Rang eines Feldmarschalls. Diesen Titel erhielt Ahmed Bey vom türkischen Sultan per Firman vom gumada II. 1256 /Mitte August 1840.

Rothe neuen Uneformen mit Gold und Silber aus genächt, auch unser Säbel von Silber und über Goldet. Unter uns seine Mitglieder des Diwans, und alle großen des Reichs waren zugegen Die Ernennung ward von den Gesanten laut in Türkischer Sprache vorgelesen. Da die Feielichkeit in Monat Ramdhan stattfand so wurden die Gäste nicht, wie üblich mit Kaffe behandelt, verließen die Resedens nach einem gegebenen Zeichen.

[Eine lose Variante in K1 lautet:

»Im Oktober 1840 oder das Monat Radham [Ramadan] erhielt der Bey vom Soltan den Titel eines Muschier pascha von drei Roß schweifen. Der Bey nahm den Thron ein, der in den großen Vorhofe des pallastes zu Bardo aufgeschlagen war. Er war zu nächst von seinen prinzen, und den Scharfrichter umgeben welche Letzte Stellung als eine sehr hohe und wichtige betrachtt wird. Auch die Mitglider des Diwans und alle Großen des Reichs waren zugegen. Die Ernennung ward von den Gesandten laut in türkischer Sprache gelesen. Da die Feierlichkeit in Monat Ramdham stattfand, so wurden die Gäste nicht, wie üblich mit Kaffee bewirthet und verließen die Resedenz nach ein gegebenen Zeichen.«]

Ich blieb nun in der Resedens Bardo wohnen bekam mein guthes gehalt. Mein Eßen zweimal Täglich, aus der Küche von Bey, hatte den noch meine zwei Pfd Fleich jedentag Extra, und ein Scheffel weitzen, vier Pfd Seife jeden Monat, und jedes Jahr dreihundert und vier und achzig Piaster zu kleider, ohne die neben Solldung.[160] Dabei einen sehr leichten und propern dienst. So wurde ich nun auch späterhin bekannt in Tunis, suchte mich zuverheiraten wo ich die gelegenheit bald fand, nam die Schwiegerin von den andern Deutschen Shahter ein junges Mädgen von dreizehn Jahr die ich mir für fünfhundert Piaster Kaufte, doch aber wegen ihre Schönheit. Beschloß ich mir in Tunis in den Dienst von Ahmed Baschah mein Leben als Mohamedaner zu beschließen.

Eine lose Variante in K1 lautet:

»Als ich mein Dienst bei dem Sidy Ach-Med Bascha Bay als Thron-Garde Eingenomen hatte im Jahr 1840 den 8 Oktober, so bekam ich bald eine Suma Geld von 600

---

160 Gemäß einer von A. Martell angeführten Gehaltstabelle im Hinblick auf Ahmed Beys Armee entspricht der genannte Betrag in etwa dem Jahreseinkommen eines Unteroffiziers im Rang eines Feldwebels, welcher (um 1846) mit »neben Solldung« ca. 580 Piaster erhielt (um 1840 galt eine tunesische Piaster ca. 0,80 Francs), zuzüglich 4 Pfund Seife monatlich und ein Pfund Fleisch täglich.

piaster, preush 100 und 20 Thaler, da kaufte ich mich schöhne Kleidung. Ich krichte Ansehn bei viele ordenliche Männer so das sie mich als Eidam nehmen wollten, so gahr eine kosine von die Frau des Sidy Muhmed Bay both mich ihre Hand an. Es war aber ein Hamburger, sein nahme, Viereck auch von der Fremden Legion, aber einige Jahre früher nach Tunis gekomen als ich, welcher auch als Thron Garde diente der war Verheirathet, daher machte mich jeden Anschlach leid, so das er mich mit List in sein Haus brachte und nahm die Schwester von seine Frau, ein Mädgen von 15 Jahr, aber sehr Schöhn. Ich Bezahlte gleich eine suma von 50 piaster zur Verlobung, und den Sedaik (Trauzeichen) zu schreiben das war im Januar 1841 Nachmittag um 3 uhr, ließ er zwei Notar in sein Haus komen und ein Schaus von Dar-el-Bascha, mit zwei Silberen Meser in sein Gurth«

Johan Gottlieb Krüger
oder
Genannt Mohamed ben Abdollah

[Ehedrama und Scheidung – Sozialer Abstieg]

Nun fing ich als Ehe-Mann an zu Leben, nach.9. Monath war ich Vater vom ein Sohn, das Kind lebte 1 M. 17. T. und Starb das Jahr 1842 ging vorüber im Jahr [18]43 wurde sie wieder Schwanger und Gebahr mich eine Tochter die lebte 3 M. und folgte auch ihren Bruder nach. So lebten wier 3 Jahr sehr Vergnügt und in eine ehrlichen Ehe. Jetzt Thraten wier in das Jahr [18]44, den 3 Jauar berdete ich meine Tochter, und ging den 4ten nach Hamdya[161] *wo der Bay ein großes Lager hin legte*

---

161 *Muhammadiya*: Ort ca. 30 km südwestlich von Tunis. Hier beschloss Ahmed Bey, zumal nach seiner Frankreichreise 1846 und der Bekanntschaft mit Versailles, seine Residenz und einen Haupstützpunkt seiner Armee zu errichten. Am Ende seiner Regierungszeit und erst recht nach seinem Tod 1855 fiel die mit großem Aufwand und unverhältnismäßiger Verschwendung gebaute Anlage dem Verfall anheim. Um 1870 besichtigte H. v. Maltzan den Ort (wieder) und notierte, von Tunis kommend: »Ein zweistündiger Ritt führte uns über ein meist fruchtbares, aber ungepflegtes Weideland nach dem modernen prachtvollen Palast, welchen Ahmed Bey hier erbauet hatte, und in dem auch dieser Fürst, welcher zur Zeit meiner ersten Reise (1852) regierte, fast immer wohnte. Es wäre jedoch unnütz, dieses Werk eines Augenblicks beschreiben zu wollen, ebenso unnütz, wie die Beschreibung eines Kartenhauses, denn einem solchen gleich war es auf die Laune eines Fürsten entstanden und ist es jetzt durch die Laune eines andern Fürsten dem vollkommensten Verfall geweiht. Als eine Ruine, mit zerfallenen Kuppeln, eingestürzten Wänden und Dächern, im Innern durch Raubsucht der Beamten nicht nur aller Möbel, sondern selbst des Getäfels, der Tapeten, der Fensterrahmen beraubt, sollte ich es im Jahre 1868 zwar wiedersehen, aber nicht wiedererkennen.« (Reise in den Regentschaften Tunis und Tripolis 1870, Bd. 2, S. 13 f.)

weil ihm Krieg mit Sardinien[162] *angesacht war wier blieben in Lager 6 Monath, das ich mich über mein Haus nicht viel Bekiemern konnte, auch die Eltern gefiel das, dass ich nicht zu Hause wahr, um mit ihre Tochter Liederlichkeite zutreiben das sie ihr Geld verdiente das sie sich alle Ernähren konnten.*[163] *Als das Lager im Monath May Auseinander gieng, und ich wieder nach Tunis in mein Haus kam fand ich die Sache gans Umgekehrt, da wurde die ehe Unehrlich und Unzufrieden das viel Zank und auch manchmahl Prügelley gab. Ich wurde dadurch auch sehr Liederlich und gewöhnte mich zum Trank, so das sie mich damit in ihre Gewalt hatten, Wein und Brandwein konnte ich nicht vertragen, aber den Verrückten Bösartigen Rum der wie Gift durch das Hertz lief, das war mein liblings Getränk, so Führte ich das Leben in der Liederlichkeit beinah zwei Jahr, Tag und Nacht besofen Außer dem wann ich Dienst vorm Bay hatte, das ich da die paar Stunden nichtern wahr. Ich hätte sie gerne den Scheidebrief gegeben welcher mit gar keine Gerichtliche Unständen verknüpft ist hier bei uns, aber ich war mit ihr in Schulden verbunden, das dass Geld nicht Bereit lag sie zu Bezahlen.*

Es kam aber doch die Zeit das ich Einmahl sehr Betrunken zu Hause kam und war daß Leben Mühde das war den 22 August 1846 ich machte aber kein Streit oder zank Legte mich in meine Betrunkenheit nieder bis den Andernmorgen auf den Freitag den 23 August. Da kam sie dann auch von ihre nächtliche Schwärmerey zu Hause, Gott sei Dank das sie auch nichtern wahr, da machten wier uns beide in Reihe ohne Zank und Streit, weil wier uns Vereinigt hatten, holte ich zwei Notar, die Schrieben ihr den Scheidebrief. Lob Gott den Herrn die Ganze Weldt wier Beten zu Gott und auf unsern Prophet Muhamed. Nachdem, Scheidet der bekannte Sohn vom unsern Herrn Bay der sein Dienst hatt in die Bardo als Schather, Muhamed ben Abdollah Nimsy Mamaluk seine Frau, die Tochter Baba Aly ben Mostafa Türky mit sein Mund die Scheidung giebt seine Frau war Gegenwährtig, sie hat Eingestanden

---

162 Um die Wende 1843/44 kam es zu einer Krise zwischen dem Beystaat und dem Königreich Sardinien. In Folge einer Dürreperiode erließ der Bey unvermittelt ein Ausfuhrverbot für Getreide. Der sardische Konsul erhob wegen vermeintlichen Vertragsbruchs Protest und verließ, als er kein Gehör fand, das Land ohne den Bey zu benachrichtigen. Das fasste dieser als Kriegserklärung auf und ordnete eine Generalmobilmachung an. Nach mehreren Monaten »befreite der Bey«, so der Chronist Ibn abi Dhiaf kritisch, »die Soldaten von ihrer Kasernierung in Muhammediya, nachdem hierfür beträchtliche Summen verwendet wurden, die das Königreich zusätzlich erschöpft und seine Not weiter verschlimmert hatten.« (Ahmed Ibn abi Dhiaf, Ith☒āf ahl az-zamān bi-ahbār mulūk Tūnis 1971, Bd. 6, S. 111ff.)

163 Das Drama, das sich hier enthüllt, wonach Krügers Schwiegerfamilie derart verarmt, dass sie die Tochter in die »Liederlichkeit«, also in die Prostitution, treibt, ist symptomatisch für eine zeittypische Entwicklung in der tunesischen Sozialgeschichte des 19. Jahrhunderts, die wesentlich mit dem tiefgreifenden Wandel im Europa der industriellen Revolution einherging. Besonders seitdem sich die europäische Übermacht mit der Einnahme Algiers 1830 im Maghrebgebiet stärker behauptet hat, erfuhren das traditionelle Wirtschaftsleben und die sozioökonomische Situation im maghrebinischen Tunesien eine derartige Erschütterung, dass Pleiten, Verarmung und sozialer Absturz an der Tagesordnung wurden.

das sie in keinen Familien zustand ist auch die Suma von 100 Piaster, die ihr ihrer Abgeschiedener Mann noch nicht Bezahlt hat will ich mich alle zwei Monath von das Traktamenthaus holen bis ich Bezahlt bin, aber die Suma von 300 Piaster soll er mich nach 6 Monath aus Zahlen.[164] *Dann Befreiete ich sie ganz von mich das sie kein keine Stunde in meine Gewallt mehrstandt sonst ist es der satz das eine Abgeschiedene noch 2 M[onate] u. 10 T[age]unter die Gewallt ihren Abgeschiedenen Mann steht.*[165] *Ich Bezahlte die Notar 1. Piaster 8 Sgr. Das war viel von mich, bei Armere nur 2 oder 4 Sgr. Sie Verdeckte sich dann nach die Scheidung wie vor ein Fremden weil sie jez geharrmet*[166] *war. Man kann sie auch gleich bei der Ersten Scheidung, wenn man es sagt 2 bis 3. M. Scheiden aber bei 1 du. 2 M Scheiden kann man die Frau wieder Zurücknehmen, aber das dritte Mahl nicht mehr, da muß sie in Zwischen ein Mann gehabt haben der sie Geschieden hat und ihre 2. M. 10. T Überstanden hatt da kann sie der Ehrste wieder Zurücknehmen das Wortt ist Leicht zu sagen, bei dem mehrsten Araber bei jedergelegenheit aus dem Mund Gestoßen wird. Ha-Ram Teläta vy Teläta*[167] *drei Mahl geschieden welche die das in der Übereilung hin sagen und die Frau ist Finatesch oder hatt ihren Mann nicht gerne der muß ihr dann mit Gewalt die Scheidung geben. Machmahl wird es ihm auch Leid und die Frau auch dan suchen sie sich zu Versöhnen mit ein andern Mann der Etwas Geld in die Hand gestochen kricht der geht dan hin und laßt sich mit ihr dem Sedaik Schreiben und auch mit ihr bis aufs Bett gehen, und die Thür hinter sich zumachen, aber den Andernmorgen muß er sie Scheiden laßen wenn es in sein Belieben steht, sochen Stellvertreter heist man Täis*[168]*, bei jedergelegenheit wird er immer Täis gerufen, oder du hast den Tais gemacht, was dann wieder Eine Schande ist. Ich nahm meine Sachen und zog in eine Herberge (Lokelle-Schama-Zaby taba*[169]*) lebte dann sehr Vergnügt gewöhnte mich von das giftige Getränk den Rum, nach und nach ab Bekimerte mich wäder um Frau noch Familie, denn weil ich keine mehr hatte. Es befand sich*

---

164 Es geht hier zunächst wohl um die nachträglich zuzuzahlende 100 Piaster-Rate vom *naqd*, dem bei Eheschließung vereinbarten Brautgeld. Bei dem ferner erwähnten Betrag in Höhe von 300 Piaster dürfte es sich um eine Scheidungsentschädigung handeln, die in der Regel auch im Ehevertrag festgelegt wird.
165 Gemeint ist wohl die sog. '*idda*, die »gesetzliche Wartezeit der Frau nach Auflösung der Ehe durch den Tod des Mannes oder durch Scheidung bis zur Wiederverheiratung« (H. Wehr), um eine Schwangerschaft aus der früheren Ehe auszuschließen. Im ersten Fall beträgt sie vier Monate und zehn Tage, bei Scheidung drei Monate und zehn Tage. Bis zum Ende der '*idda* steht der Verstoßenen noch Wohnrecht zu.
166 Aus dem Arabischen *haruma*: verboten sein, unerlaubt sein.
167 Die dreimalige Wiederholung der Verstoßungsformel, die die endgültige Scheidung (*talâq*) ausdrückt.
168 *taiyess*: männliche Person, normalerweise von geringem Stand oder geistesbehindert, die man für eine Scheinehe zur Annullierung einer »dreifachen« Verstoßung gegen Lohn in Dienst nimmt.
169 *Ukâlat ĝâma ›sâhib at-tâba‹*: Herberge bei der Sâhib at-tâbaa-Moschee im Halfaouin-Viertel in der Altstadt von Tunis.

ein Missonar hier, sein Name habe ich Vergessen[170]*, der fand einige Bogen bei den Misonar Daives*[171]*, die ich von meine Reise ehe ich nach Tunis kam Geschrieben hate, dem machte das Intrasant, ich war Fleißig und fing mein Lebenslauf von forne an zu Schreiben. Er hat mich auch da führ Vergütigt.*

[Verwicklung in eine Mordaffäre]

Im Monat Jauar 1847, Es war den Tag kalt und Regnete sehr, sas ich und Schrieb in meine Stube, da thrat die Abgeschiedene rein, Elendich und Nas von Regen, bath mich das ich sie sollte wieder Zurücknehmen sie konnte sich nicht Ernähren, ich Bewilligte das Anerkennen halb und halb. Schenkte ihr aus Mittleiden 10 piaster frug ihr nach das Haus wo sie Wohnte. Versprach ich ihr das ich kommen wollte und sie wieder Zurücknehmen wenn du das Liederlicheleben wierst Einhalten, sie sachte mich das sie sich schohn Längst gebeßert habe, und ging mit thränenden Augen fortt, das machte mir auch sehr Wehmüthig Erinerte mich das wier zwei kinder begraben hatten was unser Fleisch und Bludt war, ging nach ihr Haus, und Beschloß mich meine Zweite Heirath noch mit ihr denselben Abend zumachen. Ich war aber kaum in ihr Haus und Stube getreten da Bemerkte ich in ein ander Zimmer ein Soldath von die Marin was ihr Liebhaber war, der schliech sich aus dem Hause raus. Die Sache war nicht Richtig, da mußte was Böses hinten drein Stechen, sie war aber sehr Freundlich mit mich und wollte mich Fest halten, Wahrscheinlich bis er wieder kam, und mein Bludt trinken wollten. Mein bludt Trank der Mörder nicht, aber denselben Tag fährbte er seine Hände roth mit dem Bludt vom ein Isralíten. Ich hatte kaum 5 oder 10 Menuten gesesen da kam mich der Schauder in alle meine Glieder, und das Haus war vor mich wie eine Mördergrube. Sie Bemerkte das, an mir, ich wollte gehen aber sie hielt mich fest bey mein Barnus[172] *und sachte wenn du gehen willst so geh, aber dein Barnus laße ich nicht, ich ließ Verließ ihm Ungärne er war*

---

170 Wahrscheinlich ein Angehöriger der anglikanischen Mission zur Bekehrung der Juden, welche seit 1832/33 durch den bekehrten Deutsch-Juden Christian Ferdinand Ewald im Auftrag der »London Society for Promoting Christianity amongst the Jews« in Tunis eröffnet wurde. Zwangsläufig wurde diese Stelle von Anfang an auf den Abtrünnigen, zudem evangelischen Krüger, und seine Schicksalsgenossen aufmerksam (Siehe Ewald, Anhang II. Zu Ewald in Tunis: Mounir Fendri, Kulturmensch in ›barbarischer‹ Fremde 1996, S. 174–189).

171 Nathan Davis (1812–1882), ein bekehrter polnischer Jude (vgl. M. E. v. Schwartz, Blätter aus dem afrikanischen Reise-Tagebuch einer Dame 1849, Bd. 2, S. 248), leitete als Nachfolger Ewalds die anglikanische Judenmission in Tunis von 1841 bis um 1855. Neben der geistlichen Tätigkeit widmete er sich während des tunesischen Aufenthalts der antiken Archäologie. Sein Buch »Carthage and her remains« (London 1861) erschien deutsch in Leipzig 1863.

172 *barnûs*: Burnus, eine Art Mantel aus heller oder dunkler Wolle mit Kapuze.

[Flucht aus der Fremdenlegion – Aufnahme bei den Kabylen – Bekehrung zum Islam]

Abb. 19: Straßenszene im volkstümlichen Halfaouine-Viertel in der Altstadt von Tunis, in dem Krüger gelebt hat.

von schwartz tug hatte ihm ehrst neu Gekauft, kostete mich 100 und 17 piaster, doch sachte ich meine Seele ist mir lieber als der Barnus, jmer steht mir das noch vor Augen da ich unten an der Treppe stand, und sie oben mit mein Manthel vor sich zu liegen so sprach ich von Polezey, da warf sie mein Eigenthum zu mich. ich war geschwind aus ihr Haus und nach meine Lokelle173 wo ich Wohnte machte mich ein Kasse und sachte Lä El lä Hä jl laAllh Muhamed Rasol-allh[174] das ich wieder in meine Lokele war, das alles war kaum in eine Halbestunde geschehn. Jetz zurück nach dem Israeliten.

Es war Nachmittag zwischen 3 und 4 uhr auf Mittwoch, da wurde der Himmel klahr und die Sonne kam zum Vorschein. Hier in Tunis haben die Juden die Erlaubnis ihre Wahren in den Mehamudanischen Häuser zu verkaufen und Schreien sie auf die Straße aus. Da kam ein Jude mit sein Korb voll Wahren, wurde in das Haus wo ich gewesen war, ein gelaßen, das die Weiber von ihm kaufen wollten sie waren ihrer drei, und der Soldath war der Vierte und der Arme Jude war allein, von der Zeit ist es verbothen worden das kein Jude nicht Allein mit Wahren in ein Arabisches Haus gehen darf sondern jmer mit zweien wo nicht drey da packten die

---

173 *ukâla*: Herberge, Pension.
174 *schahâda* : das muslimische Glaubensbekenntnis.

Weiber wie gewöhnlich bei Kaufen und Verkaufen den ganzen Korb aus, bis unten auf das Geld was der Jude den Tag über Verkauft aus Gesamelt hatte, nach die Aussage soll er ein Weckzel von 700 piaster Eingezogen haben da nun der Soldath von das Geld die Augen verblendet wurden nahm er dem Zathor[175] *ein Fleisch messer und hieb den Jude damit über die Schädel das er in Bludt schwam, weiter nahm er das sogenante Eisen und Schnitte ihm damit die Gurgel durch nam ein stück Leinewand und wickelten den Leichnam drein stachen ihm in denselben Korb wo die Wahren drein gewesen waren und ließen ihm ins Haus bis in der Nacht die Weiber Waschten das Bludt fortt, da es nun Finster geworden war und schwartze Wollken mit Regengüsse da nahm der Mörder dem Leichnahm verband ihm noch mahl mit ein stück Leinewand das daß Bludt nicht durch kam, dann nahm er ein strick befestigte es an den Korb und stig mit das ende in der Hand auf die Terose, er zog oben und die drei Weiber stießen von unten nach bis er ihm in seiner Gewallt hatte so brachte er ihm über 5 Häuser. Von Teraß zu Teraß da ließ er ihm in den Kanal wo der Unrath aus die Stadt rein Fließ, runterfallen. Er nahm das geld und machte sich den Donerstag morgen früh nach die Golette auf sein Schieff was Bereitet war nach Alexzander zu Seegeln ist aber nicht mehr wieder gekomen, auch die drei Weiber verließen das haus in aller Früh, die eine war die Schwester – die ander kannte ich nicht. Es morgens fand man den Erschlagenen Leichnam in sein Korb gestochen in den Unrath, die Eltern kamen und Wainten, auch die Brauth mit die er Verlobt war und in wenich Tagen sich Verheirathen wollte kam auch mit ihren Eltern und machten ein Jamergeschrei, aber Niemand war der Erkundigung geben konnte wo der Mord geschehen war, den Sonabend wurde es den Bay gemeldet, der gab Befehl den Schaich Arbad*[176] *Burgemeister in der Vorstadt, in den nahestehenden Häusern wo der Mord geschehen war, Gnaueuntersuchung halten es wurde gesucht aber nichts kam zum Vorschein, aber in dem Haus wo der Mord Geschehen war, wurde keine Untersuchung gemacht, warum da weis ich nicht. Neben das Bludthaus wohnte zwei Alte verheirathete leute die wurden gepackt und den Bay vorgestellt, der Bay sachte wenn die den Mord begangen haben, so hab ich es auch gemacht, laßt sie gen und bringt mich die Mörder.*

Es vergingen 5 Monath nichts kam zum vorschein der Soldath war fort, die ich gehabt hatte lebte mit ein Badman aus Lamsab[177] *der war ein Französischer Unterthan zusamen, so kam die Geschichte bei nahe in Vergessenheit, die Schwester*[178]

---

175 *sâtûr*: großes Fleischermesser.
176 *Scheikh ar-rabadh*: Vorsteher eines Stadtviertels.
177 Ein Bader aus der *M'zab*-Gegend in Süd-Ost Algerien.
178 Über diese Schwester und die übrige Familie von Krügers Frau siehe G. Scholls Bericht unten, Anhang III.

ging mehrere Tage auf den Markt und verkaufte die Bludt erworbenen Sachen da auch nichts von Raus kam, die hatte ein 6 Jähriger Sohn der war früher jmer bei mich gekomen, jetz aber nach die Ermordung lange nicht gekomen war, so kam er wieder die Mutter hatte ihm Hosen von dem Jude pasend gemacht, ich nahm ihm auf mein Schos und sachte zu ihm warum das er Jüdische Hosen an hatt, hatt den deine Mutter kein Geld das sie dich kann andere Hosen kaufen, sagte er, du weis nicht daß das die Hosen sein von den Judn dem Haisch Machmod hat Todtgeschlagen vorgester Abend, und meine Mutter hat mich seine Hosen pasend gemacht, und weist auch nicht das meine Mutter alle Tage auf den Markt geht die wahren die sie sich Getheilt haben und Machmod hat das Geld genomen und damit nach die Golete hin und wird Rum Kaufen davon und, was hast du den Bekomen, ich, sachte er, hab 4 Nasser[179] Bekomen hab mich brod Gekauft, ich gab ihm noch 4 Nasser zu um mich alles zu Erzahlen was ich geschrieben habe, dann auch ihr Schwester Mann der Hamburger, der mich auch alles so Erzählte wie das Kind als wenn er dabei gewesen währe der machte sich aber bei Guthenwetter aus den Staub. Flüchtete sich ins Französche Kunselhaus und wurde nach Bonna geschickt da ich Später hin von ihm höhrte das er 15 Jahr als Trapo[180] bekomen hatt, weiter durch seine Gutheäußerung hat er noch 10 Jahr zubekomen. Mir war es nicht, die Leithe weiter ins Ungelück zubringen, sondern mein Weckzel von die 300 piaster den ich geschrieben hatte zu bekomen, ich hatte kaum drum Angefragt, da nahm der Limsabe das Weib und ging mit ihr in eine Moosche ließ ihr den Sedaik schreiben. Jetz war sie eine Frau und keine --- nicht mehr, wann ich jetz noch was von ihr Verlangte so musste ich mich zu ihren Mann wenden, also bekam ich den Weckzel nicht.

Das verging ein Jahr bis [18]48, da gab sie ihren Vater dem Ermordeten Juden sein Barnus, um seine Löhnung zuholen. Kaum war er an das Haus gekomen da befand sich die Mutter von dem Umgebrachten Jude, die kannte den Barnus, fing an zu Schreien und zu Weinen: das ist mein Sohn sein Barnus, der Geruch von mein Sohn ist noch drein und ist gezeichnet mit weise Seide hintem am Hals so wie sie es gesteck hatte, wurde es auch gefunden, der Alte Türke wurde in dem Augenblick Fest gesetz. Sein Tochtermann machte sich gleich ein Atfokath[181] und war in einer Stunde zum Thore raus, über die Berge geflogen und bis jetz noch imer Verschwunden. Sein Atfokath was auch ein Limsabe war, wurde auch gleich Gepackt und ins Kunßel Haus fest gesetz, aber er Bezahlte um demselben Tag noch Frei zu komen 600 piaster,

---

179 *nâsrî* : ehemalige tun. Münze, galt 1/52tel vom *riâl* (Piaster), der Haupteinheit des damaligen Währungssystems.
180 Drapeau : Fahne. D. h.: als Fahnenflüchtiger / Deserteur.
181 Advokat.

also kamen die Kläger vor den Bay, der Türke wurde geholt, der Atfokath auch, der Bay frug dem Alten, wo er den Barnus her bekomen hatt der Türke zeichte auf dem Limsaby, der Limsabe bestand drauf das es sein Barnus sei er habe ihm vom Markt schohn über 6 oder 7 Jahr gekauft, und das Zeichen, wie, sachte der Limsabe es giebt mehr solche zeichen, da sachte der Bay sie solten Zeugen bringen der die mehrste Zeugen hat den gehört der Barnus, der Alte Türke kam Frei, die Kläger und der Verklagte gingen nach Tunis und suchten Zeugen, der Limsaby bekam so viel Zeugen, das alle Kohle, u. Holtzhändler und Badleuthe und Kaufleuthe zeugen waren, die Juden konnten nicht so viel zeugen auf Treiben als der Limsabe, also blieb der Barnus den Limsaby sein Eigenthum, so viel das Gerieçht aus, und Alles wahr Frei. Ich war so lang frei gewesen, aber jetz sollte ich auch mein Theil bekomen, wurde Verklagt, um die 300 piaster die ich ihr noch nicht Bezahlt hatte, Ich habe sie nie Bezahlt, Gott Seegene den Misonar Herr Davis ihm und seine Kinder war wie mein Flegevater, wenn mich Etwas for kam Guttes oder Böses da wannte ich mich gleich zu ihm, dehm hatte Alles vom Anfang bis zu Ende in Erkenntnis gesetz. Ich war eine Zeitlang nicht bei ihm gewesen, um, wegen den oben Gnanten Prozes, und auch das ich mich wieder Verheirathet hatte. Er hatte gehört das ich in Streit war, und auch verklagt beim Bay, der gutte Mann schieckte sein Schulmeister[182] das er mich suchen sollte, denn es war ihm Benachrichtet worden, das ich mich ins Französische Kunselhaus[183] gepflichtet hatte, was nicht wahr war, der Bothe fand mich in die Dämerung, den Andern Tag um 10 uhr ging ich zu ihm. Er war sehr Unzufrieden mit mich, und sachte mit hoher Stimme, warum: das ich ins Kunsellad gelaufen währe, kennen sie mich nicht: und, Warum sein sie gestern nicht gekomen, ich s[a]chte, es war schohn dunkel gewesen und ihre Hausthühr war zu, das macht nichts, Erwiederte er, wenn ich komme 12 uhr Mitternacht, klopfe an und er höhrt meine Stime wierd er mich die Thür Aufmachen, ich Küste ihm die Hand und Bedanckte mich führ die Anerkante wohlthat Überreichte ihm den schriftlichen prozes, wie er Ausgefallen war, sah drein, schrieb ein paar Zeilen am Französischen Kunsel der mich durch sein Troggemann[184] Verklagt hatte um die 300 pst.[185] Also war ich durch seine

---

182 Die anglikanische Mission in Tunis hatte damals eine Schule eingerichtet.
183 In einem Brief an den zuständigen Minister in Paris vom 14. April 1848 schreibt der französische Consul (de Lagau): »Un des gardes du corps du Bey, autrefois Chrétien, désirant retourner à son ancienne religion, vient de se refugier dans ce Consulat Général et de me prier de le faire passer en Algérie; demande à laquelle je lui ai promis de satisfaire.« Wenn nicht Krüger, könnte sich bei dem Asylsuchenden um seinen Kollegen und Schwager, den Hamburger Vieweg, gehandelt haben.
184 Entweder aus dem Französischen *drogman* oder dem Arabischen *turgumân*: Übersetzer, Dolmetscher.
185 Als *Mzabi*, also Ostalgerier aus dem *Mzab*, stand der Mann von Krügers ex-Frau unter dem Schutz des französischen Konsuln.

[Flucht aus der Fremdenlegion – Aufnahme bei den Kabylen – Bekehrung zum Islam]

Hielfe auch Freigekomen. Der Herr Daives hatt noch viele andere Gefehllichkeiten vor mich gemacht, wo ich stets sein Unterthan bleibe und Danke ihm Vielmahl.

[Zweite Ehe – Geldfälschungsaffäre und Gefängniselend]

In der zweiten Ehe fand ich eine Kluge und Brave Frau, die, wie Salemon sagt eine Kluge Frau Bauet das Haus, aber eine Närrin verstöhrt das Haus. So wahr die Erste, die Verstöhrte mich, und die zweite Bauete mich, das ich durch ihr ein ganz ander Mensch wurde. Es ist in der Wahrheit, eine Tugensahm Frau ist die Religion vür ein Mann, aber ein Röligeser Mann ist keine Tugend vür eine Gottlose Frau, denn er wierd durch ihr Liederlich. So lebte ich in die zweite Heirath in zu-Friedenheit.
Im Jahr 1850 kam hier ein Littgraf aus Koblenz Joseph Bepper war sein Nahm[186]*, der Arbeitete bei den Herrn Abbe Burgade.*[187] *In die ehrste Zeit wahr ich ihm Behielflich in die Arabische Buchstaben, und fing an die Steine auf Arabisch zu schreiBen ich wurde sein Drucker, und Arbeitete wenn ich kein Dienst hatte, machten Tausend-Bücher auf Arabisch es hatt den Titel – Karthaschenet von drei Geistlichen zwei Islam und ein Bischoff.*[188] *Wier wahren Fertig den 6. Febr. 1851. Der Herr Abbe reißte nach Algier.*[189] *Bevor er forttging, nahm er ihm die Prese und all das sämtliche Geräth was zu die Littigraf gehört, ab. Jetz war er in Verlegenheit, und Reiste mit dem Oestereichschen Kunsel sein Bediente ein Böhme, Johan, nach Nabel,*[190] *zu ein Jerusalemer Jude, Israel, der da Wohnhaft ist, ein Grafier der Johan kam den 6 tag, wieder Zurück, der Pebber blieb in Nabel bis zum 21 May, da kam er wieder zurück nach Tunis. Ich ging dan den 23 May nach Hamdiee*[191] *bis zum Dienstag.*

186 Tatsächlich erscheint das arabische Buch, worum es im Folgenden geht (siehe die beiden nachstehenden Anmerkungen), mit dem Vermerk (in arabischer Sprache): » Beendet mit Gottes Segen und gütiger Hilfe im Jahr 1266 / Lithographiert [vom] Gottesfürchtigen Yussuf Bbr«.
187 François Bourgade (1806–1866), von 1840 bis 1858 Leiter der katholischen Kirche in Tunis. Er gründete in der Innenstadt (Rue Sidi Mordjani, Impasse al-Babbas) ein »Collège St. Louis«, in dem er auf eigene Kosten eine lithographische Druckerei einrichtete, um die arabische Übersetzung seines polemisch-apologetischen Werks »Soirées de Carthage« zu drucken. (Vgl. M. Chenoufi: Le problème et les origines de l'imprimerie et de la presse araben en Tunisie... Diss. Paris IV, 1970 (Lille 1974).
188 Bourgades Werk *Soirées de Carthage, ou Dialogues entre un prêtre catholique, un muphti et un cadi* (Paris 1847) besteht in Abendgesprächen (im emblematischen Ort Carthage/Karthago) zwischen geistlichen Vertretern des Islam und des Christentums.
189 Zur Stützung von Krügers Darstellung bietet sich folgende Stelle an: « A quelle époque a cessé d'exister la lithographie de l'Abbé? Fonctionnant encore en 1851 [...] elle aurait été supprimée un peu plus tard à cause de l'émission de faux billets lithographiés en l'absence de l'Abbé Bourgade. » (E. Pellissier de Reynaud: Annales Algériennes. Paris/Alger: Librairie Militaire/Librairie Bastide 1854, S. 116.) Siehe auch M. Chenoufi, S. 112.
190 Die Stadt *Nabeul*, etwa 60 km südöstlich von Tunis.
191 *Muhammdiya*, Ahmed Beys Residenz, ca. 30 km westlich von Tunis.

Denn andern Morgen fand ich alle meine Landsleuthe, Pebber, Johan, und Leho, fest Gesetzt ein jeder in sein Kunsellad, wo er zu gehörte, der Israel kam auch von Nabel, ich packte ihm an von meine 300 Piaster, die ich ihm Geborcht hatte, Verklagte ihm bei sein Kunsel er war Oestereicher Unterthan, der hielt ihm auch gleich fest und setzte ihm ein, Zuder Zeit hatte der Bay das Papier Geld hier auch Eingeführt,[192] ein Schein von 50 bis 100 auch 200, der Littegraf soll, wie man sacht, seine Kunst auch Bewiesen haben und die funziger Scheine nach Gestochen, weil die Untersuchung in seiner Wohnung gemacht wurde, hatt man 50 Falschen und ein Guten gefunden.

Da sie Alle meine Landsleuthe wahren so wurde ich auch den 12 Juny 1851, fest gesetz, in Hämdiee wo der Bay Resedirte. Da war ich in die gröste Angst, die ich je in mein Leben gehabt habe, ich wuste nicht wie das Gericht Ausfalln wurde, oder was ich sagen sollte wenn ich Verhöhrt wurde, denn ich hatte mit die ganze Sache nichts zu Schaffen gehabt, aber das ich bei ihm Gedruckt habe durfte ich [nicht] Leuchnen den das war Überwiesen, weil ich machmahl Etykets machte, und Lieferte sie ab an die Christen die Rum Verkauften, den eine Prese wollte der Bay nicht Leiden, so konnte er mich mit ein Strengesgericht bestrafen, nicht wegen die Arbeit nur als Beamter von ihm. Die Strafe konnte Ausfallen, wen ich Verhöhrt wurde, durch Handabschneiden, oder tausend Ruthenhiebe und aus Tunis fortt gegacht. Ich kam zu kein Verhöhr, auch meine Landsleuthe bekanten nichts, den der Johan Bestand drauf das er die Scheine Gekauft habe, von ein Fremden Europäer sie mußten bleiben in Arest, bis sie aus Tunis geschieckt wurden, das dauerte 7 Monat. Ich wurde fest gehalten 6 Mo. Und 9 Tage da kam ich frei. Niemand hat mich zum Verhöhr gerufen, auch der Bay selbst nach einer vier Monatlichen Aufenhalt in Arest wurde ehrst in Erkentnis Gesetz.

Hier ist der Gebrauch, die jenigen die in Gefängnis sitzen und haben Niemanden der sie Anmeldet, das sie sollten in Vergessnheit kommen, da ist eine Extra Frau zu das Amt bestimt die den Bey Erinnern muß, und muß Ansagen warum der Gefangene ins Gefängnis ist. Entweder er komt dan Frei oder noch nicht. Sie macht auch Täglich eine Runde bei die Gefangenen, um sich Erkundigung zu holen warum und, wie lange das man fest sietz, durch diese Frau hatte ich mich drei mahl Melden laßen, das Erste mahl hatt er sie nicht Verstanden, den sie kam zuspät ins Gericht, weil sie die letzte nach die Kläger ist. Das zweite Mahl hatt er ein Todesurtheil zuvollenden, das war ein Leutenanth aus Kairawon, der ein Mord begangen hatte es war ein Schöner junger Mann, der Bay wolte ihm von Todt befreien, aber der das Ermordete Bludt zu fordern hatte der wollte nicht, der Genral, Ulde Marabet wolte, Allein, 20,000

---

192   In dieser Zeit wurde das Papiergeld eingeführt und zu diesem Zweck von Ahmed Bey (per Dekret von Juli 1847, erstmalig) eine Druckrei eingerichtet.

Piaster geben, und der Bay auch so, der Bludtfreud verlangte kein Geld, sondern Bludt für Bludt, und sachte wenn ihr mich hier auf dieser Weldt vom euern Thron kein Recht nicht giebt dann bekome ich's, an den Tag wann die Todten Auferstehen, und vor Gottes Gerichte stehen, mein Recht vor dem Thron Gottes, und ihr seind die Stellvertreter, der Bay strich sich sein Baart, und Kontenierte zum Todschiessen. Sprang zornich von sein Thron, höhrte nicht was die Frau von mich Meldete. Aber nach ein halb Monath Meldete sie mir das dritte Mahl, da frug den Baschambe[193], was das fier ein Schathar währe, der sich so Viehlmahl Meldete um Freizukomen. Da thrat der Wachthuende General vor ihm hin, und brachte seine Meldung an; Er sachte zum Baschanbe, er solte mich sagen, ich Soll Gedulth haben Er würde mich Frei lassen ohne eine Strafe, und Zwahr bei der Erstangelegenheit wenn meine Landsleuthe ihre Strafe Zudiktiert wehre. Es vergingen noch zwei Monat, da Meldete mich die Frau wieder. Lob Gott[194] dem Herrn die Ganze Weld. Nach dem Befreien unsern Sohn, Muhamed ben Abdolah Schathar aus dem Gefängnis, jahr 68 – 200 – 1000. 1268 im Monat Asfar den 16 Tag, Chr. Den 25 Nofenb. 1851.

Das Leben in Gefängnis

Von den Tag an, da die geldmacher wahren Festgesetz, wurde es mir Unwohl zu Muthe, und Forttwehrend in Angst lebte ich wuße das ich Freunde[195] hatte, die mich zum Gefängnis helfen werden, das Vernahm ich gleich, nach dem Andern-Tag, da die Obengenannten Eingeführt wahren. Als ich den 12 Juny nach Hamdeie kam, fand ich da mein Vorgesetzten, ein Türke der den Gruß vor den Bay her Schreit (Schaus-Slam[196]) der Freute sich über mein Ankuft. Befahl mich Kaffee zu bringen, lechte mich Brod und Käse vor, aber seine Aufwartung und Freundlichkeit kam mich Wunderlich for, in seine Miene und Lachen wahren Aufrichtig, aber in seine Augen wahr ein falscher Blieck auf mich, er ließ mir nicht aus die Augen, als wier uns die Thronkleider an Gezogen hatten, sachte er, kom Mein Sohn, kom Herr Abdollah, wier gingen bis zum Gerichtssaal, der Bay hielt demselben Tag kein Gericht, da kam der Wachthuende General, zog ihm bei seite, und sprach Türkisch mit ihm, ich höhrte einige Worte die ich halb und

---

193 *Basch-hamba*: Hauptmann der Garde.
194 Hiermit wird offensichtlich der Entlassungsbefehl wiedergegeben, der traditionsgemäß im Namen Allahs beginnt.
195 Ironisch gemeint.
196 *Schausch-salâm*: Der »Gruß«-Ausrufer: Herold. Siehe zu dieser Funktion am tunesischen Bey-Hof Fürst Pücklers Bericht unten im Anhang.

Abb. 20: Seite 33 aus Krügers Manuskript K1. In der Mitte ist die Überschrift »Leben in Gefängnis« erkennbar.

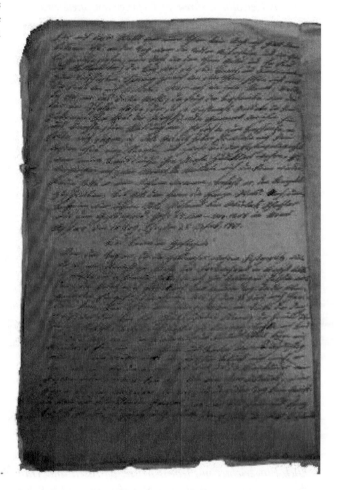

halb Verstand Sachte ihm das er mir Befehlen sollte, in Hamdeie zubleiben und nicht nach Tunis gehen. Er sagte, nein, im Gefängnis werde ich ihm stechen, der General Antwortete ihm, mach wie du wilst, und ging Fortt. Da sagte der Schaus-Slam, kom mein Sohn und Sidy Abdolah. ich wuste nicht wohin, ich Glaubte das ich mit dem Bay Ausrethen solte, der Riett war aber ins Gefängnis, wier gingen beide die Treppen runter, da wier die Richtung nach den Gefängnis nahmen, sagte ich Rschied[197], so wahr sein Nahme, du wilst mich ins Unglük bringen, da faste er mich mit eine Hand an Kragen und mit der Andere auf die Brust nahm mich den Säbel ab, und kam mit die Thron-Kleider ins Gefängnis, Befahl den Wächter mich Einzuschließen.

197 Raschîd : arabischer Männername. Hier ein Vorgesetzter Krügers in der Bey-Garde.

[Flucht aus der Fremdenlegion – Aufnahme bei den Kabylen – Bekehrung zum Islam]

In das Gewölbe wahren 72 Gefangenen, viele Araber von draussen die mich nicht kannten, sahen meine glänzende Uneform, Glaubten das ich ein Prinz sei die starke Eiserne Thür mit eine Kette von zwei Fuß wurde hinter mich Verschlossen, ich hatte in mein Leben kein Gefängnis besucht, das Ehrste was mich Erstaunte, wahr, das die Menschen auf die Erde lagen wie Lämmer einig halb verhungert andere halb Nackent, welche die noch ein Barnus oder ein altes stück Zeich hatten, das ihr der Hambe (Polezei) auf den Transport nicht Abgenommen hatte, verkauftens um sich das Leben zu Erhalten, dann wahren auch welche die guth lebten sie kriechten alles von zu Hause geschieckt. Zweitens die Schwarze Wände, drittens das Schwarzeflohr über die Decke von Spinnen gewebt, viertens die große graue Ratten, die unter uns rum Spielten wie die Katzen, wann einer noch ein bischen Brod übrig ließ von seine Mahlzeit, da kamen die kleine Diebe und putzten es weck, wier wahren in zwei Klassen Getheilt, die erste Klase ist nicht Eingeschlossen, sie hat darum nicht mehr Vorrecht als die zweite, wier in die zweite Eingeschlosen klasse bekamen Täglich zwei kleine schwarze Brod und 6 pfenge zur Nahrung, was die nicht Eingeschlossenen nicht bekomen.

Mich gab man als hohe Person eine Strohmatte, setzte mich mit die Uneform bis mich meine Kleider gebracht wurden, und gab meine Uneform zurück, dann machte ich mein Lager rechts an der Thür auf eine kleine Platform, wo drei Man drauf liegen konten zwischen zwei Mörder, der an meiner linken Seite war aus Näbel Hassen Jonas, sein Bruder Hamede Jonas war Leuthenant Kollenel und Kaith Makzora[198] *beim Bay, der Erste wahr in Verdag wegen die 4 Maltheser die in Nabel dasselbe Jahr wahren Umgebracht worden, weil man bei der Untersuchung seine Handschrieft mit sein Nahme in dem Erschlagenen ihr Bludt gefunden hat. Der zu meiner rechte Seite wahr aus Metlin*[199] *Hassen auch wegen Todtschlach. Es konte ihm nicht überwiesen werden, kam Frei, Hassen Jonas war ein Monat vormich rein gekomen, hatte sich Eingerichtet mit lebens-Mittel da Assen und Tranken wier zusamen, bis mich meine Frau mein Beth und Nahrung von Tunis Schieckte da trenten wier uns. Er wahr ein Wilder-Mensch und rauchte das Hampfkraut in übermaß auch von Lefson Opjum war ein Liebhaber, wenn er sich von das im übele wesen Berauscht hatte dann wahr er Heilich, und fing alle Heilige an, Anzurufen von Indigen bis nach Persigen, Make*[200] *Bagdag, Asien, Afrika von alle Inseln im Meer, aus allen Gebierge, von ein Ende bis zum Andern Ende der Weldt, Gläubigen und un Gläubiegen. Gott im Himmel weis; wo er alle die Nahmen her krichte die giengen ihm alle aus sein Mund als wen er sie alle vom Schnur abzog. Wenn er recht Wahnsinnig wahr,*

---

198   *Qaïd maqsûra*: Eine Art Kämmerer. Eine Fußnote Krügers lautet: »Keith, Verwahlter, Makzora, kamer, Kamerverwahlter«.
199   *Meteline:* Kleine Stadt zwischen Tunis und Bizerta.
200   Mekka.

Abb. 21: Fotografie des Schlosses von Muhammadia um 1870.

fing er an zu Sprechen, der und der Heilige hatt mier ein Gruß geschieckt und ein Beutel voll Takerure Hampfkraut, auch eine Dose mit Lavjon[201] (opium) aber den Schaich Siede Abderkader aus Bagdad und den Sidy Hamed El-Chadar die beiden Schimpfte er mit aller größten Schimpfwörter die ihm in den Mund kamen, darum, das die, die größte Baraka (Seegen) hatten, und wolten ihm nicht helfen. Die Lobrede machte er jede Nacht, mit das Gesicht zu die Wand gekehrt in ein finstern Winkel aus vollen Hallse schreiend, da Stand oder sass. In das Gefännis kam alles zusam Todschläger, Mörder, Straßenräuber, Diebe, Notars die Falsche Schrieften machten, Schuldigen und Unschuldigen, Schuldener die den Bay Geld Schuldig waren, oder an ein Andern und hatten es nicht zu Bezahlen, alles wurde hier in Verwahrung Behalten. Manche kamen bald frei, Manche, zum Verhöhr gerufen wurden und mit Ruthenschläge bestraft, der wenigste preis, 200 bis 300, der größte preis, 500 bis Tausend, auch einige die nicht Bekennen wollten, was sie gemacht hatten, wurden solange geschlagen bis sie Bekannten. Der Sträfling wurde auf den Bauch gelegt die Füße in ein Holzgekwescht den Kopf auf die Erde gedrükt, dann zwei Mann mit Stöcker, und einer mit den Rosenkranz, der auf jeden hieb eine Perl abstreicht, bis er seine zudiktierte Prügel bekommen hatt, das Hauen geht Takmäßig, als wie bei uns zwei Mann dreschen, die Stockvogte lösen sich Abwekzeld ab, wann der Sträfling die jenigen mit Geld bestiecht, dann fallen die Hiebe auf die Erde, aber die kein Geld haben, da sind Kleider und Ruthen mit Bludt gefärbt. Einige sind gleich frei, Andere komen in das Gefängnis wieder zurück, müßen sich im Gericht Melden laßen wo

201 *al-afyûn* : Opium.

sie dann frei komen welche komen in die Karaka, nach die Gollete (Baugefangenen) wer auf Unbestimte Zeit, oder sein Lebelang, kaum vergingen 2 bis 3 Monat, ließen sie sich Melden und kamen frei. Das Gefängnis war immer voll, weil die Eiserne Thür nichtmehr verschlossen wurde, da hatten wier Vielbesuch, auch die Soldathe wann sie kein Dienst hattn waren jmer bei uns das die ihre Pfeife Takarure[202] *rauchten. Läuse und Wanzen hatten wier genoch, und was uns von das Ungeziefer noch fehlte brachten uns die Soldathen aus die Kaserne mit. Da wurde Wahrgesagt, oder Gepunktiert, oder eine Littaneu gesungen, auch der Koran gelesen, welche die auch Beteten, aber da wurden sie mit Ausgelacht, wier sagten zu die Beter, sie sollten früher gebetet haben, so werden sie nicht ins Gefännis gekomen. Ein Erbärmliches leben wenn man das Alles mit Ansah, die Leuthe in jhre Armuth da lagen.*

Den 26 Tag die Fasten, fuhr der Bruder von Sidy Achmet Bascha des Morgens sehr früh nach Tunis, in der Nähe von Sidy –Se-schume[203] *fand er den Neger vom Baschmameluk in ein graben Todtgeschlagen, der Neger war auch früh, da das Thor von der Bardo geöffnet war, wekgerietten um sein Herrn die Staatts kleider nach Hamdiey zubringen, und hatte auch Geld in seine Reittasche der Sidy Ä-Min so heist der Prinz, stieg selbst vom Wagen Unthersuchte dem Erschlagenen, und war noch Warm. Er schieckte in dem Augenblick Araberpatrolgen Rechts und Links in die Gegend rum um die Mörder aufzufangen, aber sie wurden nicht gepackt, den Erschlagenen sein Maulesel hatten sie auf den Felde allein gefunden, ohne Kleider und Reittasche. Da wurde Alles was Mänlich 5 Engelische Meilen in Umkreis Eingezogen, um die Mörder zupaken, denselben Aben krichten wier noch zu unser 90, noch 84 Mann zusatz, da waren wier so Eingedrängt das Einer auf den Andern lag, und die Hietze und der Qualm Bald zum Erstiecken war, die Mörder waren forttgelaufen.*

Da nichts raus kam von die festgesetzten Araber, so mußten vier mit dem Besuch vorlieb nehmen bis den dritten Tag nach die Fasten, da wurde ihr Eine suma Geld Aufgelegt vom 700 dinardahb, preusch 233 Thr. Und 10 Sbgr. Und kamen Alle frei, da kriechten wier übrigen Luft. Die Erste zweit Monat hatte ich viel zuleiden, an Kranhaiten und Schwäere. Als ich die Engigkeit und den Gestanck gewohnt war, da that es mir nicht mehr Schaden. Ich fing an Kaffee zu Kochen, Verkaufte ihm an die Gefangenen, den Tag da ich frei kam hatte ich 37 piaster von meine Hände Arbeit verdient, ohne 53 Kaffee die mich die Leute noch Schuldig wahren, als ich den Freischein in die Hand hatte, Schenckte ich ein jeden seine Schulden, auch von die 37 piast. Baares Geld verschenckte ich 19 piast. An die Gefangenen, auch meine

---

202   *takrûrî* : Hanf.
203   *Sijoumi* : Ortschaft zwischen Muhammadya und Tunis. Liegt am gleichnamigen Sumpfsee (*sabkhat es-siġûmi*). Genannt nach dem Heiligen Sidi Hassin Siġûmî.

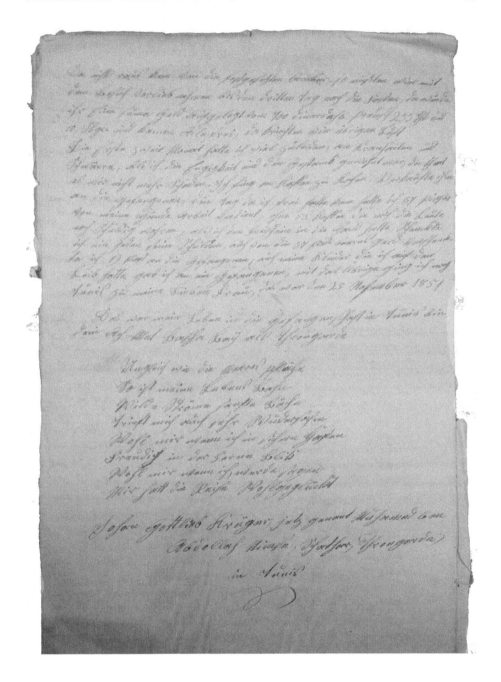

Abb. 22: Der Schluss von Krügers Manuskript K2.

Kleider die ich auf den Leib hatte gab ich an ein Gefangenen, mit das Übrige ging ich nach Tunis zu meine Lieben Frau, das war den 25 Nofember 1851.

Das war mein Leben in die Gefangenschaft in Tunis bei dem Ach-Met Bascha Bay als Throngarde.

Ungleich wie die Meeres pfläche
So ist meine Lebens Bahn
Wilde Ströme sanfte Bäche
Trieft mich auch sehr Wudersahm
Wohl mir wenn ich in sichere Häfen
Freudich in der Ferne Blik
Wohl mir wenn ich, werde sagen
Mir hatt die Reise Wohlgeglückt

Johan Gottlieb Krüger, jetz genant Muhamed ben Abdollah Nimse, Schathar, Throngarde, in Tunis

6 Landes- und völkerkundliche Beobachtungen und sonstige Erlebnisse in Algerien und Tunesien

6.1 [Algerische Nachträge]

[In der Kabylei]

Da ich nun meine Reise bis hier her nach Tunis gemacht habe, und von mir selbst immer Geschrieben, habe auch nicht den Raum gehab, den Völker Stamm mit ein zuführen so viel ich mich bediene [****] zu schreiben von den Mohamedanischen Sitten und Gebrächen und den Häusern oder Zelten.

O welcher schöner Anblick von Bugia über die Ebene nach dem Gebürge des Kabyls, welches man durch Fernrohr den kleinsten Gegenstand gut beobachten kann. Es ist eine stunde weit von Bugia der erste Ort, ist M-Seien welcher am anfang des Gebürge liegt, ist der Schließel von den Kabyls haben fortwehrendend Krieg mit den Franzosen. Sagen so lange noch ein Mann von uns am Leben ist machen wier kein friede mit den Franzosen seind wir aber alle Tod und die Weiber ohne Männer sein dann kennen sie Friede machen. Sie seind alle starke und gesunde leute, dabei aber sehr Schmutzig und nachläßig, haben auch wenich überlegung von der Haushaltung. Wenn sie es morgens ihre Lagerstätte verlassen haben und ihre Gebeth verrichtet haben hoken sie sich alle in ein kreis zusammen, es mach sein in welche Jahres Zeit es wird kalt oder Warm so stechen die Hände unter die Gigelebe[204] oder Bernus und führen eine Einfältige unterhaltung.

Ihr vergnügen seind die Waffen die sie stätts bei sich führen, ihr Wunsch ist nur immer krieg zuhaben, nicht allein den Europärn, sondern auch gegen ihre eigene Religions Büder das ein Ort oder Dorff sich zusammen kampfen, daher führen sie aber keine große Schlagten, wenn je einer verwunted oder Todt geblieben ist läuft eine jede Party nach ihrer Ort zurück. Die Oberhaupt oder Marabuts versammeln sich den andern Tag und machen eine Mahl Zeit zusammen, sagen her das Fathia und schließen Friede, der aber nur solange dauert bis sie nach ihre Heimat zurück gekehrt haben.

Ihre Häuser seind gebauet auf Europäscher art alle mit hole ziegeln gedeck das halbe Haus benutzen sie zu ihre bequämlichkeit die andere helfte für die Okzen oder Esel, Reiche halten sich auch ein Pferd Haus geräth ist unbekannt z. B. Stüele Bänke Tiesche oder Bett. Ihr Lager ist auf den boden mit ihren kleider zugedek, Reiche haben eine strohmate untersich. Ihre Weiber werden behandelt als wie unsergen,

---

204 *ǧillâba*: Weites Obergewand.

können ohne verschleiert ausgehn und, wo hin sie wollen, machen die Häuslichen Arbeit und vorzüglich mit den weben der kleider, die sie alle selbst machen wo welche davon sehr berühmt sein. Ihre Webestuhl besteht aus zweibalken und zweistangen, daran die beiden Balken Befestigt sind ein oben den andern unten, wo das ungemachte stikzeig drauf gewikelt ist in feine Wolenfaden, die Weberin sitz hinter der Maschine wo sie ein faden nach den andern mit den fingern durch zieht hat sie zwei durch gezogen so klapt sie es an mit ein breites aus gezacktes Eisen, wie ein kamm, eine Guthe Weberin kann nicht mehr machen als wie eine Halbeele[205] den Tag doch seind sie aber so geduldig dabei das sie die schönsten Bernuse oder Häuke fertig machen, die Weiber ihre anzug besteht aus einen Häuk oder Fanell die länge von zwelf Eln und die breite vierein wierd vorne über die Oczeln durch zwei Nadeln zusammen gestochen und am unterleib mit ein Schnur wie eine Schäerfe umgewikelt welches eine unbequäme dragt ist, die Raichen haben Silberne oder Goldne Nateln zum anstechen und ein Seidnes schnur zum umwickeln diese dragt dient nicht allein zum anzuge des Tages, sondern auch zur deke des Nachts. Der kopfputz ist ein stuk Leinwand von einer halben Ele, mit aller hand Blumen aus gestochen mit eine nath vorne zusammen genäht zum umbinden bedienen sie sich ein Schwarzen streifen von Baumwolle gewebt drei Eln lang und ein Span breit Die Hare seind ein geflochten an die Ohren Tragen sie große Silberne Ringe die mit ein schnur übern Kopf gehalten werden wo welche drei auch viere auf jeder seite haben. Haben sie Hochzeit oder ander Plesiere ferben sie sich die Angesichter roth oder auch ganz weis sie seind liebhaber von weis, und Blaueaugen, ihre Hände und Füße ferben sie sich Gelbröthlich mit ein art Beitze die auf ein Monat in der Haut stechenbleibt Gehen immer Barfuß sowohl Reichen wie Armen seind dabei sehr stolltz, haben ein frechen Rechtmäßigen gang ansich. Bilden sich viel ein auf ihre Schönheit, wießen auch würklich das sie hübsch sein, eine jede Anrede mit Stollzer Mühne siech bezeugt, ihre Zähne weis wie Schnee welche sie auf Polieren mit eine art Holz was von Meka komt. Waschen und nähgen verstehen sie nicht, das müssen die Männer machen. Die Männer ihr Anzug besteht aus ein Bernus ein stück zeig von Wolle gewebt ober am Hals eng und unten weit mit eine Nath vorne auf die Brust ein span und zwei finger lang genächt, und die kape der kopfbedekkung mit angewebt zu ihrn kopfbedekung tragen sie ein rothes Käpchen was nur den halben hinter Kopf bedekt, das Haupt ist geschoren, die Köpfen etwas länglich, und ein langes gesicht Schmalle lange Nahsen Schwarze großen Augen wie ein Falk und guth

---

205 Eine halbe Elle : ca. 30–40 cm.

von Gesiecht kennen den Kleinsten theil von der ferne Taxzieren, dabei Stark und gesund ihr Leben komt höher wie das unsern, haben eine Schwarzbraune Kolere.[206]

Ihre Baukunst besteht aus keine große wiessenschaft Bauen von Steine und Lem, brauchen auch etwas Holz zu den Sparrwerk und mit hole ziegel gedeck, jeder Ort oder Dorff ist aufen Berg angelegt, wo sie sich jeden Tag die Zeit vom einen Dorffe zum andern zu rufen. Das Wasser müssen die Weiber in großen Krügen oder Ziegenfelle herrauf tragen was gewöhnnich am Anfange des Berg aus eine Steifelsen Quele gelaufen kommt, und verbreitet sich in die Gartens doch haben sie nicht nothwendig ihre Pflanzen viel zubegießen der Boden ist so Fruchtbahr, durch den Spätt und Frühregen das er alles von selbst raus bringt. Alle Proffesionsten seind unbekannt ein jeder macht sich seine nothdürftigesachen in seine Haushaltung selbst Kaufen und verkaufen mit Geld wierd auch nicht vielgetrieben es wierd mehrstentheils eine Waare für die ander verkaufft, nur große Sachen werden mit Geld bezahlt.

Auf jeden Dorff ist eine Schule wo die Kinder Lesen und Schreiben lernen und Verse aus den Koran hersagen in jeden bezirk haben sie Unwersitaet, wo viele die nicht lust zu Arbeiten haben hingehn um ihre Vauletage durch bringen. Bnu-Au-Ge-Lies ist die größte, wo sich es Jahr hindurch achthundert Studenten auf halten, Im Jahr 1835 weil ich drauf war kamm die pest unter sie so viele starben, und die übrigen nach ihre Heimath zureckkehrten das in ganzen noch 30 dablieben, jede Unwersität hatt ihre Einträchliche Oliefen alle Jahr, wo die Studenten von verpflecht werden, ihre Tägliches Mahl-Zeit besteht aus Öhl Brod und Feigen zum Abend Essen küskezu wo der Öhl wie Wasser drauf gegossen wierd, und Fleisch alle Mitwoch, weil auf diesen Tag Markt gehalten wierd, wo die Vie-Hendler einige Ockzen zusammen steuern und Schenken sie dann an die Studenten. Die Eigenthiemer auf der Unwersitet seind sehr Arm, suchen sich zuernahren mit Strohmaten Flechten ihre Anzug besteht aus ein Bernus, und das Haupt der Hare rund um abgeschoren. Der halbe obertheil des Haren bleiben stehn, auf einen viertel Zöll lang, was sie sich zur Kape bedienen, gehen forttwehrend Barfuß, ihre Statur ist lang und Mager und die Koler mehr Schwarzer als Weiß.

206 *Couleur*: Farbe

[Beschneidungsritual]

Bei der beschneidung der Knaben ist eine derselben Feierlichkeit als wie bei einer Hochzeit, doch haben sie kein bestimten satz wann sie, sie Beschneiden müßen, welche laßen die knaben bis zwölf oder dreizehn Jahe heran wachzen, wo sie manchmal die Beschneidung und Hochzeit zusamen halten doch ist die gewöhnliche Regel der Beschneidung, wann der Knabe die Milchzähne verwechzelt. Bei den reichen Mauren oder Arabern, ist die Feierlichkeit der beschneidung noch größer als wie bei einer Hochzeit.

Ich kann es den Leser aus [Er]fahrung Mittheilen, das meine Beschneidung in Chif-za bei den Omar ben Aun aus einen Feierlichentag bestand. Ersterens weil ich acht Tage da war, und den sogenannten Markttage, Mittwoch, (Larba) kaufte mich die Gemein[d]e auf den Markt neue Kleider, Schuh und rothe Kappe, und auch drei S[ch]aafe zu meinen Feiertag. (Bevor, in den ersten acht Tage ehe ich beschnitten war, hatte ich viel unterhaltung mit den Frauen, doch leider konnte ich die Sprache noch nicht mit sie sprechen, dadurch Behandelten sie mir wie ein kleines Kind, und hatte dadurch guthes Essen und auch viel Plesier. Wann die Mannern nicht zu Hause wahren, dann wurde ich in alle Häusern geführt, doch einmal wurde ich betrogen, da ich nun in einen Haus war, in der abwesenheit des Mannes, welcher drei Frauen hatte, kam der Mann zu Hause, und traf mich in seinem Hause an, der aber nicht viel Wortte sagte sondern faste sogleich sein plumpigen Schwert und kam auf mich zu gestürtz, wie ich aber gleich die Flucht nach die Gyama[207] nahm, und wurde von die andern Hauptvorsteher freigelassen. Trauete mir aber solche kühnheit nicht mehr zu begehen.

Nun wurde sogleich noch denselben Tag weil die Leute von Markte kamen mein Hemd und Bernuhs genegt, des Morgens versammelte sich alles in der Vohnung des Omar-ben-Aun. Die Männer mit ihren Flinten und die Frauen mit den großen Höltzernenschüscheln um das Essen zubereiten, Kuskosu. Nun wurden die Schaffe geschlachtet, aber bei jede Bewegung wurde forttwährend das bekannte Lu, lu, lu, lu von den Frauen geschrieen und unter sich getanz und auf meinen Namen gesungen, doch verstand ich hin und wieder den Namen des Propheten Muhamed dem sie dabei ausrufften. Gegen Mittag da nun das Essen Bereitet war, Kuskosu, Versammelte sich die Ganze Gemeine aus den Dorfe und auch andere von den nah Gelegenen Dörfern, aber mit Flinten versehen in den Haus-hofe des Omar ben Aun wo meine beschneidung Stattfand, nun wurden die Gäste eingeladen zum Essen

---

207 Entweder ǧâmi‹: Moschee, oder ǧamâa: der Rat eines kabylischen Stammes, bestehend aus den »amîn«, den Vorstehern der Stammesgemeinden.

wo sie sich zu sech bis achte um den großen Hölzernen Schüsseln rum setzten und mit den Händen zu erst nach den Fleisch und nachher in den kusokos rein fasten, doch war aber keiner so Mitleidig mit mir das er sagte »Eige Besmlach, komm zum Essen in Namen Gottes« da sie nun gegessen hatten und die Hände Gewaschen, wurde das Fathia gebeten, und auch für mich der Seegen gesprochen. Den durch meine beschneidung, nach ihrem Glauben hatt sich der Omar ben Aun eine große Gnade bei Gott erworben und im viele Sünden hier auf der Welt vergeben sind. Ich ging bis jetz noch immer rauf und runter Spazieren mit mein großes Priester Hemd und meinen weisen Bernuhs, bis mein Beschneider kam Namens Sidi-Hamvotiah, ein Marabet, faste mir bei der Hand und führte mich auf ein Zimmer was für mich bereitet war, ich setze mich dann auf einen sack mit Wolle aus gefüllt, mein Beschneider setzte sich vor mir auf die Erde, nieder, unter mich standt eine jrdene Schiessel voll Erde, um das Glied drein auf zufangen, da nahm er einen starken faden und band die vorhaut über eun holz was da zu geschnitten war fest an, so das zwischen die aut und das Leben durch Schneiden konte, um nicht etwa an mein Glied zubeschädigen, weil er nun mit diese Methode fertig war kehrte er seine Front nach den Tempel Mekka und hob die Hände auf wie zum Gebet und sagte Allah-Ho-Quar. Lob den Großen Gott sagte her das Fathia kehrte sich wieder nach mich um und nahm sein Messer schnitte mir die Vorhaut ab, ließ mein Blut in der Schiessel laufen. In währenddiese Zeremonien hatte sich eine Alte Frau auf die Treppe gestellt, und sah von weiten, dass wann die Oprazion vorbei währe so gleich das bekannte Lu, lu, lu, lu den andern unten stehenden Jungen Frauen und den Männern mit dem geladenen Flinten zu Siegenalisiren, so das auf ihr Commado alle Frauen und Männern einen Plötzlichen schall entönten, die Männer mitabfeuern ihren Flinten und die Frauen mit ihren Gewaltigen feinen Stimmen das Lu lu lu lu aus schriehen auch die Trommeln und Schallmeien nicht beizu vergessen, was alles auf die Treppe stehende Alte Frau ihr Comando geschah. Jetz kamen Alle Männer und küsten mir den Kopf beschenkten mir mit etwas Geld so nach her auch die Frauen welche schon etwas alt waren küsten mir auch, und brachten mich Eier und Datteln. Eier, bekam ich nicht viel sondern nur zwei hundert und 84 stük. Und Geld vierzig piaster pr. 10 Thlr. Die Arzenei zu meiner Heilung war gestoßene Baumrinde und Buter wo ich in zwanzig Tage wieder hergestellt war.

Jetz wurde der Feiertag bis auf den Freitag Morgen Vorttgesetzt, im größten Plisier[208] mit Schießen Tanzen und Singen, und ich die Zeit das ich krank war bestandt mein Essen aus gebratenen Eier, und Datteln. Nun wurde ich von Jetz an als wie ein richtiger Muhamedaner erklärt. Aber nach meiner Heilung hatte ich viele

208 *Plaisir*: Vergnügen

Liebe von den Frauen, wo sie mit Schaaren hinter mich her waren die sie Lieben uns Europäern vorzüglich gern, wegen den helblauen Augen und auch weil wier weis sind, doch muß ich eingestehen das Schwangere Frauen mich in den Häusern genommen und ein Trinkgeschier mit Wasser auf mein Kopf gesetz und daraus getrunken um nur ein Kind zu Gebären wie wier, auch ganze Zeiten vor mich nieder gesetz und sich mit mir unterhalten, auch meine ganze Gliedmaßen an mein Körper besehen, und zählten meine Finger 1. 2. 3. 4. 5. sagten dann seht die Europäer, Romi, haben eben so viel Finger wie wier, hatte ich dann die Gelegenheit mit eine Frau mich weiter kennen zu lernen, dann fragen sie dieselbe ob dieser Männliche Bekanntschaft auch so währe als den ihrigen, auf diese neugier suchten sie vielmal die Gelegenheit um mich anzukommen.

Denn die Polygamie ist in der muhamedanischen Religion erlaubt deswegen hatt kein Muhamedaner die richtige Liebe zu seine Frau, und sie auch nicht zu ihren Mann den sie sind nur wie eine Dienstmagd wenn sie ihm nicht mehr gefällt dann giebt er sie die Scheidung welcher garleicht zubekommen ist und mit wenig unkosten vorhanden.

[Orte und Männer aus der Zeit in der Kabylei]

Die Kabyls sind ab gesondert von den Arabern haben ihre eigene Sprache, und jedes Dorff hat seine eignen Vorsteher und Priester, wo bei jeden Gericht der Priester immer muß mit bei seind, oder auch andere Unterhaltung. Darüber haben sie aber noch große Heiligen, die alle einen großen werth bei sie haben, z. b. Sidi Ali ben Eifen, nach ihre aussage das er die Krone von Mohamed hat, hat dadurch den größten Seegen von allen Heiligen, wo viele Mohamedaner hin gehen um das Fatiha vom ihn hersagen lassen oder den Seegen über sie spricht wo er dadurch vielgeschenke von sie bekommt, er wohnt am großen Atlaßgebürge nahe beim Scheik ben Samom. Dan wieder der Heilige Sidi Mohamed Am-Koran, welcher der gröste El-Schehet[209] oder Sieger von sie ist, hat solchen großen Seegen daß wann eine Mahlzeit dem Fremden macht, sie eine Schüssel voll Eßen sich satt, und davon aufstehn, wieder andern achte können sich satt Essen auch wieder von gehen, und so fortt bis die Fremden alle sind, nacher die Einwohner werden auch alle satt, und noch ist die Schüßel immer voll. Ich war ein Jahr bei sie habe aber nicht gesehen,

---

209 Entweder *al-schahîd*, der Märtyrer (im Glaubenskampf), oder *al-muǧâhed*, der *ǧihâd*-Kämpfer.

das Wunderzeichen er wohnt vierstunden von Bugia im Dorffe Thirschä[210] wo der Alte mit sein stock nach die Franzosen gefeuert hatt und sagte taf. taf. taf.

Weiter, ist der Scheik Mosi-Seby der wie ihr Bey ist, aber kein Heiliger wohnt in Eb-zensalß auch vierstunde von Buschia, wo jeden Sonabend Markt gehalten wird und sich da alle ihre große Monarchen und Heiligen versammeln, um den Conkres zuhalten von dem Franzosen. In den großen Vorsteher meinen sie König hatt aber nur in seinem Dorffe zubefehln. Man findet auch viele merkwürdige Ruienen in dem Gebürgen, wie zum beispiel die Wasserleutung von Augerbello nach Buschia gebauet ist wo das Wasser aus ein Steinfelsensprung kommt als wie ein Mann in seiner dieckte ist, wrde auf dreistunden weit nach Buschia geführten Weg den Wasserleutung hin Transportiert, welche auf einigestehln aus der Tiefe des grundes sechshundert Fuß hoch gebauet ist um die grade Pfläche mit den hohen Gegenstand wieder zubekommen, wo sie drauf Schwöhren das es keine Europäer wahren die das gebauet haben, es wehre der Satan gewesen, welcher zugewießer Zeiten bis jetz noch da excestiert, den weil noch nichts von unten gefallen ist, auch weiter hat man noch zwei Alteruine drei stundn von Buschia die erste Loxzer und die zweite Tichelett. Loxzer ist von der Ringmauer nichts verfallen und die welbogen der Thoren sind noch ganzfest hatt drei Thoren auch einwendig ist jede Straße und jedes Vollement von den Häusern zu unterscheiden. Tischelett die zweite ist eine halbestunde entfernt war eine große Stadt am Fluß angelecht, aber auf auf den eigenen Platz der Stadt wierd jetz geakert, noch steht eine Ruiene am Fluß wo das Vollement nach der Morgenseite ins Wasser angelegt war, was noch fest in seine Mauern standt und die Siedlicheseite an Bergen der höhe gebauet ist welche noch Vollkomlich fest dastand, hate Eingang nach den Berg hinein, wo es zubemerken war das der Eigenthümer der da gewohnt hatt, sich den Berg zu seine Sicherheit benutzte, man sagte mir das ein unter jrdischer gang von den Berg bis nach loxzer gehe, und viel Gold und Silber noch drein wehre, aber es wehre so fest verbauet das es Niemand raus holen kennte und jede Nacht ein Löwe auf Wache bei stiende (Löwe, das ist sehr begreiflich den weil es viele da hatt und in den Altenverfallnen hölen ihren Auftnhalt haben).

210 Vermutlich Tichy (ca. 5 km östlich von Béjaïa).

[Zwei Kabylen-Städte: Kela und Ben Abbes]

K-Lah-Ben Abes sind die beide berühmteste Städte in den Kabyls, K-Lah die erste, ben Abes die zweite welche zusammen Corenspendieren wegen den berümten Handel von Algier bis nach Tunis, und die Schönen Bernußen im ganz Nord Afrika stehen sie in großen ruhf wo einer in Tunis auf achzig piaster kommt, und noch mehr, auch die Schönste Gewehrmacher kunst ist bei sie zuhause wegen den guthen Gewehr Läeufen die vier Fuß und noch drüber lang seien ganz mit Silber und Gold fein aus gearbeitet sind, so auch das Schloß, und Schaft, mit der Feinsten Silber oder Goldarbeit ausgelecht ist, und von unten bis oben mit Silberne ringe welche den Lauf mit den Schaft zusammen halten, so auch ihre seiten Gewehr mit derselben Garnutur versehen ist, die Kabyls machen den grosten Staht mit den Waffen begnügen sich lieber Nackent zugehn, um nur guthe hübsche waffen zutragen. Ihr Vornemstes Hausgereth seind die Waffen und drei bis vier Weiber.

K-Lah ist eine Tagereise von Bugia, ist Unmöglich hin zukommen mit einen großen Transport, oder mit andern großen Sachen, weil der Weg in durchschniet nur so breit ist das ein Mann hintern andern gehen muß, wegen das ungeheuer hohe Gebürge und Steinfelsen, was in keiner Möglichkeit ist, zu Bearbeiten. Die Stadt selbst licht auf einen hohensteinigen Berg, wo man von unten da sich der Berg anfang bis nach oben zwei stunden zubraucht zum Marschieren der We[g] geth hin und wieder wie eine Schlange, auf den Steinfelsen, nach allen seiten mit Holz und Streucher bewackzen ist, doch ist es aber oben so Eben das zwei große Örter drauf Angebauet sind und ein jeder Ort Sechhundert Einwohner hatt, welche Ackern und Pflanzen drauf, und die schönste Garten am Sidlichen abhang haben, auch Wasser ist Reichlich oben welches aus einen springfelsen kommt. Ihre Haeuser seind etwas besser eingerichtet als wie den andern Kabyls ihren, auch ist eine Schöne große Moschee drauf nach Tuniser Art gebaut. Jeden Donerstag halten sie Markt wo viele Handelsleute rauf kommen mit Waaren, und auch von ihr viele Waaren wieder mit zurück nehmen, in ihre behandlung sind sie mehr Eingebieldet wie die andrigen. Ihre Anzug ist proper die Vorsteher tragen sich in Türkischer dragt. Sie nehmen die Fremdereisende Gastfreundlich auf, jeden Abend muß der diener vom Vorsteher nach die Jamaa[211] gehen um zu sehn ob Fremde dasein, seind der welchen, so Meldet er es den Wierth am welchen die Tür der Gastbeköstigung steht um des Nacht Esen für sie zubereiten. Sie sind sehr Neugierich von ein Fremden neues zuerfahren, doch die gröste bemerkung hab ich da gehabt, weil ich da drei Kanon stüken daliegen sah und ein Mörsen ein zwelf Pf. die an die Jamaa lag und zwar noch

---

211 Moschee

ganz neu war die ander beide waren Sech Pf. wo aus eine, ein stueck raus geschlagen war, die Inschrift war Spanisch. Sie sagten zu mir das sie oben gegoßen weren von den Uhrvater Scheiks Sidi Amor El-Hauzin der die Gießerei in Tunis gelernt hatte.

Ben-Abes ist zweistunden entfernt von K-Lah nach Sidlich zu, seind drei große Oerter stark beVölkert von Mohamedaner und Juden, liegt in einen Olifen Wald, die sie Reichlich zum überfluß haben, aber dahin gegen wenig Kornfrucht, von andern Gartenfrüchte haben sie Reichlich, aber mit wenig mühe zu bearbeiten ist wie sie sich gewönnchlich in der Abendstunde mit bescheftigen. Ihre gröstengeschefte sind, wie ich schon bekannt gemacht habe auf der andernseite, mit der Bickzenmacherei Kunst.

[Über Juden unter den Kabylen und in Ost-Algerien]

Die Juden ihre Geschefte ist mehrstentheil Silber Arbeit, für die Weiber oder die Ringe zum Gewehren, auch einige machen die Wollkrotzen. Die Behandlung der Juden ist wie bei allenn Mohamedanern, sie haben die selbe Haushaltung und Dragt wie die Kabyls, der Auszeigung ist die schwarze Kape und schwarze Schuhe, indem die Kabyls roth oder weise Kapen Tragen, auch lassen sich die Juden die seiten Locken an Kopf stehn, das ober Haupt lassen sie sich abrasieren so wie der Mohamedaner, unter den Judin und Kabylerin ist kein unterschied.

Juden Familien Leiden sie nicht zu wohnen in ihren Gebiet, doch seind einige Juden die ihre Familie in ihrer Heimat zurück lassen und halten sich bei Jahre in der Resedens Tukurt auf, wo sie auf ihre Profesion in Gold und Silber Arbeiten, der Scheik hatt aber keine Goldmünze jedes Ausländischegeld wird bei sie unter gebracht auch das mehrste Silber-Geld ist verschnitten an die Kanten, besteht aus vier oder acht ecken, es behallter aber immer denselben werth als wie das Vollkommene, in Winter wenn die Datteln Ernte ist, haben sie viel Komers von den Umligenden Arabern aus der Wüste, die auf fünzehn bis zwanzig Tage mit ihr ganz vermögen sich auf drei bis vier Monat bei sie Aufhalten und alle Tage Markt gehallten wird.

Selbst das Tukurter Gebieth hatt seine eigene Sprache welche sie Schauie nennen, sie sind alle kleinuntersetzte leute, und ihre Farbe kupferartig. In Springen und wettrennen seind sie sehr leicht, wo einige mit den Pferde in die wetterennen. Zum Plesier auf einer Hochzeit oder ander Lustbarkeiten, stellen sich zwanzig und noch mehr in einer reihe auf einn ebnen Platz, und ihre Musik auf den andern Ende so Springen und laufen sie nach den Tak der Musik alle in eine reihe, schmeißen ihre Waffen in der luft und ergreifen sie in der grösten geschwindigkeit und Feuern ab vor die Zuschauer wo die jedesmal mit dem ausruf, lu, lu, lu, in einer feiner stimme Furchtbar ausgestoßen wird.

6.2 [Tunesische Notizen]

[Des Beys Frankreich-Besuch]

Im Jahr 1846 verließ Ahmed Bascha sein Reich und Reiste nach Frankreich, was noch nie kein Regent aus Tunis gemacht hat.[212] Bevor er weg reiste richtete er die Stadt ein in der starksten Wache von Milither, in jedes viertel der Stadt legte er die Anzahl Mannschaften die nothbedürftig waren. Über gab sein Vaters Bruders Sohn den Thronfolger Sidi Muhamed Bey die Regierung. Den ersten Minister Za-By-Taba[213] überlies er das Milither. Machte außer diesem acht Generäle dafür das Land in seiner Abtheiligkeit zur beschützung dienten. Machte zwei Tage vor seine Abreise in seine Resedenz Bardo von allen seinen Unterthan eine Vollkomliche rede zur der Abscheidung. Sagte Weinend zu eine jede Person das er das Reich verlassen thäte um ihr Vortheil, würde nach Europa gehen was noch nie kein Regierender Fürst in diesen Staaten gethan habe, und lasse euch meinen Bruder als stellvertreter in meinen Platz, und ich Hoffe das euch dieser eben so lieb sein würd in seiner Regierung wie ich. Verließ die Stadt am 1 ersten Nofember Im Jahr 1846. Wurde von seinen Prinzen, Scharfrechter[214], Stabs-, Subaltern Offiziere, divans und allen großen Mittgliedern des Reichs bis nach die Golette begleitet mit ein Trauriger abschied, Hielt sich zwei Stunden bei den Marabet Sidi Bel-Hasen ben Schadily[215] auf wo er ganz vermattet wieder zurück kam wegen die schwere Beichte die er da gemacht hat, und von da nach die Gollette abfuhr mit sein ganzen Staadt und den andern Morgen die reise nach Europa vortsetzte, blieb zwei Monat in Paris, kam den Silvester Abend in der Gollette an, wo er mit sein ganzen Staadt in Empfang genommen wurde und nach Tunis rein geführt mit der grossen Feierlichkeit bis

---

212 Ahmed Beys Staatsbesuch nach Frankreich, der erste eines tunesischen Herrschers, geschah von Anfang November bis Ende Dezember 1846.
213 Der *Sâhib at-tâba*‹, wörtlich: Siegelbewahrer, bekleidete damals in der Bey-Regierung vergleichsweise die Funktion eines Premierministers.
214 Gemeint sind die *Schater*, die die Throngarde des Beys bildeten und von denen Krüger damals einer war.
215 Sidy Belhassen Schadhly (13. Jh.): Einer der Schutzheiligen von Tunis. Sein (von den Beys im 18. und 19. Jh. errichtetes) Mausoleum liegt auf einer Anhöhe am südlichen Rand der Stadt. Auf ihn bezieht sich der mystische Orden der »schâdhiliya«.

nach Seiner Resedenz Bardo. Setzte sich dann auf den Thron im Gerichtssahl das er von allen seinen Unterthan geküst wurde.

[Todesurteile und Hinrichtungen unter Ahmed Bey]

In wehrend seiner abwesenheit nach Frankreich hatten sich viele Räuber und Mörder eingefunden die ihm weil er wieder Gericht hielt vorgebracht wurden machte aber keine große Gustizige über sie, ließ ihr die Köpfe gleich runter hauhen, so wie das Gericht über sie gehallten war und zum Todte veruhrtheilt Giebt er den Baschhamba[216] ein Wink der so gleich nach ein veruhrtheilten fast mit seine Hambes, Polezeidiener, schleppen mit ihm ab bis nach des Polizeidieners zimmer da wird er gebunden mit Striken die Hände auf den Rüken und so zu der Bardo zum Thore rauß geführt bis auf den Bestimmten Platz der dazu bestättigt ist, Setz sich der verurtheilte auf den Boden nieder neigt sein Kopf nach die Erde runter, der Hamba, Polezeidiener, steht mit sein Sähbel bereitet Hauht ihm einen Hieb ins Genik das er zu Boden stiertz, dann Haut er noch mit zwei oder drei Hiebe bis auf den Knochen wird dann umgekehrt auf den Rücken und Haut ihm von forne in die Gurgel bis auf den Gurgel knochen, so das mancher, wenn der Säbel nicht gut ist sechs bis sieben hiebe bekommt bis er Todt ist, dann bleibt er liegen bis nachmittag um drei Uhr, wer Freunde Familien hat, der wird von die Beerdigt wie ein ander Todte auf den Kirch Hoff, hatt er aber keine so wird er von Bailik begraben aus der Sterbekase, auf ein Stukland was dazu bestimmt ist nahe an der Bardo. Die Verbrecher hier in Tunis werden auf dreienlei art Todt hingerichtet, ist es einer der Regentschaft des Bey wird ihm der Kopf vor die Bardo abgehauen ist es ein Türke Hanefe wird ihm die Gurgel auf das Fort Kisba[217] mit ein Strik gebrochen seind es Ausländer werden sie durch ganze Stadt geführt mit ein Schwarzes Haar Strik um den Hals bis nach das Thor Bab el Suihke[218] an der Mauer aufgehänkt, und bleibt hangen bis um drei uhr wo er von seine Familie wird abgeschnitten und auf den Kirchchof begraben, das aufhängen geht den Huhrenkopeler an ist es ein großer nahe am Bey seine Familie wird ihm die Gurgel in der Resedenz Borde[219] zu gewürgt mit ein Strik nach her in der kapelle des Bey begraben, Juden werden verbrannt, Frauens werden ins Meer gesenkt.

---

216 Chef der Garde.
217 *Qasba*: das alte, befestigte Regierungsviertel von Tunis.
218 *Bab Ssouiqa* : eins der Stadttore von Tunis. Da war in der Tat der Platz, an dem die öffentlichen Hinrichtungen stattfanden.
219 *Bardo*: Die Residenz der Beys im 18. und 19. Jahrhundert.

[Verlobungs- und Hochzeitssitten in Tunis]

Die Heirath wird Geistlich oder mit Zeugen bestättigt, die aber dadurch zum nächsten Verwand werden kriegen sich nicht zu sehen oder vielmehr zu sprechen, diese Verlobung wird von den beiden theile der Eltern oder der Verwandten bewerkstelllicht. Wenn die beiden theile ihr ja wortt darüber übereinß gestimmt haben, dann werden einige Zeugen von der Nachbarschaft gerufen, und das Fatiha hergesagt und zum beschluß Zokerwasser getrunken, in Tunis wird einige Tage drauf die verlobung Schriftlich gemacht und von den Kadi unterzeugnet, auf denselben Tage der unterschreibung ist der Bräutigam bei befindlich ist es ein ›hanefe Türke‹, wird noch ein Messer von die Divan mit einen Schaus herbeigeholt, und die Obrigkeit der Geistlichen ist damit zur gegen, ist die unterschreibung nun vollendet dann werden einige Verse aus den Koran her gelesen, und am Ende mit das Fatiha beschloßen und ein jeder der in den Hause verhanden ist, wird mit ein Trunk Zokerwasser [***], welche unkosten dem Bräutigam angehören so wie nun diese Mahlzeit verrichtet ist, Entwendet sich die Geistlichkeit und alle übrige Zeugen, welche zum herrauß gehen hinter ihren Rücken von den Frauen mit dem fürchterlichen Geschrei des Lu, lu, lu, lu Begleitet werden, welche aber in keine hinsicht von den Männern gesehen werden, welche nur aus den Löchern oder winkeln herrauß schreien, ist nun die Feierlichkeit vorüber mit den Männern, dann nehmen die Frauen den Platz ein, und bereiten das Nachtessen für sie, wo sich die Frauen aus der Nachtbarschaft oder die Verwandten an denselben Abend einfinden um die Braut zu gratilieren, ist es eine Vorneme Maurin oder Araberin so wird die Feierlichkeit der Verlobungs Nacht mit Aerbabeh und Gesang Vorttgesetz, nach den Nachtessen wird die Braut ein ein Stuhl mit allerhand bunten kießen wo sie verschleiert ist mit einen Seidenen Flor drauf gesetz, und alle andern Eingenöthtigte Frauen sitzen bei sie rum, wo ein von Kaid der Arbayh[220] genannte Frau El-Hänäne,[221] welche sich vor die Braut nieder auf den Boden setz, mit der genannten Hähne, Beitze die Hände und Füße anbärbt, wo die Hände einwendig bis an das Daumen gelenk und auswendig bis auf den knöcheln der Finger gelegt wird, von den Füßen werden nur die Fußsolen bis auf den knöcheln den Zegen belegt bei dieser Ferbung wird vorttwehrend von den zu schauenen Frauen mit großen aus stoßenden Thönen geschrieben, wier Glauben an unsern Prophet Muhamed, und drauf folgt das bekannte, Lu, lu, lu, lu, bis die Expedition vorüber ist, dann wird die Braut den Händen und Füßen verbunden und auf es Bett hinter den Vorhang gesetz und darf mit Niemanden

---

220 *Qaïd ar-rabadh*: Vorsteher eines Stadtviertels.
221 *al-hannena*: die traditionelle »Kosmetikerin«, die (heute noch selten) bei der Braut die Schminke-Prozedur mit *henna* (Henne) vornimmt.

nicht sprechen, selbst bei diese zermonien sietz sie auf den Stuhl wie ein Gespenst die Augen niderfallent auf die Erde, so wird nun die ganze Nacht mit Gesang und Musik durch gesetz.

Die Hochzeit wird gemacht wann der Bräutigam die Suma geld bezahlt hatt, was für das Mädchen ausgesez worden ist, wo sie alsdann auch eine Mitgift den Bräutigam bringt von Bett und Möbeln und s. w. und mit Maulesel oder Pferden nach den Bräutigam sein Haus hin geschafft wird was gewöhnlich drei Tage vor den Hochzeitstag hin gebracht wird. Die Braut geht am den Hochzeitstag ins Bad wo sie begleitet wird von den andern Frauen, und die Hänäne, so wird sie dann von den andern Frauen angelernt der Reinigung, was sich zu ihren Ehestand gehört, kommt dann aus dem Bad und geht mit langsamen Schritten voran wie ein Gränadier im parademarsch bis nach ihrer Wohnung zurück, wo sie dann in Emdfang genommen wird mit das Bekannte ›Lu, lu, wird dann wieder auf den Stuhl gesetz wie ein pascha auf sein Thron, mit der großten Stoltzheit, bildet sich immer noch mehr nach einen Gespenst als wie nach einen Menschen, dann wird ihr zu ehrst das Gesicht nach der Frauen weise geziertt, ober die Augenbraun an der Stirnn mit zwei schwarzen strichen Fein von der einen Seite nach der andern überzogen wie es hier abgezeugt ist was man Her-kus[222] heist.

Nach her werden die Lippen mit gelbe Rinde geferbt, und so auch die Zähne weiß gemacht[223], dabei wird aber nicht mehr das Lu, lu geschreihen, wann sie nun mit die Mahlerei fertig sind so bleibt die Braut sietzen bis der Bräutigam kommt wie geschrieben steht in Buch der Bräutigam kommt zu einer ungewissen Stunde fiellet eure Lampen mit Oehl und erwartet ihm bis er kommt welcher gewöhnlich in der Nacht an kommt wen alles bereitet ist.

Der Bräutigam geht an denselben Hochzeitstage auch ins Bad, wo er sich auch Reiniget und Rasiert an seinen Leibe, und geht dan in der Nacht stiel mit einige seine Freunde nach sein haus der Braut, angekommen an der Thür bleibt er stehn und klopft an so wird ihm aufgemacht und herein geholt mit Fakeln und Leuchter, und mit das Bekannte Lu lu in empfang genommen von den Frauen und wird auf der Arbab[224] der Eintritts Marsch gespielt, so kommt er mit ein Karaschierten [?] Schritt herein getreten, und geht Stoltz bis nach sein Zimmer an der Thür wo zwei Stühle neben ein ander stehn einen für sich und den andern für seine Braut. Er setz sich nun auf ein Stuhl der für ihm gerecht gestelt ist nieder und Schmeißt seinen Bernuhs über die Ackzeln, das er seine Geborgte Weste in Gold aus gestückt für die zuschauer sehn läßt. Nach her wird ihm die Braut durch ihren Vater oder Vetter oder

---

222 *harqûs* : traditionelle Ziertätowierung für Frauen.
223 Für die Zahnhygiene benutzten die Frauen in Tunis eine *siwâk* genannte Baumrinde.
224 *ar-rabâb*, eine Art Viole.

Nachts verwandte verschleiert vorgeführt, sie setz sich neben ihm auf den Stuhl der für sie bereitet ist, dann fast er leise mit der Hand nach dem Schleier und hebt ihm von gesicht Schauet sie an, aber mit Stollzen Blicken aber immer noch die Augen nider geschlagen, bei dem Eintritt des Bräutigams darfen sich keine Männer zum Zuschauen nicht befinden sondern es muß sich alles entfernen um diese zeit nur der Vater oder der nächste verwandte ist dabei zur gegen, doch die Frauens sind alle dabei versammelt und er allein hatt das Recht denselben Abend jede Frau zu sehen.

So wie nun das Liebliche Paar neben einander sitzen wird sie ein Glas Zokerwasser grigen nicht welchech der Bräutigam zu erst in der Hand nimt und Trinkt ein wenig und überreicht es dann seine Braut welche auch ein wenig davon trinkt, dan fast er sie bei der Hand, an den kleinen Finger und fürt sie in das Schlaf zimmer, sie werden begleitet von allen Weiblichen zuschauern mit das fürchtbare Geschrei, Lu, lu, lu, lu, wenn sie nun herein getreten seind in das Zimmer macht er die Thür von Einwendig zu und tritt mit seine Gemahlin vor das Bett nimt ihr ab das Gold Geschmuk was sie sich auch geborgt hatt legt es auf den Stuhl und zieht ihr Camische aus und hengt sie an nagel bis auf die unter weste und Hosen, so er sich auch nimt sein Bernuhs ab und sein Hauke[225], geht mit sie aufs bett ist sie dennoch Jungfrau so hatt sie die Hose mit viele knoten verbunden muß dadurch manchmal gewalt brauchen bis er sie auf kriegt. Alle zuschauende Frauen stehen draußen an der Thür und Fenstern und horchen wie der Spaß abläuft, haben sie sich nun beide Bekannt und sie noch Jungfrau war, dann zieht er sich seine Kleider wieder an, und macht die Thür mit einer Stolltzheit auf gehet frei heraus die Frau bleibt auf den Bett liegen bis das die zuschauer herein gehen und richten sie auf, ziehn ihr aus das Hemd welches zum Schau für alle Männer und Weiber aufgewiesen wird was die Eltern eine große Ehre macht wann sie das Blutige hemd der Jungfrauenschaft von ihre Tochter auf beweisen können, ist dieses aber nicht der Fall und der Vater hatt seine Tochter als Jungfrau hin gegeben wo er dann damit betrogen wird so muß er die ganzen unkosten an den Bräutigam wieder zurückzahlen, und hatt das Recht seine Tochter zu Tödten. Auf diese weise Verheirathen sie ihre Töchter sehr Jung, gewöhnniglich ist der Satz das wann sie die ehrste Reife bekommen das sie sie verheirathen, auch bei den Araber ›Melky‹[226] ist es Sünde wann das Mädchen um die Zeit noch nicht Verlobt oder Verheirathet ist.

Bekennt sich das beide, verlobte Paar nicht denselben Hochzeits Abend, dann

---

225 *hâ'ik*: »Übergewand aus einem langen weißen Stück Wollstoff, um den Körper über den Kopf geschlungen.« (H. Wehr)
226 Die Malikiten, die Anhänger der vom Imam Mâlik ibn Anas (8. Jh.) gegründeten Rechtsschule. Anders als die Mehrheit der Bevölkerung Nordafrikas, sind die Türken Hanafiten, Bekenner einer Rechtsschule, die sich auf Abu Hanîfa als Autorität bezieht.

wird die Bekanntschaft das andre Tag nach dem Mittagessen vollendet wo alle zuschauer mit zur Gegen sind, die Hochzeit dauert sieben Tage wo als dann den siebenten Tag der Beschluß gemacht wird, viele machen denn siebenten Tage Feierlicher als wie den ersten, den andern Tag wird die Braut von den anderen Frauen zur Frau gemacht wird dann raus in den Hofflur gefürt und ein Stuhl gesetz und von den andern Frauen umgeben, die ihr dann die Seiten haare verschneiden und die Haare von den halben hinter Kopf aus den Naken Abscheren welche Feierlichkeit vor dem Mittag gemacht wird wo auch bei gesungen wird und mit Geldstieken auf den Thäller geworfen welcher dafür hingestellt wird doch bei jeden wurff dem Gelde wird immer das Lu, lu, wiederholt.

Der Bräutigam ist wie schon erwähnt worden den Abend Rauß gegangen und komt wo die Mode ist Nachmitternacht oder gegen Morgen, geht in sein Zimmer läßt sich aber von keinen nicht mehr sehn, bis das Morgens wenn er rauß geht dann läß er die Braut Eingeschenk von Geld, viel, oder wenig unter das Kopfkießen liegen, kommt gegen Mittag zuhause, läßt sich aber die erste sieben Tage wenig von sein Vatter sehn, oder bis weilen auch gar nicht, die Braut ist verpflichtet wann sie des Morgens auf steht das sie zu ihren Eltern, und Schwiegereltern gehen muß und die, die Hand zu küßen und sich Bedanken, für die Wohlthat und das Glück als Frau im Ehenstandt verendert ist, die ganze unkosten der Hochzeit gehören dem Bräutigam so wird auch die Braut am Hochzeits Abend hin nach denselben sein Haus geführt mit Laternen oder Fakeln wo sie von den Frauen Begleitet wird, die Abholung der Braut ist verschieden, manchmahl geht sie zu Fuß oder auch Reitet auf ein Maulesel, in Tunis wird sie gewonnichlich in einen Wagen abgeholt, wo sich hinten an noch eine von alten Weibern oder Strazenbuben anschließen, und sie vorttwährend mit das Lu, lu hinten nach rufen, auch an jeden Hause wo vorbei gegangen wird, klopfen sie an der Thür, um den Einwohnern davon zu bemerken das ein Braut vorbei geth.

[Heiligenkult in Tunis]

Die Maurischen Frauen gehen viele bei ihren Heiligen Marabuts und lassen sich den Satan dort austreiben, dem sie alle Jahr ein Opfer machen den sie sind in der Meinung wenn sie sich in den Marabut sein Buch eingeschrieben haben so müssen dieses Fest alle Jahr bei ihn einige Tage vollführen, das ist aber ein Marabet der schon hundert Tausend Jahr todt ist. Doch vor einige Jahren weil ich in der Sauwige Bokry wohnte Standt einer von den Heiligen Marabuts auf der schon nach der Rechnung 282 Jahr Todt war Namens Sidi Schakaron in der Sawiget Bey war sein Begräbniß,

Natürlich war es wohl den armen Teufel nicht zu verdenken, daß er sich die Freiheit nach eine 282 [jährige] ziaste²²⁷ Jahre ruhe ins grab noch mal wieder auf Standt. Wens auch gleich ein alter Hund war der sich wegen der Sommer Hitze in des Marabets Grab gelegt hat. Doch ihr Aberglaube Uberführte sie das es der Heilige selbst gewesen war und bekam dadurch eine neue Fahne und seine Kapelle wurde wieder frisch angeg [***]t auch die Thür roth und gruhn angemahlt.

6.3 [Krügers Träume]

Ein Traum im Jahr 1835 bei den Marabet Sidi Lakendie weil ich krank war, in der Gegend bei Buschia

Ich sahe in der Nacht die drei Propheten, Moses, Jesus und Muhamed einer nach den Andern in mein Haus eintreten ein jeder in den Anzug wie sie sich hier als Propheten in dieser Weld getragen haben. Diese drei Patriarchen strieten sich um mich welcher mich mit nehmen wollte nach diesen Streit verließen sie mich, da sahe ich ein Gesicht mit Feurigen Augen das unten an meine Füße stand und wiegte mich, ich kannte aber das winken nicht faste nach ein stock und schlug das Gesicht aus mein Zimmer raus, was mich in den Traum als wie der Teufel Scheinte. Nachdem sahe ich zwei Andere Gesichter in weisen Kleidern vor mich stehn, eins von das Gesicht gab mich zu Essen aus einer weissen Schüssel, weissen Kuskozu, nach dem wie ich gegessen hatte verließen sie mich ich Weinte in den Traum und sagte zu die Gesichter sie sollten bei mir bleiben den ich habe niemanden mit dem ich Sprechen kann und kann auch die Hiesige sprache noch nicht Sprechen da ging eins fortt, und das Andere blieb bei mir, es kam aber nach eine kurze Zeit wieder und brahte mich weisse Kleider, dann Waschten sie mich mein Ganzen Leib mit Wasser aus eine Steinerne Wasserrenne und zog mich dan Neue weisse Kleider an, nach diesen ging eins fortt und das Andere blieb bei mich und faste mich bei meine Hand führte mich in ein langes Dorf, da sah ich alle Männer, jeder vor sen Haus an die Thür liegen, aber keiner hatte kein Ahtem in sich, das Scheinte mich als waren sie Todt und auch Lebendig, ich frug das Gesicht was das zubedeuten habe, es sagte das dieses der Paradies wehre, und verschwand vor meine Augen, und wachte auf, und war ganz nas von Schweis und voller Angst.

227 Wahrscheinlich: *Siesta*.

Traum im Jahr 1835 in den gebirge der Kabayls Da ich bei ein Bedowinischen Jude in Herberge war

Ich sahe die Sterne an Himmel sich alle in viele runde Kränze versammeln, und unter die viele Kränze Kam nachher ein großer Kranz der die kleinen Kränze mit seiner rundung bedeckte, das ich die kleine Sterne ganz dunkel wie eine Mondfinsterniß in den großen Kranz der Sterne, doch sah ich aber den Nathürlichenschein wie als wen die Sonne scheinte, darauf sah ich ein Gebürge nach den Abend zu, ganzlangsam und schwarz hervor kommen was immer höher und höher wurde das es mit der Spitze bis an Himmel reichte, aber die Spitze von den Gebürge betrachte ich das sie mit mich in grade Perpentikoler Linge[228] war, so befand ich mich in der Strasse vor mein Lehrmeister sein Haus in Strausberg, und unser Nachbahr Rausch ein frommer Mann war mit mich, ich Sahs vor die Thür und sahe nun nach die Spitze den Berg der aber mein Haupt war so sahe ich aus der Luft eine schwarzn Strahle wie eine Feder runter kommen nach mich zu und streifte mich an meine linken Seite fiel mich dann vor die Füße nieder wo es sich verwandelte in eine Sichel und Säge aber so blang wie ein Spigel das ich mein Gesicht in das Eisen sehen konnte und mit diese Buchstaben bezeichnet das D und das S darüber wachte ich auf und war nass

Traum in die Golette im Schlaf die Mittagsstunde

Ich träumte ich war Verheirathet mit eine Prister Frau, was mein Freund war und war in ein großes Haus mit vielen Zimmer da ich drein Wohnte war Dunkler als die Anderen, da kam meine Muhme ihr Sohn, Stabo, der brachte mich ein Pfd Tabak in einen Sack und schieteten denselben auf den Tisch da rührte ich mit meine Hand drein, so wurde es ein großer Haufen nun faste ich eine Pfeife stopfte sie an mit den Tabak und zindete sie an mit eine kohle, aber der Tabak brennte sich schwehr an doch war er so geschwind verschwunden das mich der Rauch noch nicht in Mund kam und sah ihm mit der größten Geschwindigkeit den Rauch aus mein Mund fligen.

In denselben Traum befand ich mich in Tunis, zwischen viele große Häusr da war ein Jude welcher auf ein Stein sahs, und rufte ein Wahrsager ein Islam der hatte sich sein Baart rasirt und ein Strohhuth auf sein Haupt dieser faste mich bei der Hand, und ging mich nach den Meerthor aber auf denselben weg fand ich den

---

228 Französisch: Ligne perpendiculaire: Senkrechte.

Bedienten von Prediger Davis welcher sehr freundlich zu mich war, dieser sahs auf eine Steinerne bank für ein Haus das gegen ein Maurischen Kirchhof stadt da auch noch viele Islam bei ihm rum waren foderte von jeden ein halben Piaster raus ging nachher an ein Haus wo der Prediger Davis früher drein gewohnt hatte zog bücher an die Thür raus um sie da zu verkaufen, welche Italiänisch waren, ich ging ihm nach bis in ein Zimmer da sah ich auf ein stück Kupfer die Stadt Meiland, ich laas die Inschrift welche Italiänisch war, da scheinte mich eine Altefrau die in Alkofen verstochen war das ich mich sollte das Zimmer raus machen darauf wachte ich auf aus dem Schlaaf

Traum in der Nacht vom 24 bis 25ten [****] Im Jahre 1265, oder 1849

In mein Haus waren Vier Soldaten und ein Neger die Packten ihre Sachen ein und mein Haus war Schmutzig mit Heu und Kohlen. Unter diese Soldaten befand sich ein Griche diese hatte seine grichesche Hose an was mich eine Schande wahr ein Griche aus meinen Haus gehen zu sehen, dan zog er sich aber Soldaten Hosen an, und verwandelte sich zu ein Schwarzen so ging er dann aus mein Haus ohne gekannt zu sein,

[Die Fortsetzung fehlt. Eine gleichdatierte, ebenfalls unvollendete Variante auf derselben Seite mit dem Datierungszusatz »des Morgens von 2 bis 3 Uhr« lautet:]

In mein Haus waren 4 Soldaten und ein Neger die packten ihre Sachen, und mein Haus war Schmutzig mit Heu und Kohlen. Dabei in disen Traum befand ich mich auf das Gebirge Sidi bin Lachcen[229] aber das Gebirge war sehr hoch und ein großes Haus das von Soldaten bewohnt war

6.4 [Aphorismen]

[Verstreut im Manuskript sind noch folgende lyrische und Prosa-Aphorismen, wobei es uns schwer fällt, zu bestimmen, ob es sich um Krüger-eigenes Schaffen oder Fremdanleihen handelt, die jedenfalls Gemütslagen des deutschen »Zwangs-Maghrebiners« und Trostbedarf in besonders »dunklen« Stunden durchblicken und nachvollziehen lassen:]

---

229 *Sidi Belhsan*: ein Heiliger, dessen Mausoleum auf einer Anhöhe am Südrande der Stadt Tunis liegt.

Wer nie sein Brod mit Thränen aß
Wer nie durch Kummer volle Nächte
Auf seinen Bette weinend saß,
Hat kein Gefühl für Menschenrechte,
Dem gilt es wirklich einerlei,
Ob er frei oder Sclave sei.[230]

Das Leben der meisten Menschen ist doch ein elend Ding von Mutterleibe an bis sie begraben werden. Da ist nichts als Sorge, furcht, verdruß, Hoffnung und zuletzt der Tod, sowohl bei dem, der in Gold und seide einhergehet oder kronen trächt als bei dem der in leinen Kittel einhergeht.

Trau wenig Menschen in der Welt,
Es gibt sehr wenig edle Seeln
Der dier am besten oft gefällt,
kann seinen Sinn verhälen
Ach wer nur Traue dem äußern Schein

****

Gold und Reichthum ist vergänglich,
Weisheit schütz vor Sorge nicht
Kronen tragen ist bedenklich,
Ehre ist ein Irrwisch Licht,
Nur das Glück das Freundschaft gab
Nehmen wir mit ins Grab.

---

230   Die drei ersten Verse entstammen dem Lied des Harfners in Goethes *Wilhelm Meisters Lehrjahre*. In den fraglichen drei anderen fällt das Wort *Menschenrechte* auf, umso mehr in Zusammenhang mit dem armen Krüger, der der Missachtung der Menschenrechte in krasser Weise zum Opfer gefallen war.

[Eine arabisch-muslimische Gottesanrufung]

[Als die beachtenswerteste Stelle unter den wenigen losen Einschüben in arabischer Sprache in K1 erscheint uns folgende, bewegende Anrufung Gottes, die zeitlich und emotional in Zusammenhang mit der am Ende von K2 geschilderten Haftzeit zu stehen scheint. Es kann kaum angenommen werden, dass das Stück, von der sprachlichen Qualität her eine Mischung aus hocharabischer und Umgangssprache, von Krüger selbst verfasst wurde. Eher handelt es sich um eine Abschrift aus einer schriftlichen oder mündlichen Quelle:]

بسم الله الرحمن الرحيم
شكيتك لربّ العالمين قضيتي لعلّك يا ربّ تفرج كربي وما كنت يا ربّ
لغيرك شاكي فقد مسّني هذا الزمان بضرّه وأصبحت في الأنكاد بعد الأماني
تغربت عن ناسي وأهلي وجيراني ومن كان يرعاني ويرعى زماني
ولا حبيب يأتي يزورني ويشفق عن حالي ويعرف ما بي ألمي
مدة السّجن صرت مراقب غريب ذليل منفرد عن أحبابي
يوم الذي دخل السجان لحاجتي فارتعبت وقلت هذا فراق من الدنيا
بكيت حتى بكى الحمام لغربتي
ينوح على الأغصان في كلّ وادي
بالله يا حمام البرّ بلغ سلامي إلى الوالد المرحوم كان باقي
واقصد إلى أمي تنوح على فراقي
لبست لباس الحزن كما لباسي
يا من شفى أيوب بعد بلاه بقضاك يا وهاب بلغ مرادي
توسلت بالعمران والنور والنساء ويسين والدخان اطلق سراحي
لو كانت الدنيا تدوم لأهلها لكان رسول الله حيا وباقي
ولكن تفنى ويفنى نعمها وتبقى الذنوب كما هي.

Landes- und Völkerkundliche Beobachtungen/Sonstiges

[Übersetzung:]

Im Namen Allahs, des Erbarmers, des Barmherzigen!
Dir, Weltenherrn, erhebe ich meine Beschwerde, mögest Du, O Gott, mir meine Pein entheben,
und bei keinem außer Dir, O Gott,
Hab ich mich je beklagt. Die jetzige Zeit hat mir von ihrem Unheil etwas zugefügt, sodass ich ins Unglück geraten bin, nach der Zuversicht.
Ich habe mich entfernt von meinen Leuten, meinen Angehörigen, meinen Nachbarn und allen, die mich behüteten und meine Welt beschützten.
Kein Freund kommt mich besuchen und sich meiner Lage erbarmt, und von dem Kenntnis nimmt, worunter ich leide.
In der Haft wurde ich unter Bewachung gestellt, erniedrigt, von meinen Freunden isoliert.
Als der Scherge mich abholte, habe ich gezittert und gesagt: das ist mein Scheiden von der Welt.
Ich habe geweint, bis auch die Taube meinen Abschied jämmerlich beweint hat;[231]
Sie jammerte auf den Ästen und in allen Tälern.
O gütige Taube entrichte in Allahs Namen meinen Gruß meinem Gottes Erbarmen genießenden Vater, falls er noch am Leben ist;[232]
Und geh zu meiner Mutter, die meine Trennung jämmerlich beweint.
Ich habe das Trauerkleid als meine Bekleidung angezogen.
O Du, der Heil über Hiob nach seinem Drangsal gebracht, durch Deine gnädige Fügung, O Segensspender, erfülle mein Verlangen;
Ich flehe an im Namen [der Koransuren:] »Das Haus Imran«, »Das Licht«, »Die Frauen«, »J. S.« und »Der Rauch«,[233] erlöse mich aus der Haft.
Wenn die diesseitige Welt ihren Bewohnern ewig bleibt, wäre Allahs Gesandte noch am Leben wohlerhalten,
Doch sie vergeht und mit ihr vergehen ihre Güter, während die Sünden unverändert bleiben.

---

231   Die klagende Taube ist ein beliebtes Motiv in der elegischen arabischen Dichtung.
232   Eigentlich wird das Wort *al-marhûm*, wie in diesem Fall, für Verstorbene im Sinne von »selig«, »der Selige« benutzt. Doch der folgende Ausdruck *kân bâqî* klingt umgangssprachlich in der Bedeutung: »sollte er noch am Leben sein«.
233   Es sind in der Reihenfolge die 3., 24., 4., 36. und 44. Sure des Korans.

Zeitgenössische Zeugnisse über Krüger und seine Welt

1 1835 – Fürst Herrmann von Pückler-Muskau

Semilasso in Afrika.
Stuttgart (Hallberger) 1836.Bd. 3, S. 279–287.

Im Anschluss an seinem Aufenthalt im von Frankreich seit Juli 1830 besetzten Algier, weilte Fürst Pückler von April bis November 1835 im benachbarten Land, der Regentschaft von Tunis.[1] Vom Landesherrn (erst Hussein Bey dann, ab 9. Mai, seinem Bruder Mustapha Bey) und seinem Hof in Ehren gehalten, war der deutsche Aristokrat (mit Empfehlungsschreiben aus höchsten französischen Stellen versehen) vielfach Gast im Bardo, der Residenz der Herrscher-Familie und des Hofstaates. Bei der folgenden Schilderung einer Gerichtssitzung wird das Licht auf die Aufsehen erregende Funktion der »Schater« geworfen, dieses Leibwachekorps, dem J. G. Krüger fünf Jahre später zugeteilt wird. Unter Ahmed Bey, Krügers erstem Dienstherrn (den Pückler hier als Thronanwärter erwähnt), ändert sich, im Zuge eines Militärreform-Ansatzes, das hier beschriebene traditionelle Kostüm, um der nüchterneren, europäisierten Uniform Platz zu lassen, in der Krüger noch 1881 gesehen wird.

[Tunis,] den 7. Juni [1835]

Heute früh hatte ich meine Abschiedsaudienz im Bardo, da ich in wenigen Tagen die Reise ins Innere anzutreten gedenke. [...] Ich dankte dem Bey,[2] welcher mit großer Artigkeit Alles thut, um mir die Reise in seinem Reich bequem zu machen, vielmals, daß er mir dieselben gütigen Gesinnungen erhalten habe, die sein verstor-

---

[1] Zu Pückler in Tunesien siehe Mounir Fendri, Kulturmensch in ›barbarischer‹ Fremde 1996, S. 190–221.
[2] Mustapha Bey (1835–1837), der während Pücklers Besuch die Nachfolgschaft seines kurz vorher gestorbenen Bruders Hussein Bey antrat.

bener Bruder mir früher bewiesen. Der Bey antwortete durch den Chevalier Raffo,[3] welcher verdolmetschte: das verstehe sich von selbst, und überdies sähe er sich, seit er das Unglück gehabt, seinen erhabenen Bruder und Herrn zu verlieren, auch jetzt noch, mehr wie dessen Diener, als für den Souverain dieses Landes an. Ich theilte ihm hierauf meinen Wunsch mit, der Sitzung im Justizsaal beiwohnen zu dürfen, welches er ebenfalls auf die verbindlichste Weise genehmigte.

Die Ceremonie ging mit vieler Würde von statten. Man bekleidete zuerst den Bey mit einem cramoisirothen seidenen Talar, worauf er, in der Mitte seiner zahlreichen Hofleute, über den großen Hof in Procession nach dem Justizsaal schritt. Dem Zug voran gingen, in weiß und rothem reichen Costüm, die vier türkischen *Schatar*s, mit dem *Schausch Salam* an ihrer Spitze, der sich durch eine noch kostbarere und buntere Tracht, mit einem ungeheuern Turban auf dem Kopfe, bemerkbar machte. Diese *Schatar*s standen früher im Dienste des Großherrn und waren sehr wichtige Personen, denn ihnen lag es ob, wenn der Pascha vom Sultan verurtheilt wurde, ihm die verhängnißvolle Schnur zu appliciren. Zu dem Ende tragen sie sonderbarerweise noch jetzt einen vergoldeten Metallgürtel um den Leib, an welchem sich vorn eine große Kapsel befindet, in der sonst die Schnur aufbewahrt wurde. Jetzt ist sie leer, wie wir uns selbst überzeugen konnten, denn die *Schatar*s machten nach vollendeter Feierlichkeit keine Umstände, ihre Gürtel abzuschnallen und sie genau von uns untersuchen zu lassen.

Sobald der Bey in den Justizsaal tritt, kündigt der *Schausch Salam* mit Stentorstimme seine Ankunft durch einen Gruß in türkischer Sprache an, und wiederholte diesen, wenn der Pascha auf seinem erhöhten Throne Platz genommen hat. Dasselbe geschieht von Seiten des *Schauch* auch nachher bei jedem Mitgliede des Divans, welches in den Saal tritt, und einen solchen Grüßer für alle Welt fand ich sehr bequem. Der Bey allein und einige Schreiber sitzen, alle Uebrigen müssen stehen, obgleich der Aufenthalt mehrere Stunden dauerte. [...] Demungeachtet hielt der links des Thrones stehende *Basch-Hamba* (General der *Hamb*i, eines Corps von 300 berittenen Offizieren) einen Jeden während der Operation am Arme fest, um ihn an irgend einer möglichen Treulosigkeit zu hindern. [...]

Nachdem dies vorüber war, wurde dem Hofe und den Vornehmsten Caffee präsentirt, aber dem Bey allein zugleich eine prächtige, acht bis zehn Fuß lange Pfeife gebracht. Sobald er sich mit einigen Zügen daraus gestärkt, begann er die Justizpflege. [...] Es bleibt mir noch zu erwähnen übrig, daß rechts neben dem Bey, auf der Stufe des Throns, sein ältester Sohn, *Sidi Achmet Bey*, ein Prinz von 26 Jahren, stand,

---

3 Giuseppe Raffo, ein italienischer Schwager Mustapha Beys, der damals die Stellung eines »Außenministers« innehatte.

der mit der ausgezeichnet ehrfuchtsvollsten Weise [...] bald dem Vater seine Brille hinreichte, um eine erhaltene Supplik zu lesen, oder ihm selbst ein silbernes Becken zum Ausspucken hinhielt, ohne sich im geringsten dieser niedrigsten Dienste vor dem versammelten Hofe zu scheuen. Links stand, wie bemerkt, der *Basch-Hamba*, und etwas weiter davon der neue *Sapatapa*,[4] der oft seinen Platz verließ, um sich mit den, etwa zehn Schritte entfernten, Parteien besser zu verständigen, und dem Bey dann darüber genaueren Report abstatten zu können.

---

4   *Saheb at-tâba*‹ (etwa: Siegelbewahrer), eine Art »Premierminister« im tunesischen Bey-Staat.

2 Um 1840 – Christian Ferdinand Ewald

Ein Brief aus Tunis.
In: Barmer Missions-Blatt, Nr. 14, 12. Juli 1841.

Wie sich aus der Einleitung gezeigt und aus Krügers Ausführungen erwiesen hat, wurde die anglikanische Missionsstelle in Tunis auf die deutschen Legionsdeserteure und Religionsabtrünnigen besonders aufmerksam. Der erste Leiter dieser Stelle war Ch. F. Ewald,5 ein bekehrter Jude, der schon 1832 im Auftrag der Londoner Gesellschaft zur Bekehrung von Juden nach Algier und von da nach Tunis gekommen war. Bis 1841 hat er die Stelle (im wirkungsvollen Schutz des englischen Konsuls und in Koordination mit einer Regionalzentrale in Malta) geführt und wurde von dem oben oft erwähnten Nathan Davis abgelöst. Abgesehen von einem 1837 erschienenen Buch über eine Reise von Tunis bis Tripolis (1835),6 sind von Ewalds Tunis-Aufenthalt Briefe erhalten, die in deutschen (und englischen) Missionsblättern willkommene Aufnahme fanden (doch mit mehrmonatiger Verspätung erschienen). Am Beispiel des folgenden Schreibens, der von dem Fall verschiedener Deutscher in Tunis um 1840 handelt, unter denen sich, als einen der erwähnten »Schater«, unser Krüger vermuten lässt:

Seit dem Tod des lieben Br. London stehe ich nun wieder ganz allein auf meinem Posten. Doch nein, Jesus Christus steht mir zur Seite, stärkt, tröstet und ermuntert mich. Dem deutschen Deserteur Sch. habe ich nun auch fortgeholfen: Seine Verwandte in Deutschland, an die ich mich durch Br. H. wendete, nahmen sich seiner nicht an; er hat aber einen Paß erhalten, und ist von hier aus über Smyrna nach Griechenland gegangen. Der Same des Geistes Gottes, der hier in sein Herz gestreut wurde, blieb nicht fruchtlos; er weinte bittre Thränen der Reue, und gestand, daß ein leichtsinniges Leben ihn zu diesem Schritte geführt habe. Sein ganzes Betragen zeugte von der Aufrichtigkeit seiner Buße; er war während seines hiesigen Aufenthalts still und ruhig und arbeitsam, so daß er Andern als ein Muster vorgehalten werden konnte. Es ist doch ganz eigen, daß mancher Deutsche den Herrn in der Ferne findet, den er in der Heimath nicht suchen wollte. Gegenwärtig wohnt wieder

---

5 Zu Ewald in Tunesien siehe Mounir Fendri, Kulturmensch in ›barbarischer‹ Fremde 1996, S. 174–189.
6 Dr. Paulus Ewald (Hg.) : Reise des evangelischen Missionar Christian Ferdinand Ewald. Nürnberg: Ferdinand von Ebner 1837.

ein deutscher Tonkünstler, namens M.,[7] in meinem Hause. Er ist aus P. gebürtig, und wurde mir von Malta aus empfohlen. Auch an dem Herzen dieses geschickten Mannes arbeitet der Geist Gottes; als Heide verließ er die Heimath, und der göttliche Same wurde zuerst von den Brüdern in Jerusalem, dann von denen in Cairo in sein Herz gestreut; nun geht eine Falte seines Herzens nach der andern auf, und er sucht ernstlich seiner Seele Seligkeit. Der Herr gebe sein Gedeihen dazu! – Seit mehreren Monaten haben wir einen recht unglücklichen Deutschen hier, dessen Geschichte laut verkündet, wie eine verkehrte Philosophie das menschliche Herz verwirren kann.[8] Er ist der Sohn eines Gärtners aus dem Herzogtum A., namens H., und studirte in seiner Vaterstadt, und in Halle, auch ein halbes Jahr in Berlin. Sein Vater gab ihm unklugerweise eine ziemliche Summe Geldes, das ihm auf der Universität durchhelfen sollte. H., der, wie er sagte, eine Verbindung aufgeben mußte, an welcher er mit ganzem Herzen hing, fühlte sich nicht mehr wohl in Berlin, nahm sein Geld zusammen, und verließ Deutschland. Er kam durch Frankreich nach Marseille. Dort faßte er den Entschluß, ein Muhamedaner zu werden, und nie mehr in seine Heimath zurück zu kehren, wo er, wie er behaupte, von einem Vorgesetzten sehr verfolgt worden sei. Er kam hieher, ging sogleich zu dem ersten Mufti, und machte diesen mit seinem Verlangen, ein Muselmann zu werden, bekannt. Der schickte ihn nach Bardo zu dem Bey, und auch dort sagte er, er wolle Muselmann zu werden. Freundlich wurde er von einem Europäer vor diesem Schritt gewarnt; doch H. blieb auf seinem Vorsatze. Ehe er aber das muhamedanische Glaubensbekenntniß ablegte, fragte er, ob er durch seinen Uebertritt seine Freiheit verliere; wenn dieß der Fall sei, so werde er nie diesen Glauben annehmen. Er erhielt zur Antwort, er habe nichts zu fürchten, doch gebe man in solchen Verhältnissen keine Versprechungen. Kaum hatte er aber das *La Allah illa Allah, Muhammed Resul Allah* (Es ist nur ein Gott, und Muhamed ist sein Prophet) ausgesprochen, so wurde ihm angedeutet, daß er nun zu wählen habe, ob er ein Soldat oder ein Mameluk des Bey werden wolle. Nun gingen dem jungen Mann die Augen auf. Er sah, daß er ein Sclave war sein Leben lang, und die goldenen Berge, von denen er geträumt hatte, verschwanden. Es wurde ihm gerathen, ein Mameluk zu werden, welches er auch that. Diese Leute sind die Wächter des Palastes: aus ihnen werden die Polizeidiener gewählt, die in Tunis und andern Städten auf Ordnung sehen sollen; zuweilen erhalten sie auch eine höhere Anstellung, werden aber immer als Sclaven des Bey betrachtet, der sie ohne Anklage und Verhör kann hinrichten lassen. Dieß war z. B.

---

7 Wohl jener Metzger, von dem Marie von Schwartz 1848 sagt: »…und dem Professor Metzger, einem Deutschen, ist die Leitung der militärischen Musikbande anvertraut«. (M. E. v. Schwartz, Blätter aus dem africanischen Reisetagebuch einer Dame 1849, Bd. 2, S. 216).
8 Auf diese Geschichte geht Friederike London (Die Berberei 1845, S. 131–138) ausführlich ein.

vor einiger Zeit der Fall mit dem *Sachabettabe* (Siegelbewahrer), der auf Befehl des Bey erdrosselt wurde.⁹ Er war Mameluk, zeigte Talente, wurde angestellt, stieg höher und höher, erhielt die Tochter des Bey zur Frau, besaß ungeheure Reichthümer, regierte das ganze Land, so daß Alles vor ihm zitterte. – Da ließ der Bey ihn erdrosseln, warum? Weiß Niemand. Ein anderer Mameluk, auch Tochtermann des Bey, sitzt jetzt schon Jahrelang im Gefängniß.

H. war nun Mameluk, dieses Leben gefiel ihm aber nicht, und er faßte den Plan, zu entfliehen. Noch hatte er Geld, durch Vermittlung eines Juden kaufte er sich ein Pferd und einen schwarzen Sclaven, kam glücklich davon, und nahm seinen Weg gegen Bona. Allein schon in der ersten Nacht seiner Flucht wurde er von Beduinen überfallen, die ihm seine Baarschaft von 1000 Franken, nebst allem, was er hatte, raubten, ihn grausam mißhandelten, dann an Händen und Füßen banden und nackt liegen ließen. So lag der Elende vier Tage lang der brennenden Sonnenhitze ausgesetzt, bis seine Hände und Füße aufschwollen und eiterten. Eine mitleidige Hand löste ihm endlich seine Fesseln, gab ihm einige Lappen zur Bedeckung, und so schleppte er sich 3 Wochen lang herum, bis er wieder hieher nach Tunis kam. Hier fand er im Hause des österreichischen Consuls Aufnahme. Sobald ich davon hörte, besuchte ich ihn. Welch ein Jammerbild! Ernst aber mild sprach ich mit ihm. Noch konnte er sein Unrecht nicht einsehen; er sagte: »Ich bin ein Hegelianer, und nach diesem System sind alle Religionen gleich.« Nach wiederholten Besuchen erst konnte ich auf sein zerrüttetes Gemüth einwirken. Ich gab ihm Bücher zu lesen; er wurde nach und nach zugänglicher, und seitdem er von seiner Krankheit hergestellt ist, besucht er auch mich zuweilen. Mit der ersten Schiffsgelegenheit wird er nun nach Europa sefeln: es wurde hier eine Collekte für ihn gemacht, damit er die Ueberfahrt bestreiten kann. Möge dieser irregeleitete Jüngling bald wieder in den Schoos seiner Familie zurückkehren, und nie vergessen, was er hier gehört hat; und möge der Herr sich seiner erbarmen, damit er die Wahrheit erkenne und durch die Wahrheit selig werde!

Unglücklicher als diese deutschen Verirrten sind noch vier andere Deutsche, die auch von der Fremdenlegion in Algier desertirten, hieher kamen, und nachdem sie den christlichen Glauben abgeschworen hatten, bei dem hiesigen Bey als *Schater*, oder Scharfrichter, in Dienste getreten sind. Der Bey hat jetzt neun solcher Schaters. Sonderbar genug kann Niemand zu diesem Amt erhoben werden, als ein von seinem Glauben abgefallener Christ, und leider fehlt es an solchen nie. Vormals war das Amt eines Schaters einträglich: sie waren die Leute, die auf Befehl des Sultans

---

9 Gemeint ist wohl Chakir Sahab Ettaba, der zur Zeit von Fürst Pücklers Tunis-Besuch 1835 das Amt des »Premierministers« energisch führte und 1837 auf Befehl Mustapha Beys und seines Sohns und Nachfolgers Ahmed hingerichtet wurde.

den in Ungnade gefallenen Bey, oder auf Befehl des Bey irgend einen Großen des Hofes, erdrosselten. Jetzt werden sie nur als Leibwache des Bey betrachtet. Ihr jetziges Amt besteht darin, daß sie jeden Morgen in die Gerichtshalle treten, und dort die Ankunft des Bey erwarten, der mit Ausnahme des Freitags und Sonntags jeden Morgen zu Gericht sitzt. Sobald er sich nähert ruft einer aus vollem Halse: *Salam alaikum warachmat Ullah* (Friede und Barmherzigkeit von Gott sei mit Euch)! Dann begleiten sie den Bey zu seinem Throne, und stellen sich zu dessen Rechten. Einer dieser Schater ist ein Preuße,[10] der andere aus Bremen; die zwei übrigen konnte ich noch nicht sprechen. Diese Leute verheirathen sich gewöhnlich im Lande, und sind – unglücklich.

---

10   Möglicherweise Krüger oder jener Schulze/Baba Hassan, von dem H. v. Maltzan unten berichtet.

3   1842 – Gottfried Scholl

[*Zu Gast bei dem Schater Krüger-Muhamed und seiner Frau*]
Aus: Promenade à Tunis en 1842. Par le Capitaine ***. Paris 1844.

Nachstehende (vom Herausgeber aus dem Französischen übersetzte) Stelle aus dem anonym erschienenen Tunis-Reisebericht aus dem Jahr 1842 liefert wertvolle Informationen über die Anfänge von Krügers Leben in Tunis, zumal die familiären Verhältnisse, in denen er sich bei seiner ersten Ehe befand, bevor diese in die Brüche ging. Der Verfasser wurde als der Schweizer Gottfried Scholl identifiziert. Er besuchte Tunis im Mai-Juni 1842 und traf hier den Badener Johann Honneger (aus Donaueschingen) wieder, den er 10 Jahre früher kennengelernt hatte, als sich dieser auf dem Weg nach Tunis, angeblich im Auftrag des Großherzogs von Baden, zu archäologischen Zwecken befand. Er blieb in Tunis bis zu seinem Tod um 1850 und beschäftigte sich u. a. mit Antiquitätenhandel.[11] *In der kleinen Welt des damaligen Tunis konnte die Bekanntschaft zwischen ihm und dem preußischen Landsmann Krüger nicht ausbleiben. Durch Honneger hat Scholl den Bey-Schater Krüger/Ben Abdallah kennengelernt.*

Honneger hatte mir versprochen, mich zum Bardo, der ständigen Residenz des Beys, zu führen. So habe ich mich auch unter seinen Fittichen zum ersten Mal dahin begeben. […] Der innere Hof war von Zelten übersät, die die Soldaten zum Trocknen hingelegt hatten. So sah es mehr nach einer Kaserne, denn nach einem Fürstenpalast aus. Mir fielen mehrere Personen auf, die merkwürdig bekleidet waren, die aber mit ihren europäischen Zügen und blonden Haaren mit den schönen türkischen Gestalten der Mameluken und den kupfernen Teints der Araber stark kontrastierten. Es waren die *Schater* des Bey. […]

Ursprünglich waren die *Schater* das, was für uns in Europa die Henker waren. Doch, und wie man weiß, hatte ein solches Amt im Orient nichts Unehrenhaftes. Sie begleiteten gewöhnlich den Bey und trugen das nötige Rüstzeug, um beim leisesten Wink den Kopf abzutrennen, in welcher Richtung er ihnen ein Zeichen gab. Nun aber, da infolge der Mäßigung von Sidi-Achmet, dem aktuellen Bey, solche

---

11   Zu Honneger in Tunesien siehe Mounir Fendri, Kulturmensch in ›barbarischer‹ Fremde 1996, S. 165–173.

barbarische Methoden nach und nach verschwinden, sind derartige Hinrichtungen selten geworden. Sie geschehen nur aufgrund eines begründeten Urteils, und es sind nicht mehr die *Schater*, die die Vollstreckung ausführen. Heute bildet dieses kleine Korps die persönliche Leibwache des Beys; sie üben ihren Dienst in seinen Gemächern aus und begleiten ihn, wenn er zu feierlichen Anlässen ausgeht.

Der Hauptmann dieser Leibwächter ist ein Italiener, die einfachen Gardisten sind entweder Italiener oder Deutsche; es finden sich darunter weder gebürtige Moslems noch Christen. Feste Bedingung, um als Mitglied dieses Korps angenommen zu werden, ist, ein Renegat zu sein. Ihre Tracht ist eher als reich, denn als elegant zu bezeichnen. Sie tragen, wenn sie im Dienst sind, eine Art scharlachrote, durchgehend mit breiten goldenen Galonen besetzte Tunika, eine bunte »*Scheschia*« [tunesische Mütze] und ein Schwert an einem breiten Gehänge, ähnlich bei der kirchlichen Schweizergarde. Außerhalb des Dienstes ziehen sie einen Offiziersmantel und die gewöhnliche »*Scheschia*« an. Honneger kannte mehrere dieser *Schater*; so zeigten sie uns mit viel Zuvorkommenheit den Saal, wo der Bey seine Gerichtssitzungen hält, einen großen Raum, der im Grunde nichts Bemerkenswertes hat, sowie den Zoo, ein richtiges Grab, in dem es als lebende Tiere nur zwei armselige Löwen gab. [...]

Ich bin mehrmals von einem der deutschen *Schater* aufgesucht worden, den ich im Bardo sah. Dieser Mann, ein Gebürtiger Preuße, der ehemals Krüger hieß, ein Name, den er mit dem Muhameds vertauschte, erzählte mir interessante Details aus seinem abenteuerlichen Leben: Als Deserteur der Fremdenlegion in Algier, hatte er fünf Jahre lang bei den Stämmen im Landesinneren gelebt, wo er zahlreiche Widerwärtigkeiten erleiden und sich der Beschneidung unterwerfen musste, um sein Leben zu retten. Anschließend ist er in den Dienst des Bey in einem Kavallerie-Regiment getreten, wurde aber für gute Führung damit belohnt, dass er dem *Schater*-Korps zugeteilt wurde. Wenn keine glänzende, so gewährt ihm diese Stelle doch eine ziemlich günstige Existenz. Ich hatte früher seine Lebensdarstellung, die im September 1841 geschrieben und von M. F. de Larra im »Sentinelle de l'Armée« unter dem Titel »Un déserteur en Algérie« publiziert wurde, gelesen. Die Geschichte, die er mir von seinem Abenteuer erzählte, stimmt vollkommen mit dem Inhalt dieser biographischen Darstellung überein. Da kann der darauf neugierig gewordene Leser die einzelnen Umstände erfahren; hier möchte ich mich darauf beschränken, vom Inneren seines häuslichen Lebens zu sprechen, in welches er mir mit einer mehr deutschen denn muslimischen Bereitwilligkeit Einblick gewährt hat.

»Während Ihres Aufenthalts in Tunis«, so sagte er mir eines Tages, »würden Sie wahrscheinlich nie die Gelegenheit haben, ein türkisches oder arabisches Haus zu betreten; es tut mir leid, dass mein eigenes sehr bescheiden und ärmlich ist, doch weil es Ihnen einen allgemeinen Eindruck solcher Wohnhäuser bieten könnte, zumal sie sich alle ähneln, bin ich vom ganzen Herzen bereit, Sie dahinein einzulassen.«

Es versteht sich von selbst, dass ich ohne Zögern sein zuvorkommendes Angebot annahm, und am selben Tag bin ich zu ihm gegangen, in Begleitung von Honneger und dem jungen Deutschen, von dem bereits die Rede war, und der den Wunsch äußerte, mit von der Partie zu sein.

Krüger-Muhamed oder Muhamed-Krüger, je wie man ihn auch nennen will, wohnte weit weg in einem seltsamen Winkel der Stadt.

Nachdem wir durch einen Teil des Basars durchgelaufen sind, dann das Judenviertel, welches mir viel weniger schmutzig als erwartet erschien, und dann noch einige mir vollkommen unbekannte Straßen, sowie durch einen hübschen Platz, wo ich u. a. eine sehr schöne Moschee[12] und ein zweistöckiges Haus mit Fenstern auf die Straße und einer fast europäisch aussehenden Fassade (eine Wohnung die, wie man mir sagte, von einem abtrünnigen Mameluken gebaut wurde, der zu großem Reichtum in der Regentschaft gekommen war),[13] erreichten wir schließlich eine Art ungepflasterter Vorstadt, wo alle Erscheinungen auf krassestes Elend hindeuteten. Es ist ein sehr dicht bevölkertes Viertel, wo die Wohnungen besonders begehrt sind, und zwar wegen des Privilegs, das es genießt. Dieses Viertel ist ein Asyl, ein Zufluchtsort für nichtzahlungswillige/-fähige Schuldner. Weder Gläubiger noch Polizeiangestellte, weder Schergen noch Vollstreckungsnotare sind befugt, hier den Fuß zu setzen. Kaum hat ein Pleitier die Grenze, eine kleine Tür, überschritten, findet er sich in absoluter Freiheit, solange er sich nicht wieder aus der privilegierten Schutzzone hinaus wagt. Da die Bewohner beinahe sich selbst überlassen, größtenteils suspekte Subjekte sind, kann man sich leicht vorstellen, dass es für ehrliche Menschen nicht ratsam ist, sich in dieses Viertel ohne Eskorte zu wagen. Auch war uns nicht entgangen, dass man bereits auf uns unwohlwollend und voller Misstrauen schielte, als Muhamed uns entgegen kam und ungehindert zu sich führte.

Er hatte sich vor wenigen Jahren mit der Tochter eines türkischen Soldaten vermählt, lebte mit der Familie seiner Frau und fühlte sich recht glücklich. Vier Generationen bewohnten dieses Haus: Der Türke und seine Frau, noch frisch wie eine Rose, und kaum über 35 Jahre anmutend; die Mutter letzterer, eine gute, noch »grüne« und sehr saubere Alte; des Paars drei Töchter, von denen zwei verheiratet und Mütter hübscher Babys waren; die dritte Tochter war noch ein Kind, soweit das Wort auf eine Frau von über elf Jahren hierzulande, physisch gesprochen, passen

---

12 Die um 1808 (von dem Wesir Jussuf Sahib-attaba) erbaute *Sahib-attaba*-Moschee am Platz al-Halfaouin in der Altstadt von Tunis.
13 Gemeint ist der griechischstämmige Mustapha Khaznadar, der bis zu seinem Sturz 1873 mächtigste Mann in der Regentschaft von Tunis und dessen Stadtpalast noch heute am Halfaouine-Platz sichtbar ist.

kann, denn in moralischer Hinsicht erlauben ihnen die erhaltene Erziehung und der geführte Lebenswandel nie, das Stadium der Kindheit ganz zu verlassen.

Wir fanden auch Muhameds Schwager, einen Renegaten aus Hamburg, der früher ein Mameluk des Beys von Constantine war, jetzt gleich Krüger als *Schater* diente.

In diesem Haus wurden wir aufs Herzlichste empfangen. Die jungen Frauen beeilten sich, uns ausgezeichneten Kaffee zuzubereiten, während die Ehemänner uns das Innere ihres Haushaltes in allen Einzelheiten zeigten. Auf einen, von hoher Wand ummauerten und einem Feigenbaum überschatteten Innenhof öffnen sich, dem Boden gleich, einige mit einem Divan und einem sehr sauberen Bett möblierte Zimmer. Letzteres, mit bis zur Decke reichenden Säulen versehen, nimmt den ganzen hinteren Grund des Raumes ein, sodass man, wenn die Vorhänge zu sind, sich wie in einer Art Alkoven vorkommt, der vom Rest abgetrennt ist.

Die Frauen hatten Babuschen ohne Strümpfe an den Füssen und seidene, bis zu den Waden herabfallende Hosen. Ihre Haare waren prachtvoll; nie habe ich solch füllige, dunkelschwarze, glänzende Haarflechten gesehen. Man merkt, dass sie viel Sorgfalt auf deren Pflege verwendeten. Ihr Teint war von hervorragender Helle und Ausstrahlung. Die Augen waren groß und ausdrucksvoll, die Gesichtszüge regelmäßig und der Wuchs wohlgestaltet.

Erst seit zwei Jahren verheiratet, hatte Krüger schon zwei Kinder. Seine Frau war etwa 14 Jahre alt, reizend, und er schien in sie sehr verliebt. Die Frau seines Schwagers, wenn auch etwas älter, war sicher schon seit fünf Jahren verheiratet. Die Frauen, ebenso wie ihre Mutter, würde man in jedem Land als hübsch betrachten. Nur an der Brust hätte man auszusetzen gehabt. Sie schien mir, ob an einer Fehlgestaltung der Bekleidung gelegen, wegen des heißen Klimas oder weil sie früh heiraten, unförmig sitzend. Auch die Zähne lassen darauf schließen, dass keine Zahnbürste sie je berührt hat.[14]

Was die allgemein gebräuchliche Sitte angeht, die Augenbrauen zu färben und beide in einen einzigen Bogen über der Nase zusammenzukoppeln, sowie diejenige, die Fingernägel schwarz oder rot zu malen, daran könnte man sich wohl gewöhnen. Dieser Brauch ist freilich nicht lächerlicher als die Schönheitspflästerchen oder das Puder bei uns im vorigen Jahrhundert, oder heute die gepolsterten Korsette und die Ohrenanhänger.

Die Frauen zeigten uns ihre recht einfachen und spärlichen Haushaltsutensilien,

---

14 Vermutlich lag es an der bräunlich-gelben Färbung, die sich die arabischen Frauen früher durch eine besondere Baumrinde, »*ssuek*« genannt, in kosmetischer, zugleich »zahnmedizinischer«, Hinsicht zuzogen.

sowie ihre Musikinstrumente, ein Tamburin und eine Handtrommel, auf die man mit den Fingern oder dem Handrücken schlägt [...]

Muhamed-Krüger sagte mir auf Deutsch, indem er auf seine junge Frau zeigte: »So wie Sie sie sehen, möchte ich sie um nichts auf der Welt dem Blick eines Mohammedaners preisgeben, wie ich es für Sie tue, auch wenn er mein bester Freund wäre. Das wäre unvorsichtiges Handeln gegen die Gebräuche; solch ein Mann würde alles darauf setzen, um sie zu verführen, was leicht fallen würde. Sie liebt mich, glaube ich, doch die Weiber in diesem Land sind derart gewohnt, sich nur für einen Zweck bestimmt zu betrachten, dass es ihnen natürlich erscheint, wenn sie der eigene Mann nicht einsperrt, sich der Wollust anderer hinzugeben. Wäre mein Mann eifersüchtig, so würden sie denken, hätte er es mir nicht so leicht gemacht, ihm untreu zu sein. Sie machen gar keinen Unterschied zwischen einer wilden Eifersucht und der Sorgfalt, mit der ein jeder ehrlicher Mann seine Ehre zu pflegen hat. Sie verstehen mitnichten die Bedeutung von Vertrauen, und ziehen Blumen, Wohlgerüche und Schmuck den zartesten Gefühlen vor.«

So sprach Krüger-Muhamed und ich dachte bei mir selbst, man brauche nicht unbedingt das Mittelmeer zu durchqueren, um auf Frauen solchen Charakters zu stoßen.

Ich verschone den Leser mit der Beschreibung des übrigen Wohnortes, der sonst nichts Interessantes aufweist.

Nicht aus Neigung hat diese ganze Familie in dieser Asylstätte ihren Sitz aufgeschlagen. Sie besaß ein gutes Haus in einem vornehmen Viertel im Inneren der Stadt. Doch in Tunis, wie in Europa, betrübt der böse Geist der Schikane mehr als einen Haushalt und macht so viele Unglückliche. Ein Prozess, der lange währte, und den sie, wie alle Kläger, zu gewinnen hofften, trieb sie in einen vorübergehenden Engpass. Um sich ihm zu entziehen, zogen sie vor, ihr Haus in der Stadt zu schließen und ins Asylviertel »auf Urlaub zu gehen«, sich einige Entbehrungen gefallen zu lassen, um ihre Gläubiger zufrieden zu stellen. Eine durchaus alltägliche Handlungsweise, übrigens, die niemand erstaunt.

4   1848 – Marie E. von Schwartz

Blätter aus dem africanischen Reise-Tagebuche einer Dame.
Band II: Tunis. Braunschweig 1849, S. 267–273.

Die deutsch-englische Autorin, Marie Esperance von Schwartz (1818–1899), die ihren zweibändigen nordafrikanischen Reisebericht 1849 anonym erscheinen ließ, hat nachträglich ihre schriftstellerische Karriere unter dem Pseudonym Elpis Meleni fortgesetzt. Im Frühjahr 1848 hat sie in Begleitung ihres Mannes, des Hamburgers Ferdinand von Schwartz, Algier dann Tunis besucht, wo sie von J. G. Krüger erfuhr und ihn eines Tages persönlich kennenlernte.[15] Die biographischen Angaben über Krüger sind zum Teil nicht treffend. So z. B. dass er »ein Rheinländer« und in die Fremdenlegion erst in Algier getreten sei.

1   [Tunis] den 6ten April [1848]

Vor einiger Zeit erzählte mir F., er sei von zwei deutschen Renegaten – einem Hamburger und einem Preußen –, die seit vielen Jahren hier im Dienste des Beys sind, als Landsmann aufgesucht worden; ich hatte bis jetzt keinen von beiden gesehen, und als ich heute Nachmittag mit Schreiben beschäftigt und allein zu Hause war, ließ sich ein Deutscher, Namens Abdallah, anmelden. Als ich ihn eintreten ließ, vermuthete ich sogleich, es werde kein anderer als einer der Renegaten, die F. kennen gelernt hatte, sein. Ich sagte ihm, F. sei nicht zu Hause; allein da das dem Fremden nicht bewog, seinen Besuch aufzugeben, bot ich ihm einen Stuhl an, nahm meine Handarbeit vor und bat ihn mir zu erzählen, was ihn veranlaßt habe, seine Religion abzuschwören und seinem Vaterlande auf ewig »Lebewohl« zu sagen. Die Erlebnisse dieses Mannes sind in der That so unglaublich in ihrer Mannigfaltigkeit, daß sie mit Recht einen Theil des kleinen Werkes des Herrn David über Nordafrica einnehmen, auch hat die Frau eines Missionärs, eine Deutsche, diese Beschreibung

---

[15] Über den Aufenthalt von Marie E. v. Schwartz in Tunesien siehe Mounir Fendri, Kulturmensch in ›barbarischer‹ Fremde 1996, S. 245–257.

der Schicksale des Abdallah treu in ihre Muttersprache übersetzt, weshalb ich nur den flüchtigsten Umriß davon geben will.

Johann Gottlieb Krüger, ein preußischer Rheinländer, wurde in seinem zwanzigsten Jahre für die preussische Armee angeworben; er desertirte von derselben, begab sich nach Algier, wo er in die französische Armee trat, um aber ebenfalls auszureißen. Er flüchtete nach dem Innern von Africa, wurde von den Arabern gefangen genommen und rettete sein Leben nur mit genauer Noth, indem er den Turban und den mahomedanischen Glauben annahm, bei welcher Ceremonie er den Namen Mohamed Ben Abdallah bekam. Demnach mußte er sich den größten Grausamkeiten unterwerfen und erlebte die härtesten Schicksale. Zu wiederholten Malen wurde er beim Versuch einer heimlichen Flucht gefangen genommen und als Sclave verkauft, und öfters hat er den Tod von den barbarischen Bewohnern oder den wilden Thieren der unabsehbaren Steppen Africas erleiden zu müssen gefürchtet. Nach vielen Jahren eines so bedrohten Lebens lächelte Fortuna ihm wieder etwas zu. Er kam in die Hände des Beys des Lagers, der ihn nach Tunis brachte und seinem Vetter, dem jetzt regierenden Bey Achmet, überließ. Nachdem Abdallah mir das mit vieler Ausführlichkeit erzählt hatte, fragte ich ihn, welche Stelle er jetzt in des Beys Dienste eigentlich einnehme, worauf er mir mit tiefer, hohler Stimme erwiederte: »ach ich bin nicht Soldat, bin nicht bei der Polizei angestellt, bin weder Mamluk noch Hamba, ich bin, – was man Scharfrichter nennt.« Kaum hatte er dieses Wort ausgesprochen, so that ich unwillkürlich einen lauten Schrei des Entsetzens, ließ meine Handarbeit fallen und flog in einem Schritte bis an die entfernteste Ecke der Stube. »O fürchten Sie sich nicht, gnädige Frau«, fuhr er fort, als er gewahr wurde, wie magisch die Benennung eines solchen ehrenvollen Amtes auf mich gewirkt hatte. Es ist nicht so schlimm, wir heißen nur Schater, welches freilich Scharfrichter bedeutet, aber nicht dieselben Verpflichtungen auferlegt, wie in Europa; ich gebe Ihnen die Versicherung, daß ich noch nie einen Menschen hingerichtet habe. Obschon diese seine Betheuerung bei mir keineswegs den peinlichen Gedanken – mich nämlich über eine Stunde an einem und demselben Tische, mit einem ein so fürchterliches Handwerk ausübenden Manne, mit dem Scharfrichter von Tunis, ganz gemüthlich unterhalten zu haben – verwischte, so machte ich doch gute Miene zum bösen Spiele, und im Bewußtsein, daß man doch manches Fremdartige in Africa – ja sogar einen Scharfrichter mit Gleichmuth zu empfangen – lernen müsse, nahm ich meine Handarbeit wieder auf und setzte mich an meinen früheren Platz, um das Collegium eines mir so neuen Professors mit Aufmerksamkeit anzuhören. Es sind unserer neun, fuhr Abdallah fort, und keine Anderen als Renegaten können das Amt eines Schaters bekleiden. Es ist unsere besondere Pflicht, den Bey bei seiner Ankunft im Bardo an den Audienztagen zu empfangen; vier von uns stehen zu seiner rechten, und fünf zu seiner linken Seite, während er Verhör hält, und beim Vorlesen gewisser Documente müssen wir den Säbel entblößt in der Hand halten. Darauf fing Abdallah an, mir eine so genaue Beschreibung verschiedener Strafen zu geben, daß ich nicht umhin konnte, zu denken, daß, wenn er auch den Namen ›Schater‹ nur als Ehrenwürde trüge, seine Wissenschaft in der Schwesterkunst der Hinrichtung zu groß sei, um mich in seiner Nähe geheuer zu fühlen. Ich hatte gehört, daß Hinrichtungen in Tunis täglich stattfänden und fragte Abdallah, ob das wahr sei; worauf er fest behauptete, daß in den letzten zwölf Monaten keine einzige vorgekommen. Ein vorhergegangener Ausspruch des Renegaten: daß er alle Vorfälle, denen er nur beigewohnt haben möchte, verschweigen müsse, machte mich an seiner Aufrichtigkeit sehr zweifeln, und mir kam es fast vor, als seien seine Hände mit vielleicht vor wenigen Stunden vergossenem Menschenblute gefärbt. Das verhinderte mich, dem Lehrcursus, den er mir mit unermüdlichem Eifer über alle verschiedenen, gebräuchlichen Hinrichtungen hielt, aufmerksam zu folgen. Von dem Wenigen, was ich behalten habe, erinnere ich mich, daß Abdallah mir erzählte, wie die Eingeborenen des Landes auf folgende Art hingerichtet werden. Früh Morgens führt man dieselben nach der Casbah, wo ihnen das Genick umgedreht wird, dann stellt man sie unter einem Bettuche auf dem Platze der Casbah aus; bis vier Uhr Nachmittags bleibt der Leichnam daselbst liegen, und wenn bis zu dieser Stunde kein Verwandter oder Freund des Hingerichteten für dessen Beerdigung gesorgt hat, so läßt ihn die Regierung fortschaffen. Abdallah sagte mir ferner, der jetzige Bey lasse den Frauen lieber die Bastonnade geben, als sie in's Wasser werfen; er habe selbst eine gekannt, die nicht weniger als 400 Schläge empfangen habe, und sich jetzt sehr wohl befinde, was, wie mir däucht, nur beweist, daß die Frau die Schläge von sehr guten Freunden empfangen hat. Der Renegat wollte anfangen mir zu sagen, wie er selbst 300 Schläge bekommen habe, als F. in's Zimmer trat und diesem wenig erfreulichen Gespräche ein Ende machte. Uebrigens scheint Abdallah mit seiner jetzigen Stellung sehr zufrieden zu sein; seit dreizehn Jahren wohnt er in Tunis, und weit davon entfernt, zum Glauben seiner Väter zurückkehren zu wollen, trägt er den Turban sehr gern, hat seiner Heimath auf immer entsagt und eine Maurin geheirathet, – sich aber, wenn ich nicht irre, schon wieder von ihr scheiden lassen.

5 1863–1867 – Gustav Nachtigal

Briefe aus Tunis
In: Nachlass Gustav Nachtigal. Slg. Darmstaedter. Handschriftenabteilung der
Staatsbibliothek Preußischer Kulturbesitz, Berlin.

Die unmittelbare Beziehung zwischen Gustav Nachtigal, J. G. Krüger und seiner handschriftlichen Hinterlassenschaft ist bereits erörtert worden. Zugleich wurde auf die Briefe Nachtigals an die Mutter und Schwester in Stendal hingewiesen, die Auskunft über dieselbe Beziehung bieten. Im Folgenden die einschlägig betreffenden Stellen. Aus der ersten Briefstelle stellt sich heraus, dass Nachtigal, der zunächst in der ostalgerischen Küstenstadt Bône (Annaba) zur Heilung eines Brustleidens Fuß gefasst hatte, auf Rat eines »Pastor Fenner« auf die Idee kam, nach Tunis umzusiedeln, was er auch, nach einem Erkundungsbesuch im April/Mai 1863 tat und da blieb (als praktizierender Arzt) bis zum Aufbruch zu seiner berühmten innerafrikanischen Forschungsreise Ende 1868.[16]
Fenner war Jahre lang Chr. F. Ewalds und Nathan Davis' Nachfolger an der Spitze der anglikanischen (Juden-)Mission in Tunis und hatte sich, wie sie, eifrig, aber zumeist erfolglos um die Seelsorge und Rückbekehrung der deutschen »Renegaten« bemüht. So gehörte Krüger, durch Fenners Vermittlung, zu den ersten Bekanntschaften, die Gustav Nachtigal schon bei seinem ersten Besuch in Tunis schloss.

1 Bône, 18. Mai 1863

[...] Da es nun möglich oder selbst wahrscheinlich wäre, hier in Bône Beschäftigung zu finden, wenn die Autorisation zu practiziren, wie ich jetzt hoffen könnte, erfolgt wäre, so wird sie doch ziemlich lange Zeit in Anspruch nehmen und sich um eines halben oder ganzen Jahres kaum verlohnen. Ich habe mich deßwegen weiter umgesehen, mich mit dem Pastor Fenner in Tunis in Correspondenz gesetzt und bin endlich selbst hingewiesen. Der kurze Erfolg meiner Reise ist, daß ich die Zeit meines Hierbleibens dort zuzubringen gedenke, da erstens der sanitätliche Einfluß

---

16   Zu Nachtigal in Tunesien siehe Mounir Fendri, Kulturmensch in ›barbarischer‹ Fremde 1996, S. 258–297.

wohl ungefähr derselbe ist (wie die Nähe mich schon vermuthen läßt), da zweitens die Kosten auch nicht wesentlich verschieden sind und endlich die Aussicht auf Beschäftigung eine sichere, auf materiell lohnende Beschäftigung wenigstens eine durchaus nicht unwahrscheinliche ist. Der Pastor Fenner, der schon drei Jahre dort wohnt, und die Verhältnisse der Eingeborenen als Judenmissionar sorgfältig studirt hat, hat sich mit dem schwedischen Consul, der zugleich chargé des affaires de Prusse ist, in Verbindung gesetzt und beide haben in für mich sehr freundlicher Weise die Frage nach allen Richtungen ventilirt. […] Mister Fenner, Judenmissionar und englicher Kaplan, hat drei Jahre als Judenmissionar in Posen gewohnt und ist mehr Deutscher als Engländer geworden. Seine Frau ist eine Deutsche aus dem Elsaß und seine beiden Kinder sind in Posen geboren. Eine Dame aus der Schweiz, die als Lehrerin in der von Herrn Fenner eingerichteten Schule fungirt, vervollständigt den Haushalt.[…]

Eine besondere Begegnung ist mir dort [in Tunis] passirt, der ich Euch anzunehmen bitte. Ich habe dort einen Renegaten gefunden, der aus Werben ist und Krüger heißt (jetzt Mohamed-ben-Abdallah). Er ist ein Mann von 54 Jahren, dessen Leben voller Fehler, Irrthümer und Verbrechen, wenn Ihr wollt, ist, denn er ist ein preußischer Deserteur vor mehr als 30 Jahren gewesen, der aber nach langer, genauer Beobachtung des Pastors Fenner au fond ein ordentlicher Mann geworden ist, und in dem immer noch ein Rest Christenthums lebt. Er ist den Franzosen in Algerien vor 30 Jahren ebenfalls entlaufen, nach der Wüste verschlagen und so vor langer, langer Zeit nach Tunis gekommen. Er ist Thürsteher beim Bey, hat e i n e mohammedanische Frau, und sein Auskommen, wenn er auch nicht wohlhabend ist. Er hat eine entschiedene Sehnsucht nach Heimath, Familie, Religion, doch sind seine früheren Versuche, nach Hause zu kommen, als Fluchtversuche mit Bastonade und Gefängniß belohnt, und er ist am Ende nicht jung genug, um auf ganz sichere Zukunft wieder zu entlaufen. Erkundigt Euch doch umgehend, ob sein Bruder, der allerdings jetzt nach seiner Rechnung 75 Jahre sein müßte, genannt Bier-Krüger zu Werben in der Seehäuserstraße noch am Leben ist oder ob seine Kinder, drei oder vier, deren Namen ich vergessen habe, noch da wohnen und von ihm etwas wissen wollen. Dann könnte er später vielleicht unter dem Vorgeben, nach Mekka zu pilgern, nach Hause kommen und wieder Christ werden. Erkundigt Euch gleich, ich bitte Euch, denn der Mann hat großes Verlangen, und früher ist in dieser Richtung nichts geschehen, weil der preußische Consul sich darein nicht gern mischt, da er Diener des Bey und Muselmann ist. Ich möchte ihm gern so bald als möglich Auskunft erteilen können. Die Erkundigung wird gewiß durch den Pastor so und so nicht schwer sein.

2 Tunis, 9. August 1863

[...] Anbei erfolgt ein Brief von Krüger an seinen Bruder. Ich will nicht hoffen, daß das Porto dadurch vertheuert wird; doch möchte ich es ihm nicht abschlagen, ihn einzulegen. Er gefällt mir im ganzen jedoch weniger als dem Pastor Fenner.

3 Tunis, 4. September 1863

[...] An des Propheten Geburtstag wandelt der Bey mit dem ganzen Hofe von seinem Palaste in der Stadt in die Moscheen, um dort seine Andacht zu verrichten, und ich war gegangen, um diesen Zug zu sehen. Ein norddeutscher Zylinder zierte mein Haupt, weil einer meiner Patienten, *Si Chlil*, Oberst und Chef der Musikbande des Bey, mich einem General vorstellen wollte, und da die Zeit auf 7 Uhr festgesetzt war, so wählte ich meinen Platz ohne Rücksicht auf Klima etc. Die Sache dauerte bis 8, bis 9, bis 10 Uhr und ich war von 8 1/2 Uhr der Sonne ausgesetzt, ohne, in der Menge eingeschlossen und von den Truppen abgehalten, meinen Platz wechseln zu können. Auch Herr Krüger sah ich bei dieser Gelegenheit sehr stolz in rothem Rock mit goldenen Bordüren in seiner Renegatenbande einher wandeln. Schreibt seine Familie nicht bald? Er kommt jeden Posttag, um seinen Brief zu holen. [...]

Ich bin sehr viel allein, da die Familie Fenner seit acht Tagen nach Constantine in Algerien gereist ist, um den Missionar Gausberg zu besuchen, dessen Frau eine Freundin der Frau Fenner ist. Sie werden dort vier Wochen bleiben und ich gehe also höchstens alle acht Tage ein- oder zweimal zum amerikanischen Consul. Deutsch spreche ich infolgedessen augenblicklich fast garnicht, höchstens wenn Krüger einmal kommt oder ich den Klaus, den ungarischen Bedienten des Herrn Fenner sehe.

4 Tunis, 8. Oktober 1863

[...] Der Besuch der Deutschen reißt nicht ab. Augenblicklich befindet sich, und, wie es scheint, auf längere Zeit, ein Herr aus Kassel hier, der für ein Pariser Haus die Anleihe, welche der Bey gemacht hat, besorgt.[17]

Krüger kommt pünktlich jeden Posttag, um nach Briefen zu fragen, wenn Du also

---

17 Es handelte sich bei dem Kasseler um Wolfgang Schmidt, der sich in Tunis für mehrere Jahre als Vertreter des deutsch-französischen Bankiers Emil Erlanger niederließ, von dem die tunesische Regierung 1863 einen (verhängnisvollen) Kredit erhielt. In Februar 1864 durfte Nachtigal in die bequeme Wohnung Schmidts und seines Assistenten, des Frankfurters Plock, einziehen.

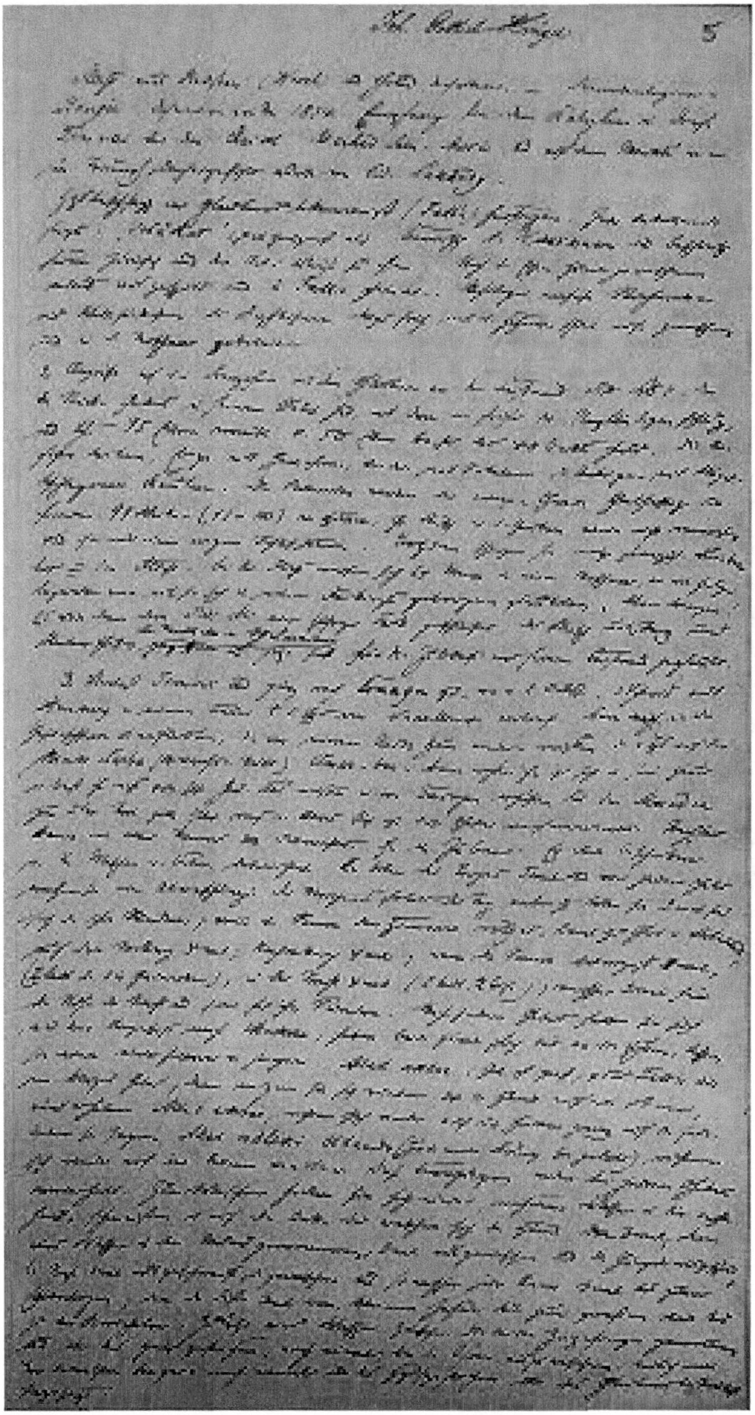

Abb. 23: Die erste Seite von Gustav Nachtigalls nicht veröffentlichtem Essay über Johann Krüger.

die Zeit hast, schreibe einmal an seinen Neffen und vergißt nicht, ihm einzuknöpfen, daß er auf feinem Papier schreibt, damit das Postgeld nicht vertheuert wird. Er [Krüger] hat heut seine Lebensgeschichte, die er mit gewisser Vorliebe schriftstellerisch ausgearbeitet hat, zu mir gebracht zu etwaiger Zustutzung etc.

5   Tunis, 20. November 1863

[...] Bekümmere Dich um die Verwandten Krüger's in Werben nicht mehr; einer seiner Neffen, der Kaufmann in Magdeburg ist, hat geschrieben und zwar einen sehr verständigen Briefe, der mir sehr gefallen hat und den hiesigen Krüger trotz seiner Henkerphysiognomie doch zu Thränen rührte. Der in Werben scheint mit dem Magdeburger auch zerfallen zu sein und es scheint mir nach dem Briefe, daß der letzte ein vernünftiger Mann ist.

6   Tunis, 20. Februar 1867

[...] Dem folgt ein Brief von Krüger (Mohamed-ben-Abdallah), der nach langer Zeit einmal wieder an seinen Neffen in Magdeburg geschrieben hat. Sei so gut, denselben in eine Enveloppe zu thun und an die folgende Adresse zu expediren:
  H. Friedrich Krüger, per Adr. H. Carl Crayen
In Neustadt-Magdeburg

6   1868 – Heinrich Freiherr von Maltzan[18]

Schicksale und Wanderungen eines deutschen Renegaten in Nordafrika.[19]
In: GLOBUS, Bd. 17, 1870, S. 295–298; 313–316; 331–333; 347–349.20

Heinrich von Maltzans (1826–1874) Ruhm als Orientreisenden beruht vor allem auf seiner waghalsigen Mekka-Pilgerschaft in muslimischer Tarnung (1860). Er ist aber gewiss als der beste deutsche Maghreb-Kenner des 19. Jahrhunderts zu betrachten. Zwischen 1852 und 1871 hat er alle Maghreb-Länder gründlich bereist und ausführlich geschildert, wobei er ein ausgeprägtes Interesse für die Menschen und die Sozialverhältnisse aufwies. Seine reichen nordafrikanischen Beobachtungen und Analysen fanden nicht nur in den Hauptreisewerken wie der dreibändigen »Reise in den Regentschaften von Tunis und Tripolis« (Leipzig 1870) ihren Niederschlag, sondern auch in zahlreichen Artikeln, die in den damaligen Unterhaltungszeitschriften willkommene Aufnahme fanden. Darunter zählt der folgende Bericht über einen konvertierten Deutschen, einen Brandenburger namens Schulze (umgetauft in Baba Hassan), den Maltzan in Tunis Ende 1868 kennenlernte, und der fast genau und beinahe gleichzeitig dasselbe Schicksal erfuhr, wie sein Landsmann Johann Gottlieb Krüger. Diese Parallelität und die sorgfältige (wenn auch mittelbare) Schilderung erlauben es, viele Einzelheiten aus Krügers umständlichen Aufzeichnungen besser zu verstehen.

---

18   Zu Maltzan in Tunesien siehe Mounir Fendri, Kulturmensch in ›barbarischer‹ Fremde 1996, S. S. 298–319.
19   * Ein Hinweis Maltzans lautet: »Der Renegat dessen Lebensschicksale hier erzählt werden, lebt gegenwärtig noch in Tunis. In jüngster Zeit hat ein englischer Missionär, Fenner, Bekehrungsversuche an ihm gemacht, die aber ganz und gar vergeblich gewesen sind.«
20   In der Karl-May-Forschung wurde durch folgenden Aufsatz auf Maltzans »Schulze/Baba Hassan« als Ebenbild des historischen »Krüger-Bei« aufmerksam gemacht: Hanns Graefe: Krüger-Bei? In: Karl-May-Jahrbuch (1979), S. 38–40.

1 [Freiherr von Maltzan lernt in Tunis einen deutschstämmigen »Schater« kennen]

An einem der letzten Tage des Jahres 1868 meldete sich bei mir in Tunis ein Besuch an, der mir anfangs nur Langweiliges zu versprechen schien, der sich aber bald als ein höchst interessanter entpuppte. Denn ihm verdanke ich ein Bild nordafrikanischer Zustände aus derjenigen Zeit, welche der Festsetzung der Franzosenherrschaft in Algerien unmittelbar vorherging, ein Bild, das in ethnographischer Hinsicht nicht ohne Interesse sein dürfte, da es uns die Zustände jenes merkwürdigen berberischen Volkes zu einer sonst nie (außer vom einseitigen französischen Standpunkte) geschilderten Epoche veranschaulicht.

Mein Besucher war ein alter Mann von einigen sechzig oder siebenzig Jahren, aber eine kerngesunde, kräftige Gestalt, nur vielleicht etwas zu wohlbeleibt, was um so mehr Wunder nahm, als er ein sehr mageres Brot aß, nämlich das der tunesischen Armee, deren Uniform er trug. Baba Hassan (so hieß er in Tunis, seinen wahren Namen werden wir bald erfahren) gehörte zwar nicht zur Linientruppe, jener unglücklichen uniformirten Bettlerschaar, denen ihre Obersten und Generäle nur kaum essbares, ominös riechendes, halbverfaultes Commisbrot und stinkendes Oel als Lebensmittel und gar keinen Sold zukommen lassen, indem sie alles Geld, das für bessere Lebensmittel gezahlt wird, einstecken, sondern er erfreute sich des Ranges eines ›Schatir‹, das heißt eines gemeinen Throntrabanten, ungefähr das, was man in Baiern ›Hartschier‹ nennt, und als solcher bekam er kein Commisbrot, sondern Kostgeld. Da letzteres aber nur noch in Schatzscheinen (für die man nie mehr als 2 Procent des Nominalwerthes erhalten kann) ausbezahlt wurde, so war er auf sehr magere Kost gesetzt, besonders da er sich seine Uniform von seinem Solde (den er in derselben Münze erhielt) anschaffen mußte. Diese Uniform war bei Staatsgelegenheiten prachtvoll, scharlachroth mit tausend Schnüren und Galons besetzt, aber sie kostete auch entsprechend viel. Darum kam sie nie (außer am Bairamfeste) aus dem Kasten, wo sie zwischen Kampher und Pfeffer zwanzig Jahre lang sich in ganz leidlichem Zustande erhalten hatte, denn Baba Hassan hatte, seit er ›Schatir‹ geworden war, sich mit einer einzigen Staatsuniform durchgeschlagen. Desto mehr Alltagsuniformen hatte er aber verbraucht, und nur mit Mühe die Mittel gefunden, diese zu erneuern.

Das Alltagsgewand war sehr einfach; ein blauer Rock und Hose, militärische Knöpfe und Achselspangen, ein rothes Fetz mit militärischem Abzeichen, das war das Nothwendige, Schuhe ein Luxus, den er sich im Hause nie erlaubte, aber mir zu Ehren angezogen hatte. Bei der ergiebigen Soldbezahlung kann man sich denken, daß diese Alltagsuniform etwas schäbig geworden war, und daß der Träger derselben keineswegs imposant aussah.

Anfangs hielt ich ihn für einen ganz gewöhnlichen Bettler, was zu sein seine Eigenschaft als Militär ihn in Tunis durchaus nicht verhindert hätte; wurde ich doch täglich von Soldaten, Sergeanten, ja selbst Offizieren angebettelt. Aber ich kam denn doch auf andere Gedanken, als der vermeintliche Araber (er war es freilich nur der Uniform, nicht dem Gesicht nach) mich nun zu meinem unaussprechlichen Erstaunen in meiner geliebten Muttersprache anredete, denn ein Deutscher im Dienst des Bey von Tunis und noch dazu als gemeiner Throntrabant, das war etwas Niedagewesenes. Daß er aber ein Deutscher war, darüber konnte ich keinen Augenblick im Zweifel sein, denn seine Sprache war nicht nur von jedem ausländischen Accent frei, sondern hatte auch entschieden den inländischen einer bestimmten deutschen Provinz, und zwar der Mark Brandenburg. Meine erste Frage war natürlich die, wie denn ein solcher Stockpreuße, wie er, nach Tunis und in die Leibwache des Bey gekommen sein könnte? Darauf war er denn gern bereit, mir seine Geschichte zu erzählen, und ich lasse dieselbe mit seinen eigenen Worten, so gut sich diese meinem Gedächtnis eingeprägt haben, hier folgen.

2 *[Vom preußischen in den französischen Dienst]*

Ich bin, so erzählte Baba Hassan, aus Brandenburg gebürtig und heiße eigentlich Schulze. (Er hieß wirklich Schulze, dies ist kein Roman!) Mein Vater war ein Handwerker, meine Mutter ein Landmädchen. Ich erhielt eine gewisse Erziehung, lernte lesen, schreiben, rechnen, wurde später Sattlerlehrling und wäre nun wahrscheinlich wohlbestallter Sattlermeister in meiner Vaterstadt, wenn nicht das Schicksal mich zum Soldaten auserkoren gehabt hätte. Soldat mußte ich werden und zwar preußischer Soldat, und schrecklich viel exerciren, was durchaus nicht mit meinen Neigungen übereinstimmte. Meine Neigungen waren vielmehr auf etwas gar Anderes gerichtet, als mich »Brust heraus, Brust hinein« aufschreien zu lassen, und einer unerbittlichen Disciplin zu unterwerfen. Ich wünschte sehnlichst, ferne Länder und Völker kennen zu lernen. Dazu gab mir der preußische Militärstand nur sehr beschränkte Gelegenheit. Ich kam zwar an den Rhein und in die Nähe von Trier in ein Dorf, das unweit der französischen Grenze lag, aber ich kann nicht behaupten, daß diese Wanderung meiner Reiselust volle Befriedigung geboten hätte. Desto verlockender schienen mir jedoch alle Nachrichten, welche von Frankreich zu mir herüberschallten. Dort war gerade eine Zeit der Gährung (das Jahr 1830), und diese rief auch in Deutschland vielfache Bewegung, namentlich in den Gemüthern der

Jugend hervor. Die neuen Freiheitsideen drangen selbst an unser Ohr, obgleich wir militärische Zwangsjacken trugen, und ließen uns die strenge Disciplin desto unerträglicher erscheinen. Viele desertirten, um in dem freien Frankreich Dienste zu nehmen und es dort zu Ehre und Ruhm zu bringen, wovon mir freilich später keine Beispiele bekannt werden sollten. Auch ich hielt mich für vollkommen berechtigt, zu desertiren, besonders da mir der französische Dienst versprach, ein gut Theil mehr Länder und Völker kennen zu lernen, als der preußische. Ich desertirte also mit Sack und Pack und ließ mich in Frankreich bei der damals eben in der Gründung begriffenen Fremdenlegion anwerben.

3   [Enttäuschung an der Front in Bougie und Desertion]

Eine Zeitlang war ich glückselig; der Dienst war zwar nicht viel besser, als der preußische, auch hier Disciplin und militärische Strenge, aber wenigstens sah man mehr von der Welt, als in Preußen. Mein größter Jubel war, als ich vernahm, daß wir nach Afrika eingeschifft werden sollten, einem Welttheil, den ich von jeher zu sehen gebrannt hatte. Was hatte ich mir nicht Alles unter Afrika vorgestellt? Ein Bild aus tausend und eine Nacht, die Wunder vielleicht abgerechnet, aber doch noch immer verlockend genug. Wie sollte ich es aber finden? Als ein Gefängniß, ein Gefängniß im buchstäblichen Sinne, wenigstens verdiente der erste Garnisonsort, wohin man uns schickte, diesen Namen vollkommen. Dieser Ort war Bougie, die Hauptstadt und zugleich der einzige Ort Kabyliens, welchen die Franzosen damals besaßen. Rings um die Stadt war noch Alles in Händen der Kabylen, die Franzosen konnten keinen Schritt außerhalb der Stadtmauern wagen, ohne von einer Ueberzahl des Feindes überfallen zu werden.

Damals war gerade eine Epoche des Stillstandes in der französischen Eroberung eingetreten. Die Franzosen waren noch gar nicht mit sich einig, ob sie Algerien behalten sollten oder nicht. In den Kammern sprachen sich sogar viele Stimmen für ein Aufgeben der uneinträglichen Besitzung aus, die nie eine Colonie, sondern nur eine Militäranstalt zu werden versprach. Jeden Augenblick drohten diese Stimmen ihre Meinung durchzusetzen. Die Regierung hielt es deshalb für gerathen, die Eroberungen einstweilen einzustellen und sich auf die Defensive zu beschränken. Die Garnisonen wurden auf dem niedrigsten Fuß gehalten und ihnen eingeschärft, die Grenze der französischen Besitzungen nie zu überschreiten. Den Feinden konnte man freilich nicht begreiflich machen, daß auch sie ihre Feindseligkeiten einzustellen hätten, noch begriffen sie etwas von dieser neuen Verhaltungsweise der Franzosen. Sie hielten sie vielmehr für Schwäche und wurden dadurch nur noch mehr zu Angriffen ermuthigt. Darunter litten auch wir in Bougie. Da wir nicht angreifen durften, so blieb uns bald nichts übrig, als uns in der Stadt eingeschlossen zu halten, welche die feindlichen Horden immer dichter umlagerten und uns wie in einem Gefängniß bewachten. Dieses Gefängniß wurde mir von Tag zu Tag unerträglicher. Ich sah mich in ein kleines Garnisonstädtchen verbannt, dessen altspanische Riesencastelle und massive Festungsmauern mich von allen Seiten zu erdrücken schienen. Innerhalb dieser Mauern nichts als militärische Strenge, eine unerträgliche Disciplin und in den freien Stunden trostlose Spaziergänge durch öde Gassen und ein langweiliges Kaffeehaus, zu dessen Besuch es meist an Geld fehlte. Das sah ich innerhalb der Mauern. Was aber sah ich außerhalb? Ein herrliches Land, eine majestätische, im frischesten Grün der Winterregen prangende Ebene, die sich um den Golf von Bougie zog, dahinter ein anmuthiges Hügelland voller Kastanien- und Oelbäume, und als Hintergrund dieses herrlichen Gemäldes die großartige Gebirgskette des Dscherdschera, eine mächtige Felsmauer, die wie eine Völkerscheide schien, und hinter der eine nie geahnte neue Welt beginnen mußte, die noch der Fuß keines Europäers betreten hatte. In diese neue Welt einzudringen, der unausstehlichen Gefangenschaft im Garnisonstädtchen zu entfliehen, und ein neues, freies, ungebundenes Leben zu beginnen, das war mein sehnlichster Wunsch und wurde bald mein gereifter Plan.

Freilich hatte ich nur eine dunkle Idee davon, was für Menschen dort wohnen möchten. Daß es nicht solche reiche, luxuriöse Türken oder Araber, wie ich sie in den Schulbüchern, in Geschichten von Harun al Raschid oder Solayman dem Prächtigen beschrieben gefunden, sein möchten, davon ahnte ich wohl etwas. Das Commando der Festung und unsere speciellen Oberen ließen es sich nämlich besonders angelegen sein, unsere Illusionen über die Moslems und das Leben unter ihnen zu zerstören. Desertionen waren schon oft vorgekommen, hatten aber meist keine sehr schlimmen Folgen gehabt, denn die, welche zurückkehrten, brauchten nur zu sagen, sie seien von den Kabylen gefangen genommen und fortgeschleppt worden, und immer glaubte man ihnen oder stellte sich, als glaube man ihnen. Man verlangte von ihnen nur eins, daß sie nämlich vor dem ganzen Bataillon öffentlich und mit lauter Stimme eine Beschreibung der unsäglichen Leiden machen sollten, die sie unter den Moslems erduldet und die diese Moslems allen Christen bereiteten. In diesen Schilderungen kamen immer haarsträubende Dinge zum Vorschein, und ein Grausen überfiel Alle, welche sie anhörten.

Wenn man das Alles glauben konnte, was die zurückgekehrten Deserteure öffentlich berichteten, dann waren die Kabylen wahre Teufel in Menschengestalt. Aber man konnte es nicht glauben, und den Glauben daran zerstörten die Deserteure selbst. Denn im gewöhnlichen Gespräch redeten diese ganz anders, als vor dem

Bataillon, und scheuten sich nicht, zu gestehen, daß die haarsträubende Schilderung nur vom Obersten commandirt worden sei, um Andere vom Desertiren abzuschrecken.

Durch solche widersprechende Erzählungen wurde ich nun zwar über den wahren Charakter der Feinde nicht aufgeklärt, aber eins schien mir doch erwiesen, daß sie nämlich nicht so schlimm seien, als man sie machen wollte. Je größer die Ungewißheit, desto mehr entbrannte mein Eifer, sie aus eigener Erfahrung kennen zu lernen. Endlich stand mein Entschluß fest, zu desertiren, und ich wartete nur auf gute Gelegenheit.

Eine solche bot sich mir, als ich eines Tages in der Mittagsstunde am Thor allein Schildwache stand. Die Mittagsstunde ist in Afrika immer ein Ruhepunkt, wo das öffentliche Leben stockt, und man sicher sein kann, wenig Leute auf der Straße zu treffen. Da das französische Gebiet gleich außerhalb des Thores aufhörte, so war ich in meinem Fall noch mehr vor Begegnungen gesichert. Ich legte also ganz ruhig mein Feuergewehr ins Schilderhaus und fing an zu laufen, was ich konnte, einerlei in welcher Richtung, wenn ich mich nur von der Stadt entfernte.

4 *[Aufnahme bei den Kabylen und Bekehrung zum Islam]*

Ich lief etwa eine halbe Stunde, ehe ich einem Menschen begegnete. Plötzlich aber sah ich einen ganzen Trupp Kabylen auf mich zukommen, offenbar in keiner friedlichen Absicht. Die wilde Schaar, in zerfetzte Burnusse gekleidet, schwang die geraden kabylischen Schwerter, Flissa genannt, und stieß dabei ein entsetzlich dröhnendes Allahgeschrei aus, unter dem sie wie rasend auf mich zusprengte. Ich war in einer fürchterlich kritischen Lage. Diese Leute hielten mich offenbar für ihren Feind und mußten mich dafür halten. Wie sollte ich ihnen nun begreiflich machen, daß ich in friedlicher Absicht gekommen sei und daß ich zu ihnen überzugehen wünschte? In meiner Verlegenheit fiel mir plötzlich die Geschichte vom Freitag im Robinson Crusoe ein, die ich in meiner Kindheit gelesen. Wie Freitag warf ich mich vor meinen Feinden auf die Knie und drückte durch die unterwürfigste Pantomime meinen Wunsch aus, mich zu ergeben. Glücklicherweise verstanden die Kabylen diese Pantomime. Sie hielten plötzlich in ihrem rasenden Galopp inne, einer von ihnen stieg vom Pferde, ging auf mich zu, beugte sich zu mir nieder, ganz als wolle auch er sich auf die Knie werfen, und hob mich sanft auf. Dann umarmte er mich aufs Zärtlichste. Bald kamen sie Alle herbei und umarmten mich ebenfalls. Der Kabyle küßt nämlich ins Gesicht, oft auch auf den Mund, während der Araber meistens nur die Schultern küßt.

Nun richteten sie eine Menge Fragen an mich, die ich aber nicht beantworten konnte, da ich weder Kabylisch noch Arabisch verstand. Indeß, meine beredten Pantomimen überzeugten sie von meiner freundschaftlichen Absicht, und diese Ueberzeugung wuchs zur Gewißheit, als ich nun mein Seitengewehr, die einzige Waffe, die ich noch besaß, ablöste und sie demjenigen übergab, welcher mir der Häuptling der Bande zu sein schien.

Nun nahmen mich die Kabylen mit sich. Einer von ihnen setzte mich vor sich auf sein Pferd, indem er mir den Leib fest umschlossen hielt, und so ritten wir dem nächsten Dorfe zu, welches übrigens nur aus einigen elenden Hütten bestand. Dort verschaffte man sich nicht ohne Mühe ein eigenes Pferd für mich, denn die Pferde sind in Kabylien sehr selten. Darauf ging es zwei Tage lang, nur durch kurze Nachtruhen unterbrochen, unaufhörlich fort, einem schönen, reißenden Strome, dem Uëd Sahel, entlang, bis wir am Abend des zweiten Tages in ein großes kabylisches Dorf, Namens Schallata, kamen, das im Schatten riesiger Walnussbäume auf einer Bergterrasse malerisch dalag. Dieses Dorf gehörte dem mächtigen kabylischen Stamme der Illula Usamör, und der Zufall hatte es so gewollt, dass ich gerade in die Hände eines Verwandten des großen Häuptlings dieser Stammesgruppe fallen sollte, der auf eine Recognition an die Küste gereist war und sich mit den dortigen Kabylen wegen der Maßregeln gegen den Feind berathen hatte. Dieser Umstand erklärte allein, warum er und seine Schaar beritten waren, denn bei den Kabylen besitzen nur die Häuptlinge Pferde. Das zerlumpte Aussehen der Schaar schien mir zwar nicht zur Eigenschaft der Vornehmheit zu passen, die sie offenbar unter ihren Landsleuten besaß, aber als ich eine Zeitlang unter Kabylen gewohnt hatte, hörte ich auf, mich darüber zu wundern. Denn dieses Volk hegt eine solche Vorliebe für Lumpen, ist überhaupt so geizig, daß selbst die Reichsten sich oft wie Bettler kleiden.

Ich wurde in Schallata in das Haus meines Beschützers gebracht, aber ich merkte bald, daß dieses Haus mir einstweilen nur ein Gefängniß sein sollte. Ich war ja noch nicht zum Islam übergetreten, der Stammeshäuptling hatte sich noch nicht über mein Schicksal ausgesprochen, und ich war einstweilen nur ein ›Babiet‹, d. h. ein im Kriege Erbeuteter, der sich auf Gnade oder Ungnade ergeben hat.

Da ich keine der beiden Landessprachen (alle Kabylen sprechen zwei Sprachen, kabylisch und arabisch) redete, so verschaffte man mir, nicht ohne große Mühe, eine Art von Dolmetscher, das heißt einen Menschen, der eine Zeitlang in Bougie gelebt, dort zwar nicht französisch, aber doch die sogenannte ›*lingua franca*‹ gelernt hatte, ein Kauderwelsch, das aus Spanisch, Französisch und Italienisch zusammengebraut ist und durchaus keine grammatikalischen Formen kennt. Dieser Mensch hatte einen großen Haß gegen die Franzosen geschöpft, die ihn einmal wegen Diebstahls eingesperrt hatten, und unglücklicherweise erwählte er mich, um ihn an mir auszulassen. Etwas zu leide thun durfte er mir freilich nicht, aber in Worten gab er sich alle Mühe, mir die Hölle heiß zu machen. Wenn ich ihn anhörte, so war mein Loos entschieden, und zwar auf schreckliche Weise entschieden. Man erwartete, so hieß es, nur noch die Ankunft des großen Stammesoberhauptes, Ali Scherif, Scheich der Illula Usamör, um mich in öffentlicher Gerichtssitzung auf der Wiese vor dem Dorfe feierlich mit dem Schwerte hinzurichten. Mein neuer unzertrennlicher Begleiter, denn dieser Mensch ward mir als Gesellschafter und Spion beigegeben, nahm, wenn er solche Dinge erzählte, und das that er so oft als möglich, stets eine große Flissa (kabylisches gerades Schwert) von der Wand und machte damit die Pantomime des Köpfens auf so ausdrucksvolle Weise, daß es mir grün und gelb vor Augen dabei wurde.

In dieser wenig beneidenswerthen Lage blieb ich einige Tage, während welcher die greulichen Gespräche meines Peinigers mich schier verrückt gemacht hatten. Jetzt denke ich jedoch daran, daß dieser Mensch vielleicht nur instruirt war, so zu handeln, um meinen Uebertritt zum Islam desto unfehlbarer zu bewirken. Aber dieser Uebertritt war ja ohnehin schon bei mir beschlossen. Ich wußte, daß die Kabylen, wie überhaupt alle Völker Algeriens, nie einen Christen unter sich duldeten, und daß der Uebertritt für mich Lebensbedingung war. Ganz so wie die Kabylen machte es ja auch Abd el Kader, nur war er insofern menschlicher, als er die gefangenen Christen, die nicht übertreten wollten, am Leben ließ, aber sie in seiner Hauptstadt Maskara in so strenger und qualvoller Gefangenschaft hielt, daß viele zu Grunde gingen. Wer aber übertrat, der konnte es bei ihm zu Ehren und Würden bringen. An Ehren und Würden war freilich bei den Kabylen, die als halbe Republikaner ein sehr einfaches Leben führten, und auch gar nicht zu einem Staate organisirt waren, nicht zu denken. Ehrgeiz also nicht, sondern nur die Nothwendigkeit, mein Leben zu retten, bestimmte mich zum Uebertritt.

Endlich war meine Prüfungszeit vorbei und der Morgen brach an, welcher einen wichtigen Wendepunkt in meinem Leben bezeichnen sollte. Mein Peiniger führte mich auf die Wiese vor das Dorf, noch immer im Gehen die Pantomime mit der Flissa wiederholend und mir in der ›*lingua franca*‹ sein ›Tschagar testa‹, d. h. ›den Kopf ab‹, ein Mal um das andere Mal rufend. Auf der Wiese war eine ungeheure Volksmenge vereinigt. Es war gerade ein Markttag, der gewöhnlich bei diesen Stämmen mit einem religiösen Fest verbunden ist. Man führte mich mitten in einen weiten Kreis, der sich halbmondförmig öffnete, und um den einige zwanzig Mann tief dichte Volksschaaren auf dem Boden hockten. Man erwartete offenbar ein wichtiges Ereigniß, denn in ihren Augen war meine Bekehrung ein solches. Der große Stammeshäuptling, Ali Scherif, war noch nicht gekommen, wurde aber jeden Augenblick erwartet. Einstweilen setzte man mich auf den Boden, aber bald wurde ich aus dieser Lage aufgestört. Denn eine Schaar von Fanatikern sammelte sich um mich, fragte mich verschiedene Dinge, die, wie ich später hörte, auf die Religion Bezug hatten; da ich sie aber nicht verstand, folglich nicht beantwortete, so hielt man mich für einen verstockten Ungläubigen, der der Bekehrung widerstrebte, und nun sah ich mich einer Reihe der ärgsten Mißhandlungen ausgesetzt, so daß ich glauben mußte, mein Peiniger habe doch Recht gehabt, und jeden Augenblick den Todesstreich erwartete. Man spie mir ins Gesicht, schlug mich, warf mich zu Boden, trat mich mit Füßen, und als ich hülflos dalag, kamen noch die Weiber, um mich mit den schändlichsten Beschimpfungen und Mißhandlungen zu überhäufen. Schier hatte ich die Besinnung verloren, als plötzlich eine unerwartete, für mich die Erlösung bringende Veränderung eintrat. Die Schaaren lichteten sich, meine Peiniger zogen sich zurück und ließen mich halb ohnmächtig mitten in der Gasse liegen, welche die auf beiden Seiten zurückweichenden Volkshaufen leer gelassen hatten, um einer Schaar ehrwürdiger Männer den Weg zu bahnen, die nun gerade auf mich zuschritt. An ihrer Spitze ging ein uralter Greis, zwischen achtzig und neuzig, mit gebückter Haltung, schönem, regelmäßigem Gesicht, langem, weißem Bart, der ganz in weiße Gewande gekleidet war, deren Reinlichkeit seltsam gegen den Schmutz und die Lumpen fast aller Uebrigen contrastirte. Dieser Mann war Ali Scherif, der Stammeshäuptling der Illula Usamör, ein eben so großer Feind der Franzosen, als sein heut zu Tage dem Stamm vorstehender Enkel deren Freund und Schmarotzer ist.

Ali Scherif bückte sich mit freundlicher Geberde zu mir nieder und murmelte einige gütige Worte, ließ mich dann von seinen Begleitern aufheben und – umarmte mich nach kabylischer Sitte. Darauf nahm er mitten im Kreise mit unterschlagenen Beinen Platz, und ich wurde in gleicher Stellung vor ihn gesetzt. Alle hatten um uns herum Platz genommen und harrten mit lautloser Stille der Dinge, die kommen sollten. Das erste, was der Marabut (diesen religiösen Titel gab man Ali Scherif) sprach, war gleich der Anfang des Glaubensbekenntnisses. »Sprich«, so sagte er zu mir, »es giebt keinen Gott außer Gott.« Ich wiederholte seine Worte. Die Aufmerksamkeit wuchs immer mehr. Auch ein Christ kann ja ein solches Glaubensbekenntniß ablegen. Damit war die Sache noch nicht entschieden, das Entscheidende sollte erst folgen. Die Stille war so lautlos, daß man jedes Blättchen rauschen hören konnte. Da unterbrach sie das Wort des Alten, der den zweiten und entscheidenden Theil des Glaubens mir vorsagte. »Sprich«, so sagte er zu mir, »Mohammed ist der Prophet Gottes.« Ich besann mich durchaus nicht und – wiederholte auch diese Worte.

Kaum hatte ich diese Worte gesprochen, so brach auf einmal ein unbeschreiblicher Jubel los, aus tausend und aber tausend Kehlen tönte es: »Er hat es gesagt, er hat den Glauben bekannt, er ist ein Moslem geworden«, und über die weite Wiese hörte man nichts als Rufe wie »Gott sei gelobt« – »Ihm sei Heil und Ruhm« u. s. w. Auch ich bekam meinen Theil von dem Jubel. Hunderte und Hunderte stürzten auf mich zu, fielen mir um den Hals, umarmten und küßten mich über und über, indem sie mich »Bruder, Sohn, Vater«, je nach dem Alter des Einzelnen, nannten. Dieselben Menschen, die mich vorher bespien, getreten, geschlagen hatten, waren nun in ihren Liebkosungen so unerschöpflich und wurden mir dadurch so unausstehlich lästig, dass ich fast zu zweifeln anfing, ob nicht die erstere Behandlung erträglicher. Selbst mein Gefängnißwärter und Peiniger warf nun seine Flissa fort, rief »Makatsch tschagar testa«, d. h. »nicht Kopf ab«, und erdrückte mich beinahe in der Umarmung seiner kräftigen Glieder, so daß ich versucht war, ihn mit Gewalt von mir zu stoßen.

Nun folgte die rührendste Handlung von allen, welche mich wirklich bis zu Thränen hinriß, namentlich durch den Contrast gegen die vorher erlittenen Mißhandlungen. Der Marabut gebot Ruhe, worauf sich Alle in die vorige Ordnung zurücksetzten und abermals lautlose Stille erfolgte. Diese unterbrach eine kurze Anrede des Häuptlings. »Meine Söhne«, so sprach er, »dieser Mann ist nun unser Bruder. Er hat unsern Glauben angenommen. Er ist ein Moslem geworden. Aber er hat Alles, was er auf der Welt besaß, verloren. Er kann nicht wieder zu den Seinigen zurück. Er ist arm. Er ist ohne Kleider. Er hat nichts zu essen. An Euch ist es, ihn mit Allem zu versorgen.«

Darauf winkte der Marabut einem seiner Söhne, der einen großen kabylischen Strohhut, ein Ungethüm, so groß wie eine Regimentsschüssel, auf den Boden vor seine Füße hinlegte, ein Tuch darüber deckte und nun Alle aufforderte, ihre Geschenke für den neuen Moslem herbeizubringen und auf den Hut unter das Tuch zu schieben.

Nun begann ein edler Wetteifer, wer mir Geschenke machen sollte. Ich war hoch erstaunt. Alle, selbst die ärmlichst aussehenden und nur mit Lumpen bekleideten Kabylen herbeiströmen und ihre Gaben an den bezeichneten Ort niederlegen zu sehen. Andere brachten Kleidungsstücke, eine Schaschiya (rothe Mütze, im Orient Fes genannt), eine Dschobba (Aermelhemd), zwei schöne neue Burnusse, Schuhe usw., kurz, ich war bald so anständig gekleidet (denn nun erst legte ich meine alte Uniform ab und mußte die neuen Sachen gleich anziehen), daß ich unter dieser anscheinenden Bettlerschaar wie ein König aussah, und doch war ich nur durch ihre Almosen bekleidet. Am reichhaltigsten erwies sich jedoch die Geldsammlung, die auf dem Hute unter dem Tuche niedergelegt worden war. Als Alle ihren Tribut dargebracht, nahm der Marabut den Hut, schüttete das Geld vor sich aus und zählte es, und siehe da, es fand sich in allen Münzarten von Silber oder Kupfer zusammen ein Werth von über hundert spanischen Thalern, eine sehr namhafte Summe für die damaligen Verhältnisse in Nordafrika, mit der man soviel ausrichten konnte, als heutzutage mit der zehnfachen, eine ganz angesehene Summe aber für den sprüchwörtlichen Geiz der Kabylen, die oft, um ein Kupferstück zu ersparen oder zu verdienen, viele Meilen zurücklegen. Nur der religiöse Eifer hatte diese geborenen Geizhälse vermocht, ihrer angestammten Geldliebe zu meinem Vortheile für einen Augenblick zu entsagen.

Am Abend gab der Marabut dem neuen Moslem zu Ehren ein Fest, wobei schrecklich viel Kußkussu (gedämpfter Gries mit Hammelfleisch) gegessen wurde. Da der Häuptling die Kosten trug, so konnten die Kabylen sich umsonst überessen, was sie denn auch nach Herzenslust thaten. Denn diese Leute sind, wenn sie unentgeltlich zu einer Mahlzeit kommen, eben so gefräßig, als sie im gewöhnlichen Leben, wenn sie selbst für ihre Nahrung zahlen müssen, eine fast übertriebene Mäßigkeit zur Schau tragen. Diese außerordentliche Mäßigkeit, deren sich die Häuptlinge im Alltagsleben befleißen, machte mir den Aufenthalt unter einem solchen Volke von Hungerleidern bald zuwider, denn obgleich ich nun Geld hatte, so verbot mir doch die Sitte, anders zu leben, als meine Gastfreunde. Die Araber und selbst diejenigen Kabylen, welche sich mehr arabisirt haben, als die Bewohner Großkabyliens, führten, das bemerkte ich bald, ein bei weitem weniger frugales Leben, und deshalb suchte ich nach Mitteln und Wegen, aus Kabylien fort und weiter in das Innere zu kommen. Mein höchster Wunsch war jedoch, nach Constantine gehen zu können, welches damals, noch nicht von den Franzosen eingenommen, von Ali Bey [eigentlich Ahmed Bey, M. F.], dem letzten Fürsten türkischen Ursprungs in Algerien, regiert wurde; denn dort, sagte man mir, würde ich als »Mamluk« die vortheilhafteste Stellung einnehmen. Ich galt nämlich jetzt für einen »Mamluk«, ein Wort, das ursprünglich »Sklave« bedeutet, hauptsächlich jedoch nur auf Christensklaven angewandt, aber von diesen auch noch dann beibehalten wird, wenn sie bereits durch Uebertritt zum Islam ihre Freiheit, ja selbst oft Ehre und Rang errungen haben. Da nun die Renegaten es sehr leicht zu hohen Aemtern bringen, so hat dieses Wort »Mamluk« jetzt eher eine Bedeutung der Vornehmheit angenommen, ganz wie es in Aegypten war, wo die »Mamluken« die herrschende Classe waren.

5   [Beschneidung und verhinderte Ehe in Setif]

Eine gute Gelegenheit, in bessere Gesellschaft zu kommen, bot sich mir in Schallata durch die Anwesenheit eines Mannes aus Setif, der zweiten im Innern gelegenen Hauptstadt Kabyliens, die aber schon an der Grenze liegt und mehr städtische und arabische Elemente in sich schloß. Setif war damals noch nicht in Händen der Franzosen, sondern wurde von Kabylen und einigen Türken garnisonirt, die der Bey von Constantine abgeschickt hatte. Mein neuer Bekannter, Jussuf ben Kadur genannt, schlug mir vor, mich mit sich zu nehmen, und da er ein guter Moslem war, so ließ mich der Marabut Ali Scherif gern mit ihm ziehen. Doch machte er ihm zur Bedingung, daß seine erste Sorge meine Beschneidung sein müsse, denn man hatte diese Ceremonie noch nicht an mir vollzogen. Bei den Türken soll es zwar vorkommen, daß man diese Ceremonie den Neophyten zuweilen erläßt, und es giebt selbst Fetwas türkischer Mufti, welche eine solche Unterlassung bei Erwachsenen aus Gesundheitsrücksichten rechtfertigen, aber die fanatischen Nordafrikaner wollen hiervon nichts wissen.

Ich war also kaum mit meinem neuen Freunde, den man auch meinen »Herrn« nannte, obgleich er nur mein Beschützer war, durch die majestätischen »Boban« (die Eisenthore des Atlas, *porta de fer*«) nach Setif gezogen, als man mir die bevorstehende Ceremonie ankündigte. Diese geschah eben nicht in der angenehmsten Weise. Mein Beschützer hatte vier Frauen, die sich nach kabylischer Sitte großer Freiheiten erfreuten, und fast so ungezwungen waren, wie Europäerinnen. Diese verkehrten beständig offen und ungerügt mit mir. Eines Morgens nun kamen sie, mit großen Messern bewaffnet, in mein Zimmer und riefen »Aliyum chetsana« (heute Beschneidung), indem sie die Pantomime des Abschneidens machten. Diese Pantomime brachte auf mich einen ähnlichen Eindruck hervor, wie vorher die des Halsabschneidens meines Gefängnißwärters in Schallata. Mir war gar nicht wohl dabei zu Muthe. Wer weiß wie ungeschickt diese Menschen verfahren und was für Leid sie mir zufügen konnten?

Dennoch mußte ich gute Miene zum bösen Spiele machen. Jussuf brachte am Mittag zwei fette Hammel herbei, die für das stets mit dieser Ceremonie verknüpfte Festmahl geschlachtet wurden. Thürme von Kußkussu wurden für die Abendmahlzeit bereitet, denn die Handlung findet stets am Abend statt. Wiederum wurde ich mit neuen Kleidern beschenkt, erhielt ein Paar rothe Schuhe, einen vollständigen algierischen Anzug mit bauschiger Hose, Schärpe, zwei Westen und Jacke von feinem Tuche, eine neue Schaschiya (Fes) und Turban, die ich zum Fest anlegen mußte. Ich war auf einmal aus einem Landkabylen, der keine Jacke und Hosen, sondern nur ein langes Aermelhemd trägt, in einen vornehm aussehenden Araber verwandelt.

Am Fest nahm ich mit den Arabern Theil und war die Hauptperson desselben, erhielt auch hier wieder eine Menge Geldgeschenke, die ganz auf die oben beschriebene Weise dargebracht wurden, nur daß statt das [sic] kabylischen Strohhutes eine Schüssel diente. Erst nach beendeter Mahlzeit fand die Ceremonie statt. Ich hatte sie mir schlimmer vorgestellt. Namentlich hatte ich gefürchtet, daß die Anwesenheit aller eingeladenen Männer den Operateur stören könne. Aber hier wurde ich angenehm enttäuscht. Eine solche Anwesenheit von Männern bei der Beschneidung findet nur bei Knaben statt. Es ist ein Zug edler und männlicher Schamhaftigkeit bei diesen Völkern, daß sie die Sitte des Zuschauens bei der Beschneidung von Erwachsenen abgeschafft haben, welche, so viel ich weiß, in der Türkei noch besteht.

Der Barbier, stets eine Respectsperson bei den Moslems, namentlich aber, wenn er »Beschneider« ist, und in kleinen Städten sowie auf dem Lande noch viel höher geachtet, als in großen Volkscentren, ging mit mir ganz allein in ein Nebenzimmer, forderte mich zum Entkleiden auf und schritt dann zur Ceremonie, die bei Erwachsenen ganz anders vollzogen wird, als bei Knaben. Bei diesen wird der abzuschneidende Theil gleich der Spitze eines Handschuhfingers nach vorn gezogen und dann mit einem geraden Schnitt entfernt. Bei Männern dagegen wird ein cylinderförmiges Stück Holz so angebracht, daß die Vorhaut darüber angespannt ist, und keine Verletzung der edlen Theile, welche durch das Holz zurückgedrängt werden, stattfinden kann. Dann wird durch einen kreisförmigen Schnitt die Haut beseitigt. Schmerzhaft war die Operation selbst nicht, wohl aber verursachte mir das satanisch scharfe Blutstillungsmittel, dessen sich die Araber bedienen, einen stechenden Schmerz. Als die Operation beendet, brach der Barbier lautschreiend in ein »El samdu [sic] l'Ilah« (Lob sei Gott) aus, welches bald alle Männer hereinrief, die sich nun in Glückwünschen überboten, während die Frauen in scharfen Fistel- und Nasentönen das wie Schakalsgebell und Hyänengeheul klingende »Juju« oder »Suphorit« [sic] ausstießen, jene außerordentlich hellen heiseren Töne, wie sie europäische Organe wohl kaum hervorbringen können.

Ich war nun ein vollkommener Moslem und hieß »Hassan el Mamluk«. Durch die vielen Geschenke war ich sogar nach hiesigen Begriffen »reich« und galt für eine gute Partie, deshalb fehlte es mir nicht an Heirathsanträgen. In Algier und anderen großen Städten herrscht bei Heirathsanträgen die größte Zurückhaltung. Nicht so bei den Kabylen. Hier wurden mir sogar von den eigenen Vätern die Töchter angetragen, was sonst durch die arabische Sitte ganz verpönt ist. Ich hatte also eine große Auswahl, und was besser war, ich brauchte nicht blind zu wählen, wie in den Städten, wo Niemand seine Frau sieht, ehe er sie geheirathet hat, sondern die freiere kabylische Sitte gestattete mir den Anblick meiner sämmtlichen Heirathscandidatinnen. Aber unglücklicherweise gefiel mir unter den mir Angetragenen keine so gut, wie eine andere junge Kabylin, welche man mir gar nicht angeboten hatte, und zwar aus gutem Grunde, denn sie war eine elternlose Waise, die aus Barmherzigkeit bei dem Kadi (Richter) ein Asyl gefunden hatte, und besaß keine Anverwandten in Setif, die ihre Anträger werden konnten. Dies Hinderniß vermehrte aber nur meinen Eifer. Ich ging zum Kadi, der, obgleich sie ihn nichts anging, doch da sie in seinem Hause wohnte, der Sitte gemäß provisorisch Vaterstelle an ihr vertreten mußte, und bat sie mir aus, was freilich ganz gegen den Brauch war, denn ein Mann darf nie für sich selbst ein Mädchen zur Ehe begehren. Aber man verzieh mir, als einem neubekehrten Mamluk, diesen Verstoß. Der Kadi machte auch nicht einmal Schwierigkeiten, die Hochzeit wurde festgesetzt und am bestimmten Tage das Fetiha (erste Capitel des Koran) über uns beide oder vielmehr über unsere Stellvertreter verlesen, denn diese Ceremonie findet bei den Moslems stets durch Procuration statt. Braut und Bräutigam sind dabei nie anwesend. Wieder erhielt ich reiche Geschenke, wie dies bei allen Hochzeiten üblich ist.

Ich war durch die Lesung des Fetiha (welche manche Europäer fälschlich nur eine Verlobung genannt haben, die aber der einzig gesetzlich gültige Act des Eheabschlusses ist) nun zwar verheirathet, aber ich lebte noch nicht mit meiner Frau zusammen. Nach dem Fetiha bleibt die Braut stets noch eine Zeitlang in ihrem Hause, ehe sie dem Manne zugeführt und die Ehe eigentlich vollzogen wird. Diese oft sehr lange Pause zwischen Eheabschluß und Ehevollziehung hat obigen Irrthum hervorgerufen, welcher den erstern nur als Verlobung, die andere als Vermählung ansieht. Dies ist aber grundfalsch. Die Zuführung der Braut und Ehevollziehung hat gesetzlich gar keine Bedeutung. Eine solche officielle Bedeutung besitzt einzig und allein die Lesung des Fetiha, was auch aus den Erbschaftsgesetzen erhellt, den stirbt der Mann vor der Ehevollziehung, so erbt die Frau ebensogut, als ob sie viele Jahre mit ihm zusammengelebt hätte.

In meinem Falle wurde ich sogar noch durch ganz besondere Umstände an diese Bedeutung des Fetiha gemahnt. Ich war nun plötzlich zum Verwandten der ganzen Sippschaft der Frau geworden, und mußte allen Ehefehden die Spitze bieten, welche diese sich zugezogen hatten. Aber in was für ein Wespennest hatte ich da gestochen? Ich hatte geglaubt, meine Frau, als Waise, würde mir keine Erbfehden als Mitgift zuführen können. Darin irrte ich mich aber vollkommen. Jetzt erst erfuhr ich, daß sie der letzte Sprößling eines Geschlechts war, dessen sämmtliche männliche Mitglieder der Blutrache zum Opfer gefallen waren. So lange nur ein Weib von diesem Geschlechte lebte, ließen die Erbfeinde dieses ungeschoren. Nun aber war plötzlich wieder ein Mann da, und dieser Mann war unglücklicherweise ich. Nach kabylischen Sittengesetzen mußte ich sogar nun die Initiative ergreifen und die Mörder der Sippschaft meiner Frau anfallen, um in ihrem Blute die von meiner Frau angeerbte und von mir angeheirathete Schmach zu rächen. Die feindliche Sippschaft war aber keineswegs decimirt, sondern nur zu vollzählig. Niemand hätte einen Pfennig für mein Leben gegeben, wenn ich es mit dieser rüstigen und kräftigen Ueberzahl hätte aufnehmen wollen. Diese Betrachtungen dämpften sehr meine Leidenschaft und ließen mir meine Frau weniger verlockend erscheinen.

Da ich aber, wenn ich in Setif blieb, durchaus mit ihr die Ehe vollziehen mußte (denn eine Scheidung vor der Ehevollziehung hätte zwar stattfinden können, würde mich aber dem Vorwurf der Feigheit ausgesetzt haben), so beschloß ich, diesen Ort heimlich zu verlassen und nach Constantine zu fliehen.

6   [In Constantine als Mameluk von Ahmed Bey]

Dies gelang mir auch über alles Erwarten gut, und kaum in Constantine angekommen, schickte ich meiner noch nicht heimgeführten Frau den Scheidebrief, denn sonst hätte die Arme sich nie wieder verheirathen können. Bei den Arabern und Kabylen genügt es nämlich, der Frau bloß die Worte »Ent'alayk« (Du gehörst Dir selber an) zu sagen oder zu schreiben, und die Ehe ist dadurch geschieden. Wenn aber ein Araber seine Frau verläßt, ohne diese Worte zu sprechen, was wirklich sehr oft vorkommt, dann bleibt diese gebunden und kann sich nicht wieder verheirathen, während der Mann dies natürlich immer kann, da er ja vier Frauen auf einmal haben darf.

In Constantine ging mir ein neuer Glücksstern auf. Es war die glänzendste Epoche meines ganzen Lebens. Hier kam ich unter Türken und Mauren, die ganz andere Ehrenbegriffe hatten, als die der Erbrache ergebenen Kabylen, und wenn ich auch bei letzteren mir durch meine Flucht vielleicht den Vorwurf der Feigheit zugezogen, so war hier von einem solchen nicht mehr die Rede. Im Gegentheil billigte Jedermann mein Verfahren.

Constantine wurde damals ganz auf ähnliche Weise regiert, wie früher Algier. Der Bey war nach dem Sturze seines Landesherrn, des Dey von Algier, ein unabhängiger Souverän geworden, der Niemandes Autorität über sich anerkannte, außer die nominelle des Großsultans, auf dessen Namen Kanzelgebet und Münze lauteten. Er beherrschte seine Stadt und Provinz durch dasselbe Mittel, wie die Deys von Algier früher die Regentschaft, d. h. durch die türkischen Janitscharen, die lauter geborene Türken sein mußten. Sie allein konnten es in Constantine zu Amt und Würde bringen, die religiösen Ehrenstellen abgerechnet, welche die Türken, die hier alle unwissende Menschen und lediglich Militärs waren, den Arabern gern überließen, auch gar nicht hätten verwalten können, da die Kenntniß des Koran dazu gehörte. Zu den höheren Militärstellen und selbst zu Gemeinen bei den Odschak (der Janitscharentruppe) nahm man keine Araber, nicht einmal Kulugli (d. h. Abkömmlinge von Türken, im Lande geboren). Die Kulugli galten zwar für etwas besser, als die Araber, aber dieser Vorzug war doch lediglich Gefühlssache von Seite der Türken, da sie jene als ihnen halbverwandt ansehen mußten. Officiell galten sie jedoch nicht mehr, als die Araber. Man bildete zwar aus Arabern und Kulugli eine Miliz, aber diese nahm nur einen sehr untergeordneten Rang ein, war nur eine Nothhülfe, da es an Türken fehlte, stand übrigens ganz unter der Botmäßigkeit türkischer Oberen, und wurde von diesen wie Sklaven verachtet.

Ganz anders war jedoch mein Verhältniß. Renegaten, die aus Europa stammten (denn die inländischen, früher jüdischen Renegaten, wurden den Arabern gleichgerechnet), galten den Türken für ebenbürtig. In Algier hatten es früher Renegaten selbst zur Würde eines Dey gebracht, und ganz dieselben Achtungsbegriffe hegte man damals in Constantine zu Gunsten derselben. Ein »Mamluk« war eben so frei von verwandtschaftlichen Banden im Lande, wie ein eingewanderter Türke, und da dieser Grund innerer Politik den Vorzug der Türken ausmachte, so galt er auch für die europäischen Renegaten als Ursache, sie jenen gleichzurechnen. Deshalb nahm ich bald in Constantine eine so geachtete Stellung ein, wie ich sie nie unter Arabern und Kabylen hätte genießen können. Ich stand jetzt hoch über letzteren und konnte auf meinen früheren »Herrn« in Setif, der mich manchmal zu besuchen kam, als sein Vorgesetzter herabsehen. Ja, dieser mein ehemaliger Beschützer wurde nun mein Schützling, wenn er nach Constantine kam.

Man gab mir eine prächtige Uniform, oder vielmehr eine glänzende türkische Tracht, denn von strengen Kleidungsvorschriften war selbst beim Militär keine Rede, kostbare Waffen und vertraute mir das Commando einer der neugebildeten Milizcompagnien von Kulugli an, die in unterwürfiger Ehrfurcht zu mir aufschauten. Ich war auf einmal ein großer Herr geworden. Geld besaß ich freilich nicht viel, aber Alles war so beispiellos wohlfeil, und wir erhielten so viel Geschenke an Lebensmitteln und selbst Luxusbedürfnissen, daß ich vollen Ueberfluß hatte.

So lebte ich das schönste Leben bis zum Jahr 1836, als die erste Expedition der Franzosen gegen Constantine stattfand. Es ist bekannt, daß diese Expedition zurückgeschlagen wurde, und daß es den Franzosen erst bei der zweiten (1837) gelingen sollte, die Stadt einzunehmen. Ich war jedoch in nicht geringer Angst, daß die erste Expedition gelingen könne. Einem Deserteur und Renegaten, der mit den Waffen in der Hand gegen sie kämpfend gefangen worden wäre, hätten die Franzosen ohne Zweifel einen ganz andern Empfang bereitet, als den unschuldigen Deserteuren von Bougie, die sich von selbst wieder stellten. Hier muß ich jedoch bemerken, daß diese Deserteure sich nur deshalb wieder gestellt hatten, weil sie das Unglück gehabt, das einheimische Leben nur von seiner dürftigsten und rauhesten Seite kennen zu lernen. Sie waren nicht einmal in die Hände eines großen Stammeshäuptlings der Kabylen gefallen, wie ich, bei dem das Leben zwar noch hart genug, aber doch noch üppig war im Vergleich mit dem, welches die armen Teufel durchzumachen hatten, die in elenden kleinen kabylischen Dörfern in den Händen von Dorfschulzen und andern erbärmlichen kleinen Häuptlingen, die selbst kaum das tägliche Brot besaßen, so zu sagen gefangen gehalten wurden. Denn nur die großen Häuptlinge, die Städtebewohner oder solche Fürsten, wie der Bey von Constantine und Abd el Kader, behandelten die Renegaten gut, ja so gut, daß sie nie wieder daran dachten, sich zu den desertirten Fahnen zurückzustellen. Von den Renegaten im Dienste des Bey von Constantine (und es waren ihrer ein halbes Hundert) dachte kein Einziger daran, wieder französisches Commisbrot essen zu wollen. Sie hatten es viel zu gut.

Nun ging aber die Herrschaft des Bey von Constantine ihrem Ende zu. Der Feldzug von 1836 war zwar den Franzosen mißlungen, mir selbst ein beinahe unbegreifliches Factum, unbegreiflich deshalb, weil ich mir nicht denken konnte, daß die Franzosen mit so geringem Belagerungspark vor einer so festen Stadt erscheinen konnten. Daß die Stadt aber, so fest sie auch war, einer regelrechten europäischen Belagerung nicht trotzen könne, das war ausgemacht, ebenso konnte man voraussehen, daß die Franzosen wiederkommen würden. Mich sollten sie aber nicht finden, wenn sie wiederkämen, das stand bei mir fest. Deshalb beschloß ich, Constantine und meine glänzende Stellung, deren Glanz jedoch keine Dauer mehr versprach, auf immer zu verlassen.

7   [Flucht aus Constantine nach Touggourt]

Mein Hang zu reisen und meine Lust, immer tiefer ins Innere vorzudringen, war noch so mächtig, wie am Anfang, ja hatte vielleicht eher zu- als abgenommen. Eine gute Gelegenheit, diese Leidenschaft zu befriedigen, und zugleich doch eine meiner bisherigen Stellung ähnliche wieder zu erringen, bot sich mir dadurch, daß damals gerade der Scheich von Tuggurt eine kleine regelmäßige Truppe zu errichten beabsichtigte und Werber nach Constantine geschickt hatte. Tuggurt liegt etwa zehn Tagereisen in beinahe direct südlicher Richtung von Constantine in der algierischen Sahara. Jetzt gehört es den Franzosen, aber erst seit etwa 1860; so lange hatte es wenigstens eine gewisse Unabhängigkeit bewahrt. Der Scheich von Tuggurt war vom edlen Geschlecht der Dschellab, eines der ältesten von Nordafrika, das sich echt arabischen Ursprungs rühmt, aber wahrscheinlich auch, wie fast alle Nordafrikaner, berberischer Abstammung ist. Er erfreute sich deshalb in Constantine eines großen Nimbus, wozu die Entfernung und Schwerzugänglichkeit seines Ländchens nicht wenig beitragen mochte, denn man hielt ihn dort für einen sehr mächtigen und reichen Fürsten, der die schönsten Paläste, die herrlichsten Pflanzungen und Landgüter, einen prächtigen Hofstaat, einen Troß von Beamten und Dienern, kurz, den ganzen Pomp irdischer Größe besaß. Wer nicht daran glauben wollte, der brauchte nur auf die Sprache zu hören, welche seine Werber führten. Wenn man diese hörte, so hatte er einen Thron von Gold, trug einen diamantenen Reiger auf dem Turban, wandelte nur auf Smyrnaer Teppichen und wohnte nur in Marmorpalästen. Auch seine Hauptstadt beschrieben diese Werber entsprechend schön. Dieselbe war von Marmor gebaut, die Straßen mit Werksteinen gepflastert, der Bazar verdunkelte den von Constantine und die Kaffeehäuser die von Algier. Was mich jedoch in der Sprache dieser Werber besonders verlockte, war die reichliche Besoldung, welche sie mir zusagten, wenn ich in die Dienste des Dschellab treten wolle. Indessen, wäre sie auch weniger verlockend gewesen, ich verlangte doch nichts Besseres, als ihr zu folgen. Ich kam also mit den Werbern überein, daß ich sie nach Tuggurt begleiten würde.

Natürlich mußte dies im Geheimen geschehen, denn der Diener eines afrikanischen Fürsten kann nicht ungestraft den Wunsch äußern, der eines andern werden zu wollen. Dazu sind sie viel zu eifersüchtig auf einander, und wären sie auch sonst die besten Freunde. Ich hielt also meinen Plan so geheim wie möglich. Leider thaten dies jedoch die Werber nicht. Diese Halbneger (die Leute von Tuggurt sind fast schwarz) waren ungeschickte Diplomaten. Sie begingen die Dummheit, anderen Werbelustigen meine Person als Lockvogel vorzuhalten, als wollten sie sagen, »wenn der, ein so vornehmer Mamluk, mitzieht, dann könnt Ihr kleines Volk das doch auch thun.« Aber das »kleine Volk« schwatzte aus, und so kam die Sache zu Ohren des Bey.

Dieser gerieth in den ärgsten Zorn und ließ mich sogleich rufen. Ali Bey [eigentlich Ahmed Bey, M. F.] war ein Mann von fünfzig Jahren, in seinem Äußern sehr verschieden von einem gewöhnlichen Türken seines Alters. Während diese sonst sehr zur Wohlbeleibtheit neigen und das halbe Jahrhundert selten erreichen, ohne kugelrund geworden zu sein, war er schlank, ja fast für seine Jahre zu mager geblieben. Seine rastlose Thätigkeit, sein energischer, aber nur zu sehr zum Jähzorn geneigter Charakter ließen keine Corpulenz aufkommen. Sein Teint war gelblich, sein Bart spärlich, aber lang, seine Augen feurig und im Zorn voll drohender Blitze. Allen seinen heftigen Eigenschaften ließ er in dem Verhör freien Lauf, welches ich nun vor ihm zu bestehen hatte. Ein Verhör in unserm Sinne war es freilich nicht. Man verbot mir zu sprechen. Meine Schuld war oder galt für erwiesen. Nach ähnlichen Verhören waren früher tausend Todesurtheile erfolgt und im Nu ausgeführt worden. Auch ich erwartete natürlich nichts Anderes. Aber seltsamerweise machte Ali Bey heute eine Ausnahme und schickte mich, statt zum Tode, einstweilen ins Gefängniß.

Natürlich wußte ich, daß dies nur ein Aufschub war. Leute lange im Gefängniß zu lassen, lag nicht in Ali Bey's System. Manchmal freilich wurden sie zu ihren alten Würden zurückbefördert, aber meist war das Ende das Schaffot. Wie konnte ich diesem entrinnen? Dazu gab es nur ein Mittel. Das war, die Gefangenenwärter zu gewinnen und sie zur gemeinschaftlichen Flucht zu überreden. Deren hatte ich zwei; der eine ein Stocktürke, jeder Ueberredungskunst unzugänglich; aber der andere war glücklicherweise ein Renegat, wie ich, ein Italiener, gleichfalls aus der Fremdenlegion desertirt. Wie man so unvorsichtig sein konnte, mir ihn zum Wächter zu geben, begreife ich noch heute nicht. Mit ihm war ich bald einig, besonders da ich ihm vorstellte, wie die Franzosen ohne Zweifel über kurz oder lang Constantine nehmen und uns dann erschießen lassen würden. Er beschloß, mit mir nach Tuggurt zu fliehen. Der Türke aber war ein großes Hinderniß. Ihn betrunken zu machen, war unser erster Plan, und dieser gelang auch so gut, daß er wirklich bald wie im Todesschlummer auf dem Boden ausgestreckt lag und sich nicht regen zu können schien. Aber wir hatten uns verrechnet. Als wir eben den Schlüssel ins Schloß steckten, erwachte der Türke, fuhr empor und widersetzte sich energisch unserer Flucht. Hier galt es alle Scrupel überwinden. Nur durch den Tod des Türken konnten wir uns retten, die Selbsterhaltung kennt kein Gebot. Wir zogen also unsere Jatagans und hieben ihn nieder.

Jetzt konnten wir das Gefängniß verlassen. Aber wir waren noch nicht aus der Stadt. Es war Nacht und die Thore waren geschlossen. Constantine, das afrikanische Adlernest, auf einer steilen Felsterrasse gelegen, ist von allen Seiten von abschüssigen Felswänden umringt, die beinahe jede Befestigung durch Kunst ersetzen. Mauern sind nur auf einer einzigen Seite. Auf allen anderen der Abgrund. Indeß, die Mauern waren wohlbewacht. Nicht so der Abgrund. Niemand dachte daran, daß Jemand auf diesem Weg entkommen könne. Gerade deshalb wählten wir ihn. Ich hatte Seile in meiner Wohnung, und schlich mich in diese, um sie zu holen. Wir befestigten mehrere an einander gebundene Seile an einem Mauervorsprung eines halbverfallenen Hauses, und der Italiener begann zuerst, sich hinabzulassen. Es war Nacht und der Mond schien nicht. Der Renegat war kaum auf der Hälfte angekommen, als ich ein fürchterlich donnerndes Getöse vernahm, wie wenn ein schwerer Körper einige Hundert Fuß niederfiel. Es war der Italiener, der, da das Seil gerissen, gestürzt und ohne Zweifel in der schauerlichen Tiefe zu Grunde gegangen war. Ein fürchterliches Grauen überkam mich Ich wagte diese Nacht nichts weiter zu unternehmen, versteckte mich in das halbverfallene Haus, so gut ich konnte, und brachte dort diese Nacht und den folgenden Tag zu.

Am Tage in der Mittagsstunde, wenn gewöhnlich Alles zu ruhen pflegt, wagte ich es, aus einer Luke des Hauses einen Augenblick in den nahen Abgrund hinabzusehen und sah, daß der Italiener, mein Gefährte, der sicherlich todt sein mußte, nicht mehr unten lag. Man hatte also wahrscheinlich seine Leiche gefunden. Die des Türken mußte man gleichfalls entdeckt haben. Von mir mochte man glauben, daß ich wirklich entkommen sei, denn man stellte in der Nähe meines Versteckes keine Nachforschungen an. Es ist wahr, ich hatte das verräterische Seil entfernt und der Italiener brauchte ja nicht unmittelbar unter mir niedergefallen, sondern konnte weiter gerollt sein, da das Terrain unten uneben war. Es war also anzunehmen, daß man sich über die Stelle, von der aus wir unsern Fluchtversuch gemacht, getäuscht hatte.

Ich blieb auch noch die zweite Nacht in meinem Versteck. Endlich aber peinigte mich der Hunger dergestalt, daß ich mich entschloß, lieber mein Leben in einem neuen Fluchtversuch zu wagen, als hier langsam zu Grunde zu gehen. Ihn bei Nacht zu unternehmen, war mir unmöglich. Seile, die lang genug waren, besaß ich nicht mehr. Es blieb nichts übrig, als den Tag zu wählen und unter irgend einer Vermummung aus der Stadt zu kommen. Woher aber eine solche nehmen? Ich durfte mich Niemand anvertrauen, am allerwenigsten den dummen Gesandten aus Tuggurt, die zwar guten Willen, aber weder Macht noch Verstand hatten, mich zu retten. Da kam mir aber eine Fertigkeit, die aus meinem Sattlergewerbe herstammte, zu Hülfe. Ich verstand zu nähen. Ich hatte nichts als einen weißen Burnus, der mir zu meinem Zwecke dienen konnte. Meine übrige Tracht war so prachtvoll und so ausschließlich türkisch und militärisch, daß sie mich nur verrathen hätte, und daß ich sie ausziehen und in der Ruine zurücklassen mußte. Aber aus dem Burnus konnte ich etwas machen. Ich trennte ihn mit meinem Messer aus einander. Mit einem kleinen silbernen Luxusgegenstande, den ich als »Breloque« am Uhrgehänge trug, improvisirte ich mir eine Nähnadel und stückelte mit dieser, so gut es gehen wollte, aus meinem Burnus ein kabylisches Frauengewand zurecht. Dann machte ich mir ein paar Gesichtstücher, wie sie die Städterinnen tragen, die man hier »Schleier« nennt, die aber eher einer dichten Verpackung des Gesichts, als einem »Schleier« gleichen. Obgleich die Kabylinnen gewöhnlich nicht verschleiert sind, so nehmen sie doch, wenn sie sich in Städten niederlassen, oft die »Gesichtsverpackung« an, behalten aber ihr übriges Costüm an. Die »Gesichtsverpackung« war aber bei mir ein Gebot der Nothwendigkeit, denn mein rother Bart wäre das verrätherischste aller Erkennungszeichen gewesen. Wegen dieser meiner lichten Bartfarbe hätte ich mich auch nie als eingeborener Mann verkleiden können. Nur in Frauentracht konnte die »Gesichtsverpackung« mich retten.

Als ich am Mittag des zweiten Tages meiner Haft das Costüm einer Kabylin und die »Gesichtsverpackung«, welche letztere ich dem Futter meiner Uniform entnahm, zusammengeschneidert hatte, verwandelte ich mich in ein »kabylisches Weib«. Da ich nicht sehr groß bin und gebückt zu gehen wußte, so brauchte meine Statur nicht aufzufallen. Endlich faßte ich mir ein Herz, ging oder hinkte vielmehr, denn ich gab mir Mühe, die Manieren eines alten Mütterchens nachzuahmen, da man ein solches eher unbehelligt läßt, als eine junge Frau, aus meinem Verstecke hervor und begab mich auf dem kürzesten Wege nach der Brücke »el Kantara«, welche den Abgrund auf der einen Seite überwölbt, und den einzigen Ausweg aus dem nicht ummauerten Theil der Stadt gewährte. Wohl begegnete ich vielen türkischen Soldaten und unter ihnen meinen besten Bekannten. Ich zitterte am ganzen Leibe, was jedoch nichts schadete, da ein altes Mütterchen am Ende zittern darf, ohne Erstaunen zu erregen. Glücklicherweise begegnete mir kein Unfall, sondern nur ein Abenteuer, und dieses war noch dazu so komischer Natur, daß es mich noch heute immer lachen macht, so oft ich an dasselbe zurückdenke.

Als ich ungefähr auf der Mitte der Brücke »el Kantara« war, fühlte ich mich plötzlich erfaßt. Ich sah mich um und erblickte einen alten zerlumpten Kabylen, der mich in barschem Ton anschrie und mich mit beiden Armen festhielt. Schon glaubte ich eine Entdeckung befürchten zu müssen. Aber dem war nicht so. der Kabyle hielt mich nur fest, um mir einen leeren Krug und einen schweren Pack mit Waaren, die er wahrscheinlich in der Stadt gekauft hatte, auf die Schultern zu laden. Anfangs war ich nicht wenig erstaunt über diese Handlungsweise, da sie aber keine Gefahr für mich bot, so ließ ich sie mir gefallen und schleppte ruhig den Krug und den schweren Pack. Ich wußte, daß die Kabylen ihre Frauen als ihre Lastthiere anzusehen und als solche, wenn sie in die Stadt gehen, mit den vollen Oelkrügen, die manchmal bis an 60 Pfund wiegen, zu beladen pflegen. Wenn sie nun die Stadt wieder verlassen, wo sie ihr Oel verkauft und für den Erlös Waaren erstanden haben, so muß die Frau den leeren Krug und den Waarenpack schleppen, und wenn sie auch noch so sehr unter der Last keucht.

Es unterlag keinem Zweifel, daß mein Costüm den Alten getäuscht, und daß er mich für eine zu seiner Familie gehörige Kabylin gehalten hatte. Es ist nämlich in Constantine Sitte, daß die Kabylen, während sie in der Stadt ihre Geschäfte besorgen, ihre Weiber unterdessen auf der Brücke warten lassen und dann, zu ihnen zurückgekehrt, ihnen ihre Ankäufe aufbürden. In dieser Meinung bestärkte mich noch der Umstand, daß nun ein kräftiger, achtzehnjähriger Bursche auf einem Esel angetrabt kam, der den alten Kabylen als »Vater«, mich aber als »Großmutter« anredete. Ich galt also für die Schwiegermutter des Kabylen. Da mir daran lag, diesen Irrtum wenigstens vor der Hand nicht aufzuhellen, so gab ich vorläufig gar keine Antwort, was bei der ganz passiven Rolle, welche die Frauen spielen, eben nicht besonders auffallen mochte.

Wir mochten uns etwa zwei Stunden Weges von der Stadt entfernt haben, als mir die Last, unter der ich keuchend einherging, doch etwas zu schwer zu werden anfing. Ewig konnte ich die Rolle als »kabylische Großmutter« denn doch nicht spielen. Schon der Abend mußte eine Enthüllung bringen. Ich beschloß deshalb etwas zu wagen, mich dem Kabylen zu entdecken und ihm etwas Geld für Verschwiegenheit und Mittel zum Weiterkommen zu versprechen. Glücklicherweise war ich noch mit Geld versehen. Ich riß also plötzlich meine »Gesichtsverpackung« ab, was bei einer Kabylin freilich nicht auffallen konnte, da diese Frauen auf dem Lande stets unverschleiert gehen. Was aber im höchsten Grad auffallen mußte, war, eine Kabylin mit einem rothen Bart zu sehen.

Sprachloses Erstaunen folgte dieser Entschleierung. Die abergläubischen Kabylen glaubten an einen Teufelsspuk, flohen in allen Richtungen und ließen mich allein auf freiem Felde. Was ich auch thun mochte, um sie wieder herbei zu rufen, wie laut ich auch schrie, Niemand kam zurück. Im Gegentheil, die ganze Familie schien plötzlich befiedert zu sein, so schnell floh sie.

8 [Südwärts nach Touggourt]

Ich war nun zwar frei, aber ich war vollkommen allein und hülflos. Indessen, da ich Geld hatte und der Sprache mächtig war, so verzagte ich nicht, mich bis nach Tuggurt, so weit es auch sein mochte, durchzuschlagen. Was mir jetzt sehr zu Statten kam, war gerade die schwere Last, die ich auf dem Rücken schleppte und welche die Kabylen mir in ihrer Angst gelassen hatten. Denn wie ich nun den Pack öffnete, fand ich darin sowohl Lebensmittel, deren ich sehr bedürftig war, als einen vollständigen Anzug, wie ihn Landleute zu tragen und zwar an Festen zu tragen pflegten. Diesen zog ich statt meiner Weiberkleider an, schlief die Nacht in einem Olivenholz und wendete mich am nächsten Morgen auf den Weg nach Süden zu, nur das Nothwendige mitnehmend, den Krug aber und alles Andere zurücklassend.

Um nicht wieder nach Constantine eingeliefert zu werden, vermied ich während der zwei ersten Tage jede menschliche Behausung, wanderte meist zwischen Pflanzungen und suchte so bald als möglich in die Wälder zu kommen. Wälder giebt es in der Provinz Constantine fast nur im Dschebel Aures (dem antiken *Mons Aurasias*), der etwa eine Tagereise südlich von Constantine seinen Anfang nimmt. Einmal in den Aures eingedrungen, konnte ich mich mit mehr Sicherheit bewegen.

Auf diesem Wege kam ich nach Batna.[21] Dies war damals ein elendes Dorf, in dem sich um die Grabcapelle eines Marabut (Heiligen) einige zwanzig Beduinenfamilien niedergelassen hatten. Die Herrschaft des Bey von Constantine war hier nur

---

21 Ortschaft am gleichnamigen Fluß (Oued-Batna). Liegt ca. 120 km südwestlich von Constantine. Französischen Quellen zufolge ist der Ort erst ab 1844 zu einer modernen Stadt entwickelt worden.

noch nominell. In Wirklichkeit gab es keine andere Autorität, als die des Scheich, des Hüters des heiligen Grabes. Der damalige Scheich hiess Abder Rahman ben Mustafa und war aus dem religiösen Geschlecht der Tidschani, gehörte auch zu dem geistlichen Orden dieses Namens. Die Tidschani sind ein geistlicher Orden, dessen Oberhaupt in Ayn Madi bei El Aghuat in der algierischen Sahara residirt, dessen Anhänger aber in allen Städten und Dörfern der Regentschaft vorkommen. Da ich schon viel von diesem Orden gehört, auch einmal in Constantine einer Versammlung der Ordensbrüder beigewohnt hatte, und einigermaßen die Ordensregeln kannte, so ging ich zum Scheich und sagte ihm, ich sei ein »Mamluk«, der dem Orden der Tidschani angehörte. Der Scheich wußte, daß es damals in der Provinz Constantine viele »Mamluken« gab, und empfing mich freundlich. Ich wohnte bei ihm einige Tage, und es ging mir sehr wohl.

Bald setzte ich jedoch meine Reise weiter fort, diesmal in Begleitung von Arabern, welche nach El Kantara, der ersten Stadt in der Sahara, gingen. Nach zwei Tagen auf schwierigen Gebirgspfaden erreichten wir diesen Ort. Der Weg führte fast immer durch eine Felsenschlucht, in welcher nur für einen reißenden Gebirgsstrom und den schmalen Pfad, der ihn oft durchschritt, Platz war. Endlich am Ende dieser Schlucht und des Gebirges angekommen, überschritten wir den Fluß auf der alten Römerbrücke, von der (da Brücke auf arabisch el Kantara heißt) der Ort seinen Namen hat. Gleich hinter der Brücke begann der Palmenwald von el Kantara. Nie werde ich den reizenden Anblick vergessen, den dieses erste Stück Wüste und Oase, welches ich erblickte, mir gewährte. Ich trat hier nämlich aus dem steilen Felsenpfade mitten in eine Oase, denn die Sahara empfing mich hier gleich mit dem, was sie Reizendstes besitzt. Rings um mich wogte ein tausendgipfliger Palmenwald, und rings um diesen dehnte sich die Sandfläche in ihrer Unermeßlichkeit aus.

Am nächsten Morgen durchritt ich diese Sandfläche und gelangte nach einer kleinen Tagereise nach el Utaya, einer kleinen Stadt in einer Oase. Ich kann jedoch nicht sagen, daß die Wüste mir einen unangenehmen Eindruck gemacht habe. Im Gegentheil fand ich diese reine, vielbewegte Fläche belebend; die Wechsel der Farbentöne und Beleuchtungen waren so mannichfaltig, daß ich mich körperlich gestärkt und geistig gehoben fühlte. Von Allen, welche die Wüste kennen lernten, habe ich nur ein solches günstiges Urtheil über sie gehört. Man gewinnt die Wüste lieb, wie den Aufenthalt auf einem sehr hohen Berge, auf dem auch nichts mehr wächst, dessen reine Luft und schöne Lichteffecte uns aber geistig und körperlich wohlthun. In Europa hat man über die Wüste ganz falsche Begriffe. Man stellt sie sich schauderhaft vor, schwärmt dagegen für die Naturreize der Oasen. Diese sind nun allerdings vorhanden: aber die Oase ist ein übertünchtes Grab. Das stockende Wasser verursacht ungesunde Dünste und vielfache Krankheiten, denen die

Europäer leicht erliegen. Die Wüste dagegen ist immer gesund. Wer sich in den Oasen Krankheiten geholt hat, braucht nur sein Zelt in der Wüste aufzuschlagen, um geheilt zu werden. Selbst die Augenleiden heilt die Wüste. Denn es ist falsch, zu glauben, daß die afrikanischen Augenleiden vom Einfluß der Sonnenstrahlen herstammen. Sie werden nur durch die feuchten Dämpfe verursacht, die aus dem Sumpfboden der Oasen aufsteigen. Mit der Zeit gewann ich die Wüste so lieb, daß sie mir wie eine zweite Heimath erschien, und daß ich mir glückwünschte, den Tell (das nördliche Land) verlassen zu haben.

9   [Vergnügliche Tage in Biskra]

Von el Utaya wendete ich mich nach dem nahen Biskara, welches man als die nördliche Hauptstadt der algierischen Sahara bezeichnen kann. Biskara war von einer buntscheckigen Bevölkerung bewohnt. Die eigentlichen Städter sind Berber und sprechen eine dem Kabylischen verwandte Sprache. Sie nähren sich größtentheils vom Ertrag ihrer Palmen und Oelbäume, an denen diese große Oase Ueberfluß besitzt. Aber außer den Städtern befindet sich in Biskara fast immer auch eine zahlreiche nomadische Bevölkerung, die ihre Viehherden im Sommer in der Umgegend weidet, und im Winter, wenn die Regen selbst auf einzelnen Strecken der Wüste eine reichliche Vegetation hervorgerufen haben, die weiten Steppen durchziehen. Außer diesen beiden existirt in Biskara ein drittes Element der Bevölkerung, nämlich die Halbneger, welche aus Wäregla (Wargla), Tuggurt und anderen Städten des tiefen Südens nach Norden gewandert kommen und sich Geschäfte halber dort oft sehr lange aufhalten. Alle diese drei Volkselemente lagen beständig mit einander im Krieg. Das schwächste waren die Städter. Diese wurden meist von den Arabern, den Nomaden, welche zum arabischen Stamm der Ulad Nail gehören, tyrannisirt und durften nichts ohne deren Erlaubniß thun; denn die Nomaden sind kriegerisch, die Städter dagegen feige und sehr verschieden von ihren Stammesgenossen, den Kabylen des Nordens. Man beschuldigte sogar die Städter einer Vorliebe für die Franzosen, denn diese hatten sich schon einmal in Biskara blicken lassen. Sie waren zwar genöthigt gewesen, sich wieder zurückzuziehen, hatten aber wegen ihrer sehr geregelten Justiz und weil sie den Handel beschützten, bei den Städtern ein gutes Andenken hinterlassen. Da dies allgemein bekannt war, so mußten nun die Städter desto mehr von dem Hasse der Araber leiden, da man sie nun aus doppeltem Grunde haßte.

Im Augenblick meiner Anwesenheit in Biskara war jedoch die Herrschaft weder bei Städtern, noch Nomaden, sondern war auf die Halbneger aus Tuggurt übergegangen. Die Stadt hatte nämlich die Hülfe des Dschellab gegen die Franzosen angerufen, die ihr denn auch zu Theil ward, aber nur unter der Bedingung, daß sie ihr sogenanntes Fort demselben ausliefere. Der Dschellab hatte in dasselbe eine Besatzung gelegt, und diese beherrschte die Stadt.

Ich war also hier schon gewissermaßen auf dem Gebiete des Fürsten, in dessen Dienste ich mich begeben wollte. Da ich dies dem Commandanten des »Forts« (einer elenden Baute aus Luftziegeln) ankündigte, wurde ich gleich mit Respect behandelt und mit allem Nöthigen versehen. Es schien, daß der Dschellab einen besondern Werth auf Europäer legte (warum, wird mein Aufenthalt in Tuggurt zeigen) und Ordre gegeben hatte, alle solche, die in seine Dienste treten wollten, zu ermuthigen. Ebenso hatte er Befehl gegeben, alle solche Europäer so schnell wie möglich zu ihm zu schicken. So konnte ich nur kurze Zeit die Freuden von Biskara genießen, welche hauptsächlich in einem bunten und wilden, Tag und Nacht fortgesetzten Kaffeehausleben mit unaufhörlicher Trommel- und Pfeifenmusik, näselndem Gesang und erotischem Tanz von Knaben und Mädchen bestanden. Hier wimmelte es von Freudenmädchen, die ganz unverschleiert umhergingen, sehr verschieden von den Städterinnen, Sie waren aber auch keine Städterinnen, sondern alle Beduinenmädchen vom Stamme der Ulad Nail, welche es sich keineswegs zur Unehre anrechnen, ihre Töchter dies Gewerbe führen zu lassen, ganz das Gegentheil der gewöhnlichen arabischen Sittenanschauung. Bei den arabischen Städtern und bei fast allen Berbern, Kabylen oder Oasenbewohnern verfällt ein Mädchen dem Tode, das sich diesem Gewerbe widmet. Nicht so bei den Nomaden, einzelne ausgenommen, am wenigsten aber bei den Ulad Nail. Alles, was das Mädchen sich durch ihre Reize verdienen kann, gilt hier für legitimen Erwerb und kommt später dem Manne zu gut, der es heirathet. Denn alle diese Mädchen heirathen später, und ihre Männer finden keine Unehre in ihrem frühern Lebenswandel. Viele dieser Mädchen waren sehr jung, zwischen 14 und 18 Jahren, halbe Kinder, oft recht hübsch, immer braun, beinahe schwärzlich, aber nie negerartig. Mit 18 Jahren gilt ein Mädchen schon für zu alt zu diesem Gewerbe.

10 [Durch Wüste und Salzseen nach Touggourt]

Jedoch diese Lustbarkeiten waren für mich nur von kurzer Dauer, da ich bald nach Tuggurt gehen mußte. Ich trat die Gesellschaft eines Verwandten des Scheichs von Tuggurt an, der nach Biskara in Geschäften gekommen war, auch eines Dschellab, denn die Sippschaft der Dschellab ist außerordentlich zahlreich. Ueber Sidi Okba (wo das Grab Okba's, des Eroberers von Nordafrika) erreichten wir bald die Wüste, und in dieser den großen Salzsee, die *Sebcha Malohio*, eine halb ausgetrocknete, sumpfartige Salzfläche, die man nicht ohne Gefahr des Untersinkens betreten kann, über welche aber mehrere Furthen führen, die sie in ihrer ganzen Länge durchschneiden. Sonst gab es auf dieser Strecke, die acht Tage währte, wenig Abwechslung. Bei Tage Wüste oder Salzseen, bei Nacht irgend eine kleine Oase, wo wir beim Häuptling gastfrei Aufnahme fanden.

11 [In Touggourt im Dienste von Sultan Ben Dschellab]

Endlich am Abend des achten Tages kamen wir in einen schönen Palmenwand, den reichsten, den ich bis jetzt in Afrika gesehen, unter dessen Schatten ein Heer von Oliven, Mandeln, Granaten und anderen Fruchtbäumen üppig wucherte. Das war die Oase von Tuggurt, und in letzterer Stadt sollten wir nun unsern Einzug halten. Die großartigen Beschreibungen, welche die Gesandten des Dschellab in Constantine von ihrer Vaterstadt gemacht hatten, waren zwar durch das, was ich in Biskara über Tuggurt erfahren schon vielfach Lügen gestraft worden, aber dennoch konnte ich mir den Ort nicht so erbärmlich vorstellen, wie er es in Wirklichkeit war. Wer beschreibt deshalb meinen Schrecken, als ich statt der steinernen oder gar marmornen Paläste und Häuser nichts erblickte, als eine Aneinanderreihung elender Luftziegelbauten, kleine, niedere, gedrückte Würfel aus an der Sonne getrocknetem Lehm, von größeren, ähnlichen Würfel- oder Kegelbauten überragt, den »Palästen« und den »Moscheen«. In einem dieser »Paläste« nahmen wir unser Absteigequartier und fanden hier eine leidliche, aber keineswegs luxuriöse Bewirthung mit Kußkussu, jedoch auch sonst durchaus keine Bequemlichkeit. An Betten, Teppiche, Stühle und dergleichen war nicht zu denken. Der höchste Luxus, den man sich erlaubte, war eine Strohdecke, auf dem Boden ausgebreitet, auf der man bei Tage saß und bei Nacht schlief, betete, aß, kurz alles nur Thunliche verrichtete.
Am nächsten Morgen wurde ich zum Dschellab gerufen. Dieser saß keineswegs auf einem »Thron«, wie ihn seine Gesandten in Constantine geschildert hatten, und war ein ganz gewöhnlicher Halbneger, d. h. zwar von schwarzer Haut, aber mit Araberzügen, nicht mit ausgeworfenen Lippen, Stumpfnase und wolligem Haar, wie die echten Neger, deren es allerdings genug in Tuggurt giebt. Nach den üblichen Eingangsformeln kündigte mir der Dschellab an, daß er noch drei Europäer in seinem Dienste habe, und daß er uns vieren ein großartiges Werk anzuvertrauen gedenke, wofür er uns fürstlich belohnen werde. Ich wußte nun schon, was diese »fürstliche Belohnung« zu bedeuten haben würde, denn Geld existirte in Tuggurt so gut wie gar nicht. Alle Geschäfte wurden im Tauschhandel abgemacht. Ich war

aber doch neugierig, die Europäer und das »Werk« kennen zu lernen, das man uns anvertrauen wollte. Erstere waren gleichfalls Deserteure aus der Fremdenlegion, ein Italiener, ein Spanier und ein Schweizer. Mit ihnen vertrug ich mich bald gut. Aber was ich von ihnen hörte, war nicht geeignet, mich zu ermuthigen. Nicht nur war der Dienst schlecht und der Sold ganz nichtig, sondern man verlangte auch unter Androhung der Todesstrafe von ihnen etwas, wozu ihnen sowohl alle Hülfsmittel, als auch die Kenntnisse und die Praxis fehlten. Sie sollten nämlich – »Kanonen machen«. Das war das »Werk«, das der Dschellab nun uns vieren auftrug, und das der Grund, warum er Europäer für seinen Dienst anwarb.

Keiner von uns vieren besaß die schwächste Idee davon, wie man – »Kanonen macht«. Das wollte aber der Dschellab nicht glauben. Die Araber trauen jedem einzelnen Europäer alle Fertigkeiten zu, welche in Europa zu Hause sind, und so mußten wir nothwendigerweise für Kanonengießer gelten. Damit wir uns nicht länger weigerten und durch die Noth zum »Werk« gezwungen würden, fiel der Dschellab auf die Idee, uns in einen runden Thurm einsperren zu lassen, wo man uns einiges sogenannte »Material« zum »Kanonenmachen« gab und uns anzeigte, daß wir nicht eher frei sein würden, als bis wir eine Kanone »gemacht« hätten. Zur ersten Kanone gab man uns einen Monat Zeit. War sie nach dieser Frist nicht fertig, so sollten unsere Köpfe fallen. Das war also das Endresultat meiner Reise nach Tuggurt und des glänzenden Waffendienstes beim Dschellab.

Kaum waren wir in unsern Thurm eingeschlossen, als wir eine Art »Kriegsrath« hielten, und einstimmig wurde die Flucht beschlossen. Die tunisische Grenze war nicht weit, und dorthin beschlossen wir zu entfliehen, besonders da der glänzende und prachtliebende Bey Ahmed eben den Thron bestiegen hatte und alle Renegaten gern in seine Dienste nahm. Unsere Wache war leicht zu umgehen, wir brauchten nur die eine Hinterwand des Thurmes, die auch nur aus Lehmziegeln bestand, zu durchbrechen. Pulver, Waffen und nothdürftige Lebensmittel zur Flucht besaßen wir, denn man hatte uns Brot für einen Monat gegeben.

12   [Flucht aus Touggourt – Ankunft in Tozeur, von da nach Tunis]

Unsere Flucht gelang vollkommen. Wir führten sie in der Nacht aus, bemächtigten uns mit Gewalt eines Mannes, den wir zwangen, uns als Führer nach Nefda, der nächsten tunisischen Oase, zu dienen, wo wir denn auch glücklich nach zweitägiger Reise ankamen. Zum Glück war gerade in dem nahen Tusan, einer der drei Hauptstädte des Bileduldscherid, das umherziehende Feldlager des Bey angekommen, welches jährlich einmal alle Provinzen Tunesiens durchzieht, um die Steuern mit

Waffengewalt einzutreiben. Wir meldeten uns gleich beim Bey, einem Vetter des regierenden Herrn, der, die Vorliebe seines Fürsten für Renegaten kennend, uns gleich für den Dienst animirte.

Nach Tunis geschickt, wurde ich vor Ahmed Bey geführt und gefragt, was ich lieber werden wolle, ein Offizier in der Linie oder ein Gemeiner in der Thronwache, was so viel, ja mehr wie ein Linienoffizier galt. Um stets um den Fürsten sein zu können, wählte ich das letztere, da ich annahm, daß die fürstliche Gnade mich aus einer ihm so nahe stehenden Stellung eher befördern werde, als aus der entferntern eines Linienoffiziers. Ein großer Fehler, den ich schwer gebüßt habe, denn in der ›Thronwache‹ findet so gut wie gar keine Beförderung statt, und ich bin deshalb auch seit den dreißig Jahren, die ich nun in Tunis bin, und die eben so einförmig verflossen waren, als meine ersten zehn Jahre in Afrika abwechslungsvoll waren, das, was ich von Anfang war, d. h. ein gemeiner ›Throntrabant‹. Aber so lange Ahmed Bey lebte, hatte ich nicht zu klagen. Bis 1855 (wo dieser treffliche Fürst starb) ging es uns ausgezeichnet. Reichlicher Sold, zahlreiche Belohnungen wurden uns zu Theil. Jetzt ist das Alles ganz anders geworden. Sold und Gratificationen werden nur noch in Papier, das nichts werth ist, ausgezahlt. Dennoch sehne ich mich nicht aus diesem Lande hinaus. Ich habe den Islam durch ein vierzigjähriges Leben und Bekennen (wenn ich auch kein sehr frommer Koranleser geworden bin) dennoch liebgewonnen, und ich finde, daß das, was wir die größte Zeit unsers Lebens getrieben, bestimmender für uns sein muß, als die zufälligen Eindrücke der Jugend. –

So endete Baba Hassan, der deutsche Renegat, seine Geschichte, die mich so lebhaft interessirte, daß ich nicht umhin konnte, sie gleich aufzuschreiben, da ich mir dachte, daß der vielbewegte erste Theil des afrikanischen Lebens dieses deutschen Renegaten geeignet sei, ein richtigeres Bild von afrikanischen Zuständen zu geben, als die meisten Reisebeschreibungen von Europäern, die das Land und Volk, das sie fast noch nie als wirkliche oder angebliche Moslems kennen lernen, meist nur höchst oberflächlich schildern. Nur wer mit den Moslems lebt und selbst für einen Moslem gilt, kann über sie richtige Schilderungen entwerfen. Ich verwahre mich übrigens feierlich gegen den Vorwurf, den man mir vielleicht machen könnte, als sei etwas an dieser Geschichte erfunden. Nur des Erzählers Worte, nicht ihr Sinn, haben vielleicht eine kleine Abänderung erlitten.

7 1872 – B. in T. [= Ein Offizier der kaiserlichen Marine]

Herr Müller in Tunis
In: Die Gartenlaube, Jg. 1873, Nr. 21, S. 344–347.

Der nachstehend, ebenfalls ungekürzt wiedergegebene »Gartenlaube«-Beitrag wirft in lebhafter Weise Licht auf einen weiteren »Krüger«, einen Deutschen, den es über Fremdenlegion und abenteuerliche Flucht von Algerien nach Tunis auf Dauer verschlug. Der mit »B. in T.« unterzeichnende deutsche Autor gibt sich als Marineoffizier zu erkennen, der bei einer Zwischenlandung in Tunis im »August des vorigen Jahres«, gewiss also 1872, auf den in einen Untertan und Diener des Bey von Tunis verwandelten Landsmann, »Herr Müller« aus Westfalen, stieß, und ihn in seinem Haus in einem Volksviertel der Hauptstadt (Bab Dzira) besuchte. Auch in diesem Fall fungierte ein Vertreter der anglikanischen Mission in Tunis, ein späterer Nachfolger Ewalds, Davis' und Fenners, als Bindeglied. Gleichzeitig bietet der Text einen Eindruck vom gesellschaftlichen Leben in Tunis im vierten Jahrzehnt von Krügers hiesigem Aufenthalt.

Es war im August des vorigen Jahres. Wir hatten vor Goletta, der tunesischen Hafenstadt, Anker geworfen, und ich benutzte den ersten freien Tag, um der Residenz des Beys einen Besuch abzustatten. In der Begleitung dreier Freunde, worunter unser Bordarzt, fuhr ich um vier Uhr Morgens auf einem Ruderboote nach Goletta. Man kann von dort aus sowohl zu Lande als zu Wasser nach der Hauptstadt gelangen; als Seeleute zogen wir die etwas längere, jedenfalls aber staubfreie Wasserstraße vor und begaben uns daher an Bord des kleinen Dampfers, welcher täglich, mit Ausnahme des heiligen Freitags, seine Tour nach Tunis zurücklegt.

Die Fahrt über den kaum drei Fuß tiefen Meeresarm, Bahira genannt, an welchem die Hauptstadt liegt, bot wenig Interessantes, weshalb wir unsere Aufmerksamkeit unseren Reisebegleitern zuwandten. Mauren in ihrer malerischen Tracht, lebhafte Sicilianer, ernste Spanier und Griechen belebten in buntem Gewühl das Verdeck, und an unser Ohr schlugen arabische und italienische Laute, sowie die der *Lingua franca*, eines aus den beiden genannten Sprachen hervorgegangenen Idioms.

Wir hatten in der Nähe des Steuers Platz genommen und tauschten Bemerkungen über unsere Umgebung aus, als ein europäisch gekleideter Herr auf uns zutrat, uns in unserer Muttersprache begrüßte und sich als ein in Tunis ansässiger

Deutscher zu erkennen gab. Hocherfreut über die unerwartete Begegnung, stellten wir uns vor und erfuhren von unserem Landsmanne, daß er Friedländer heiße und im Dienste einer englischen Missionsgesellschaft die Jugend der israelitischen Gemeinde unterrichte. Sehr zuvorkommend erbot sich Herr Friedländer, uns auf einem Gange durch die Stadt zu begleiten, und ich halte es für meine Pflicht, zu bekennen, daß ich bei ähnlichen Gelegenheiten nie einen liebenswürdigeren Cicerone getroffen habe.

Wir landeten in Tunis und begannen unsere Wanderung. Die Straßen erwiesen sich, wie dies in den meisten Städten des Orients der Fall ist, als ungepflegt und unsauber. Die Gebäude, deren Fenster, wenn nach der Straßenseite gelegen, mit Eisengittern versehen sind, zeigten theilweise geschmackvolle, wohlerhaltene architektonische Vertzierungen, theilweise trugen sie das Gepräge orientalischer Fahrlässigkeit. Namentlich war dies der Fall in dem nordöstlichen Theile der inneren Stadt, dem Ghetto, in welches die Unduldsamkeit der früheren tunesischen Herrscher die Juden bannte. Uebrigens waren ehemals auch die Franken und Spanier auf besondere Stadtviertel beschränkt, und obwohl es jetzt jedem Bewohner von Tunis frei steht, in einem beliebigen Theile der Stadt seinen Wohnsitz aufzuschlagen, so wird im Ganzen genommen von diesem Rechte doch wenig Gebrauch gemacht.

Mehr als die Gebäude der Stadt fesselte uns das bunte Gewühl in den Straßen, und Freund Friedländer hatte kaum Athem genug, um alle unsere Fragen zu beantworten. Hier wandelt bedächtigen Schrittes ein Vollblut-Maure, den weißen oder bunten Burnus malerisch über die Achsel geworfen. Dort trabt ein Lastenträger in dunkler Jacke und kurzem, blaugestreiften Beinkleid, ein Dschebagli,[22] den die Aussicht auf Verdienst aus seinen Bergen in die Stadt gelockt hat. Der braune, sehnige Mann in schmutzigem Burnus, welcher, die lange Flinte auf dem Rücken tragend, sein Roß durch das Gewühl lenkt, ist ein Beduine. Hier unterhalten sich ein paar gelbe Sicilianer unter heftigen Gesticulationen; dort der ernste Mann in dem dunklen Turban ist ein maurischer Jude, und die in buntem Zuavencostüm[23] steckenden Burschen, die in Gruppen herum hocken, sind unstreitig Soldaten, wenngleich das Strickzeug in ihren Händen auf einen friedlichen Beruf schließen läßt.

Auch Frauen, doch in geringer Anzahl, waren auf der Straße zu finden. Maurische Mädchen, in den Haik gehüllt, eine Art Mantel, welcher, über den Kopf geworfen, bis auf die Kniekehlen herabfällt und die mit weißen Tricots bekleideten Beine unbedeckt läßt, trippeln durch die Menge; ihr Gesicht ist schwarz verhüllt, und nur für die Augen ist eine kleine Lücke gelassen. Vornehmen maurischen Da-

---

22 Wohl *Djebali*, wörtlich « Bergbewohner ».
23 Die « Zuaven », die aus der Kabylei stammten, bildeten unter den tunesischen Beys ein besonderes Regiment.

men genügt nicht einmal der schwarze Schleier, sie bedecken ihr Gesicht noch mit dem Haik und eilen scheu durch das Gedränge.

Aber auch unverschleierte Frauen sahen wir; Negerinnen, deren grelle Kleidung die Häßlichkeit ihrer Züge um so mehr hervortreten läßt, bieten Lebensmittel feil; Kabylinnen, mit deren schmutzigen Röcken und Turbanen die goldenen Spangen und Ohrringe seltsam contrastiren, laufen ohne Schuhe durch den heißen Staub, und die schöne Malteserin in der modischen schwarzen Seidenrobe unterscheidet sich, wie sie coquettirend vorüberschwebt, von unseren europäischen Damen nur durch den schwarzen Schleier, welcher, das Gesicht freilassend, in reichen Falten vom Scheitel auf Hals und Nacken herabwallt. Jüdinnen bemerken wir des Sabbaths halber nicht auf der Straße; doch konnten wir uns später überzeugen, daß sich ihre Tracht von der der maurischen Damen nur durch den Mangel eines Schleiers unterscheidet.

Am lebhaftesten gestaltet sich das Straßenleben in den Bazaren, und hier war es auch eigentlich, wo wir die eben angeführten Beobachtungen machten. Sowohl die Vorstädte, als auch die innere Stadt haben Bazare aufzuweisen. Derjenige, welcher dem Residenzschlosse des Bey's von Tunis gegenüberliegt, ist der ansehnlichste, seine doppelten Arcaden dehnen sich über einen beträchtlichen Theil der Stadt aus, und ohne unsern liebenswürdigen Führer würden wir uns schwerlich aus dem Labyrinth herausgefunden haben. Hier wird dem Käufer Alles geboten, was er braucht, und überdies giebt's dort unzählige Dinge, die er nicht braucht. Unser Interesse wurde aber durch die in den Hallen auf- und abwogende Menschenmenge so gefesselt, daß wir den zum Verkaufe ausgestellten Gegenständen, sowie denen, die uns von schreienden Hausirern angeboten wurden, nur wenig Aufmerksamkeit schenkten; ich entsinne mich nur, daß uns eingelegte Tischlerarbeiten, geschmackvolle Gewebe, Pantoffeln, Fez's und reiche Pferdegeschirre in die Augen fielen.

Wir sagten nach einer fast dreistündigen Wanderung dem Bazar Ade. Gar zu gern hätten wir die Moschee Mohari's, an welcher wir vorüberkamen, betreten, aber Freund Friedländer erklärte dies für ein Ding der Unmöglichkeit. Dafür versprach er, uns in ein jüdisches Bethaus und später in ein maurisches Privathaus zu führen.

Der jüdische Tempel war klein, aber mit Andächtigen dicht gefüllt. Frauen waren nicht sichtbar; die Männer trugen meistens maurische Kleidung, aber stets von dunkler Färbung; die europäische Tracht war sparsam vertreten. Sowohl in dem Bethause als auch in den Familien einiger reichen jüdischen Kaufleute, die wir am Abend besuchten, waren wir, Dank der Einführung des Herrn Friedländer, respectirte Gäste.

Die lange Wanderung, der Staub, die Hitze und die mannigfaltigen Eindrücke, die wir empfangen hatten, hatten uns ermüdet. Wir verfügten uns daher in's »Hôtel

Paris«, einen Gasthof nach europäischem Schnitte, und nahmen daselbst eine Erfrischung, und zwar ebenfalls nach europäischer Weise, zu uns; nur unser Doctor ließ es als gründlicher deutscher Gelehrter sich nicht nehmen, nach arabischer Art zu speisen. So weit ging er allerdings nicht, daß er sich nach morgenländischer Art zum Essen niederließ. Er saß wie wir zu Tische; aber auf einem Nationalgericht bestand er, und es ward ihm. Aus dem schmerzlichen Zucken der Gesichtsmuskeln meines Freundes und aus der rothen Färbung des Gerichtes zu schließen, war letzteres mit dem landesüblichen spanischen Pfeffer etwas stark gewürzt; aber der Brave behauptete steif und fest, so etwas Vorzügliches habe er in seinem ganzen Leben noch nicht genossen, und würgte das Essen bis auf den letzten Bissen hinunter. Ob er später auch seinen Durst in arabischer Weise gestillt hat, ist mir nicht mehr erinnerlich.

Gern hätten wir zu dem Kaffee, mit welchem wir unser Mahl beschlossen, eine tunesische Zeitung gelesen; aber Herr Friedländer belehrte uns, daß der Tunese seine Neuigkeiten im Bazar oder im Kaffeehause erfahre; eine Zeitung erscheine daher in Tunis nicht. Glücklicher Weise war im Hôtel kein Mangel an europäischen Blättern, und so konnten wir uns einen lange entbehrten Genuß wieder einmal verschaffen.

Die Sonne brannte mit mittägiger Kraft auf unsere weißen Sonnenschirme, als wir nach kurzer Siesta unverdrossen durch die staubigen Straßen auf das Maurenviertel Bab Dschesira lossteuerten. Dort, hatte Herr Friedländer uns versprochen, werde sich auf sein Klopfen das Haus eines der Bewohner unseren neugierigen Blicken öffnen.

In Schweiß gebadet, hielten wir endlich vor einem kleinen, unscheinbaren, aber sauber gehaltenen Hause. Herr Friedländer pochte an das verschlossene Thor, und alsbald ertönte aus dem Innern ein mit kräftiger Stimme gerufenes arabisches »Halt! Wer da?« Zu unserem größten Erstaunen erwiderte Herr Friedländer in deutscher Sprache: »Machen Sie nur auf, Herr Müller! Es sind Freunde und Landsleute da, die Sie besuchen wollen.«

Der Riegel wurde zurückgeschoben, und wir traten durch das offene Thor in den Hofraum. Vor uns stand ein großer ältlicher Mann in arabischem Hauscostüm und barfuß.

»Herr Müller aus Westphalen, Leibgardist Seiner Hoheit des Beys von Tunis«, stellte Herr Friedländer den Hausbesitzer vor, nachdem er diesem unsere Namen und Titel genannt hatte.

»Sie sind herzlich willkommen!« erwiderte der westphälische Araber und schüttelte uns kräftig die Hände. »Sie werden hoffentlich entschuldigen, daß ich« — er zeigte auf seine bloßen Füße – »Sie so empfange; aber – «

Wir tauschten die üblichen Höflichkeitsphrasen und folgten dem Leibgardisten in ein Gemach. Daß unsre Neugier auf's Höchste gespannt war, ist selbstverständlich. Herr Müller ließ es sich trotz unserer Einwendungen nicht nehmen, seine Uniform, auf die er sehr stolz zu sein schien, anzulegen. Vor unseren Augen hüllte er sich in seinen reich mit Gold betreßten Rock und setzte eine etwa fußhohe Mütze auf, welche an ihrem oberen Ende mit einer pfundschweren Metalleinlage versehen war, damit sie genügend steif auf dem Kopfe sitze und andererseits die militärischen Embleme auf der Vorderseite nicht eingedrückt werden.

Während des Ankleidens erzählte uns Herr Müller, was wir zu wissen wünschten; allerdings war sein Bericht sehr lückenhaft, und wir hüteten uns wohl, durch eine indiscrete Frage irgend einen wunden Fleck in der Brust des alten Abenteurers zu berühren. Müller war – weiß Gott, wie er dazu kam – einstens Kämpfer in der algerischen Fremdenlegion gewesen. Wie er aus den Diensten der Franzosen in die des Beys von Tunis gekommen, das zu ergründen überließ er unserem Scharfsinn. So viel stand fest, daß er schon seit Jahren wirklicher Leibgardist des Beys, Moslem und nachgeahmter Maure war, der alle Angewohnheiten des Landes angenommen hatte.

Herr Müller zeigte uns nun seine häusliche Einrichtung. Der viereckige, gepflasterte Hof, in welchen wir von der Straße aus getreten waren, war auf der dem Thore gegenüber liegenden Front durch einen mit Betten, Schränken und Kisten vollgestopften Salon abgeschlossen, während den linken Flügel des Gebäudes die Vorrathskammer, den rechten, ärmlichsten die Gemächer der Frau des Hauses sammt Familie und Geflügel einnahmen.

Wohl wissend, daß es ein Verstoß gegen den guten Ton ist, sich bei einem Muselmann nach dem Befinden der Frau Gemahlin zu erkundigen, wagte ich keine diesbezügliche Frage. Aber siehe da, Madame Müller (Herr Friedländer theilte uns später mit, daß sie dem Pensionsstande des Harems des Beys entnommen sei) kam uns aus freien Stücken entgegen, und zwar unverschleiert. Sie erklärte in gutem Arabisch, daß ihr Haus durch unsern Besuch gesegnet sei, zog sich aber bald wieder zurück.

Unser Wirth führte uns jetzt in die Speisekammer, wo sämmtliche Vorräthe in riesigen irdenen Töpfen aufbewahrt standen. Durch den Umstand, daß im Hause des Arabers Mehl, Fleisch, in Oel conservirt, und alle sonstigen Victualien in Masse vorräthig sind, wird es den Bewohnern möglich, oft mondenlang ihr Heim nicht zu verlassen. Nachdem uns der arabische Müller seine Schätze gezeigt und seine Hauseinrichtungen erklärt hatte, führte er uns zurück in den Salon. Dort begann er unter einigen Papieren, welche sein Familienarchiv bildeten, herumzukramen und zog endlich einen Brief hervor, der den Poststempel einer Stadt in Westphalen trug, deren Namen ich leider vergessen habe. In dem Schreiben befand sich als Einlage eines jener Flugblätter über Episoden aus dem deutsch-französischen Kriege und trug den Titel: »Die Schlacht bei Sedan«.

Mit stolzen Blicken wies Müller auf dies Blatt, das ihm, wie er berichtete, sein Neffe geschickt hatte, und erzählte gleichzeitig, daß der Junge auch mitgefochten habe.

Am Eingang der erwähnten Flugschrift war die erste Strophe der »Wacht am Rhein« abgedruckt.

»Von dem Lied«, sagte Müller, »habe ich schon viel gehört: die Worte gefallen mir auch sehr gut, und ich möchte wohl einmal das Lied singen hören.«

»Dem Mann kann geholfen werden«, meinte unser Doctor, der sich einer kräftigen Baßstimme erfreut. »Auf, ihr Herren, bilden wir einen Chorus und singen wir unserm freundlichen Wirth ›die Wacht am Rhein‹ vor!«

Wir Andern, obgleich minder gute Sänger, waren gern dazu bereit und stimmten an:

»Es braust ein Ruf – – -«

Neugierig kam Frau Müller aus ihrem Gemach herbei, und neugierig drängten sich die Kinder nach. So etwas hatten die Wände des kleinen Araberhauses noch nie zu hören bekommen. Wunderbar aber war es anzusehen, welche Veränderung in den Zügen unseres Wirthes vorging. Zuerst zeigte sein gefurchtes Gesicht den Ausdruck der Spannung, und die Haltung seines Körpers war die des Lauschens. Als aber die Frage ertönte:

»Wer wird des Stromes Hüter sein?« da richtete sich der Mann hoch auf; seine Brust dehnte sich; seine Hände ballten sich. Und als wir sangen:

»Lieb Vaterland, magst ruhig sein« da zuckte es schmerzlich in seinem Antlitz und seine Augenwimpern bewegten sich hastig auf und nieder.

Immer mehr nahm seine Rührung überhand, und als wir geendet hatten, saß der Renegat wie gebrochen auf seinem Schemel; er hatte sein Gesicht mit den Händen bedeckt, helle Thränen quollen zwischen seinen runzeligen Fingern hervor; seine Brust hob und senkte sich krampfhaft, und endlich schluchzte er wie ein Kind. Selbst auf die Frau des Hauses schien der Gesang, dessen Worte sie nicht verstand, einen gewaltigen Eindruck gemacht zu haben, und auch wir waren in eine weiche Stimmung versetzt worden, als wir die mächtige Erregung sahen, welche über den alten Abenteurer gekommen war.

Gesegnet von dem Ehepaar und begleitet von dessen besten Wünschen zogen wir von dannen, und wenn ich jetzt meine Erinnerung an Afrika auffrische, verweile ich stets mit Vorliebe im Hause des arabischen Müller, wo ich in so ergreifender Weise von der Macht des deutschen Liedes überzeugt wurde.

B. in T.

Martin Lowsky

Karl May, Tunesien und Krüger-Bei

I

Für den Schriftsteller Karl May (1842 – 1912), der fantasievoll Reisen und Abenteuer in der ganzen Welt ersonnen hat, war Nordafrika von besonderer Anziehungskraft. Wir sehen dies daran, dass er seinen Lesern sogar mitteilt, wie man dorthin gelangt; sonst berichtet er nie, wie man die exotischen Länder erreicht, der Held ist einfach da. In der Erzählung *Die Gum* nennt May die Dampferpassage von Marseille nach Algier mit der »messagerie impériale«[1], in *Christus oder Muhammed* erwähnt er eine stürmische Segelschiffreise von Marseille nach Tunis[2]. Tunesien zog Mays Aufmerksamkeit auf sich schon deswegen, weil es das Deutschland am nächsten gelegene Land eines fremden Erdteils ist (von München nach Tunis ist es näher als von München nach Istanbul). Es liegt aus deutscher Sicht gleich hinter Italien, dem Land, das besonders seit dem 18. Jahrhundert den Mitteleuropäer zu Bildungsreisen angeregt hat. Ähnlich wie Schiller von Sizilien verlockt wurde – dort spielt sein Drama *Die Braut von Messina* –, der Insel, in der neben dem Christentum und der griechischen Götterwelt auch, wie er sagt, »die Maurische Religion« gegenwärtig ist[3], so wurde May von Tunesien angezogen. May sieht übrigens schon in Marseille

---

1 Karl May: Die Gum. [Entstanden 1879.] In: May: Orangen und Datteln. Gesammelte Reiseerzählungen Bd. X. Freiburg: Friedrich Ernst Fehsenfeld 1894 (Reprint Bamberg: Karl-May-Verlag 1982), S. 1 – 154, hier S. 5.
2 Mit dem »Toben der Elemente« (Karl May: Christus oder Muhammed. In: May: Orangen und Datteln (wie Anm. 1), S. 155–212, hier S. 176.
3 Schiller an Christian Friedrich Körner, 10. 3. 1803: »Das Christentum war [in Sizilien] zwar die Basis und die herrschende Religion, aber das Griechische Fabelwesen wirkte noch [...] lebendig fort; und der Mährchenglaube so wie das Zauberwesen schloß sich an die Maurische Religion an.« (Zit. nach Albert Meier: Klassik – Romantik. Stuttgart : Reclam 2008, S. 294.)

die »halb orientalische Atmosphäre«[4]: »Wer hinüber nach Algier oder Tunis will, der findet hier die beste Gelegenheit, sein Auge auf die Farben und sein Ohr auf die Klänge des andern Erdteils vorzubereiten.«[5] In solchen Sätzen hat May Tunesien als ein Teil des Mittelmeerraumes gesehen, zu dem auch Südeuropa gehört.

Tunesien spielt eine besondere Rolle in Mays Werk. Hier, im Süden des Landes, beginnt der Eröffnungsband seiner ›Gesammelten Reiseerzählungen‹, das berühmte *Durch die Wüste*. Ferner spielen in Tunesien ein großer Abschnitt der Trilogie *Satan und Ischariot (Satan und Ischariot II)*, die Erzählung *Der Krumir* sowie teilweise die Erzählungen *Christus oder Muhammed*, *Der Kutb* und *Die Rose von Kaïrwan*. Eine längere Episode des Kolportageromans *Deutsche Herzen, deutsche Helden* spielt ebenfalls in Tunesien.[6] May war sensibel für die historische Situation dieses Landes. Als er 1880 sich diesem Land zuwandte, war Tunesien formal eine Region des ottomanischen Reiches und zugleich in der Nähe der französischen Einfluss-Sphäre, zu der Algerien, die französische Kolonie seit 1847, gehörte. Entsprechend hatte May für seine große Orient-Reiseerzählung, die er 1880 begann und deren erster Band später *Durch die Wüste* heißen sollte, den Gesamttitel *Reise-Erinnerungen aus dem Türkenreiche* vorgesehen und hatte aber zugleich den ersten Kriminalfall in diesem Werk (auf seinen ersten Seiten) auf die französische Sphäre bezogen. Es war die Ermordung eines Franzosen aus Blidah in Algerien. Die in Tunesien begonnene Reise durch das *Türkenreich* hat May konsequent fortgesetzt: Nach über 3000 Seiten endet das Unternehmen, das durch viele türkische Gegenden geführt hat, im *Land der Skipetaren*, in Albanien, einer Grenzregion der damaligen Türkei. In *Der Krumir* dagegen, 1881 verfasst, thematisierte May den soeben erfolgten Einmarsch der Franzosen von Algerien nach Tunesien (wir kommen darauf zurück), und 1890

---

4   Klaus Eggers: Anmerkungen zu Karl Mays Erzählung ›Christus oder Muhammed‹. In: Mitteilungen der Karl-May-Gesellschaft 52 (1982), S. 3–16, hier S. 6.
5   May: Christus oder Muhammed (wie Anm. 2), S. 157.
6   Die Werke in chronologischer Reihenfolge:
Karl May: Durch Wüste und Harem. [Auflagen ab 1896: Durch die Wüste. Entstanden 1880.] Gesammelte Reiseerzählungen Bd. I. Freiburg: Friedrich Ernst Fehsenfeld 1892 (Reprint Bamberg: Karl-May-Verlag 1982).
Karl May: Der Krumir. [Entstanden 1881.] In: May: Orangen und Datteln (wie Anm. 1), S. 213–425.
Karl May: Deutsche Herzen, deutsche Helden. [Entstanden 1885/86, Erstdruck 1885–87.] Karl Mays Werke. Historisch-kritische Ausgabe Abt. II, Bd. 20–25. Bargfeld : Bücherhaus 1996/97 (durchgehend paginiert).
Karl May: Christus oder Muhammed. [Entstanden 1890.] (wie Anm. 2).
Karl May: Der Kutb. [Entstanden 1893.] In: May: Auf fremden Pfaden. Gesammelte Reiseerzählungen Bd. XXIII. Freiburg: Friedrich Ernst Fehsenfeld 1897 (Reprint Bamberg: Karl-May-Verlag 1984), S. 321–386.
Karl May: Satan und Ischariot II. [Entstanden 1892; im Vorabdruck 1894/95, Zeitschrift ›Deutscher Hausschatz‹, unter dem Titel: Krüger-Bei.] Gesammelte Reiseerzählungen Bd. XXI. Freiburg: Friedrich Ernst Fehsenfeld 1896 (Reprint Bamberg: Karl-May-Verlag 1983).
Karl May: Die Rose von Kaïrwan. [Entstanden 1894.] Osnabrück 1894 (Reprint Hildesheim/New York 1974).

in *Christus oder Muhammed* schrieb er den Satz: »nun hat Frankreich seine Hand auch auf Tunesien gelegt.«⁷

Zwei tunesische Örtlichkeiten faszinierten May besonders. Zum einen die Hauptstadt Tunis. May schreibt: »Die Hauptstadt Tunis liegt nicht direct am Meere sondern am Ufer eines Sees, welcher es von dem Meere trennt. Daher giebt es an der Küste einen besonderen Hafen, welcher für Tunis ganz dasselbe ist wie Bremerhaven für Bremen oder Kuxhaven für Hamburg. Er heißt Goletta.« Sodann: »Da gab es Mauren, Araber, Tuareg, Tibbus, Neger, Juden, Christen aus allen Ländern, in allen Farbabstufungen, männlichen und weiblichen Geschlechtes, in den verschiedensten und grellbuntesten Trachten und Kostümen.«⁸ May führt seine deutschen Leser behutsam und schrittweise in diese Stadt, indem er Vergleiche mit deutschen Städten nennt und anschließend das besondere Anderssein der Stadt beschreibt. An anderer Stelle sagt May, dass in Tunis »des Abends bei Dunkelheit jedermann verpflichtet ist, eine Laterne zu tragen«⁹. May lobt damit die Verhältnisse in Tunis; das Vorbild für diesen Satz – May hat es bei dem Ethnografen Schweiger-Lerchenfeld gelesen – ist sehr kritisch gegenüber dieser Stadt, denn bei Schweiger-Lerchenfeld heißt es: Man hat in Tunis Handlaternen, »die jeder nächtliche Passant mit sich tragen muß, will er nicht mit der Wache in Conflict geraten, oder auf räudige Straßenköter treten, die die gestörte Nachtruhe mit Bissen beantworten.«¹⁰ Zum anderen haben May die Salzseen im Süden Tunesiens besonders interessiert. Schon in *Durch die Wüste* findet ein Abenteuerritt über den Schott el Dscherid statt, und in *Der Krumir* endet das Geschehen bei einem der südtunesischen Schotts. In dieser Erzählung berichtet May über die Gefahren des Salzsees, indem er sich in die dort lebenden Menschen hineindenkt. Er schreibt:

Zu Anfang dieses Jahrhunderts schritt eine Karawane von über tausend Kamelen und vielen Menschen über den Schott el Kebir [...]; das Leitkamel irrte von dem fußbreiten Pfade ab und verschwand in der Tiefe; ihm folgten alle andern; alle verschwanden in der zähen, breiigen Masse [...]. So sind Hunderte und aber Hunderte in den seifigen Schlund gesunken, und wenn sie nicht mehr zum Duar kamen, so beteten die Ihrigen die Sure des Todes und sagten: »Der Ruhh es Sebcha, der Geist

---

7 May: Christus oder Muhammed (wie Anm. 2), S. 185f.
8 May: Deutsche Herzen, deutsche Helden (wie Anm. 6), S. 379f.
9 May: Christus oder Muhammed (wie Anm. 2), S. 187.
10 Amand Freiherr v. Schweiger-Lerchenfeld. Der Orient. Wien u. a.: Hartlebens 1882, S. 779.

des Schotts, hat sie irre geleitet; sie sind hinunter in den schwimmenden Sandgarten; Allah erlöse sie!«[11]

In dem *Tableau Tunesien*, das May in seinem Werk uns vorstellt, spielt die Figur des Krüger-Bei eine besondere Rolle. Von mindestens zwei, wahrscheinlich aber mehr Veröffentlichungen ist May zu dieser literarischen Figur angeregt worden. Krüger tritt bei May drei Mal auf, außerdem wird in *Der Schut* an ihn, an ein gemeinsames Essen mit ihm, erinnert.[12] Der erste Auftritt ist in *Der Krumir*. Der Ich-Held, der mit seinem Diener Achmed von Algerien nach Tunesien einreitet, trifft auf Krüger-Bei, der mit fünf Soldaten und einem englischen Weltreisenden unterwegs ist, um für den Pferdestall des Herrschers von Tunis Tiere zu kaufen und nebenbei sich dem Jagdvergnügen zu widmen. Sein zweiter Auftritt ist in *Deutsche Herzen, deutsche Helden*. Wieder ist er im Auftrag seines Herrn in Tunis unterwegs; er soll für den herrschaftlichen Harem eine Frau besorgen (was nicht gelingt, vielmehr ist die Frau, die er erwirbt, als Gefangene unterwegs und bekommt während ihres Aufenthaltes in Tunesien ihre Freiheit geschenkt). Die dritte Präsenz Krügers ist im zweiten Band von *Satan und Ischariot*. Auch hier muss er einen offiziellen Auftrag erfüllen, nämlich bei einem Stamm die Steuern eintreiben, doch vorher noch erlebt der Leser Krüger im Bardo in Tunis.

Im ersten Fall, also in *Der Krumir*, sagt Krüger im Laufe eines Streitgespräches bei der Begegnung mit dem Helden: »Ich bin weder der Sultan, noch der Bei von Tunis, den Allah segnen möge, aber ich bin sein Agha el harass, der Oberste der Leibgarde.«[13] Der Held fragt zurück: »Bist du wirklich der Bei el mamluk des Beherrschers von Tunis?« Krüger bejaht dies, und dann folgt diese Reflexion des Helden und Erzählers:

Welch ein Zusammentreffen! Dieser Mann also war ›Krüger-Bei‹, der originelle Anführer der tunesischen Leibscharen! Ich hatte oft, sehr oft von ihm sprechen gehört. Er war keineswegs ein Afrikaner, sondern er stammte als der Sohn eines Bierbrauers aus der ›Streusandbüchse des heiligen römischen Reiches deutscher Nation‹. Sein Kismet hatte ihn im Anfange der dreißiger Jahre nach Tunis verschlagen, wo er zum Islam übertrat. Dadurch erwarb er sich die Gnade des Propheten und aller heiligen Kalifen in der Weise, daß er von Stufe zu Stufe stieg und endlich gar die ehrenvolle

---

[11] May: Der Krumir (wie Anm. 6), S. 410.
[12] Vgl. Karl May: Der Schut. [Entstanden 1888.] Gesammelte Reiseerzählungen Bd. VI. Freiburg: Friedrich Ernst Fehsenfeld 1892 (Reprint Bamberg: Karl-May-Verlag 1982), S. 100–102.
[13] May: Der Krumir (wie Anm. 6), S. 221.

Aufgabe erhielt, an der Spitze der Leibmameluken das teure Leben Mohammed es Sadak Paschas zu beschützen[14]

Ähnliches lesen wir in *Deutsche Herzen, deutsche Helden*. Der Diplomat Oskar Steinbach (eine erfundene Gestalt) wird in Tunis bei Mohammed es Sadok Pascha vorstellig und sucht dabei auch das Gespräch mit Krüger-Bei, dem, wie er sagt, »Hauptmann der Leibgarde des Muhammed es Sadok Bei von Tunis«[15]. Der Erzähler teilt das mit, was schon im *Krumir* gesagt worden ist: Krüger sei Brandenburger, sei in Tunis zum Islam übergetreten und »Commandant der Leibschaaren« geworden.[16] Ebenso heißt es in *Satan und Ischariot*, Krüger-Bei sei »der oberste der Leibwachen oder Leibscharen«[17]. Doch im Laufe seines Erzählens lässt May Krüger über dieses Amt hinauswachsen. In *Der Krumir* wird Krüger bei seinem letzten Auftreten der »Anführer der tunesischen Heerscharen« genannt[18], und in *Deutsche Herzen, deutsche Helden* findet dieser Dialog statt: »›Weißt Du, was der Commandeur der Leibwache zu bedeuten hat?‹ ›Ja. Er beschützt das Leben des Beherrschers. Er ist der Nächste nach dem Pascha selbst.‘«[19] Da er später kurz »Oberst des Bey« genannt wird[20], ist zu schließen: Karl Mays Krüger ist der zweite Mann im Staat Tunesien nach dem Pascha, und er ist der Oberbefehlshaber des tunesischen Heeres. In *Satan und Ischariot II* tritt er im Laufe des Geschehens tatsächlich als ein Heerführer auf: Er hat »drei Schwadronen Kavallerie« unter sich mit Rittmeistern, Ober- und Unterleutnants an ihren Spitzen.[21] Er bekommt in diesem Werk sogar den Titel ›Herr der Heerscharen‹. Hier die diesbezüglichen Dialoge: »›Herr der Heerscharen? Was für ein Titel ist das?‹ ›Mein Freund Krüger-Bei wird so genannt, weil er der oberste der Leibwache oder Leibscharen ist.‹« Und: »›Diesen Krüger-Bei oder – hm, wie nanntest du ihn?‹ ›Herr der Heerscharen. So nennt er sich nämlich auch selbst, arabisch Raijis el Dschijusch.‘«[22]

Zu der grandiosen Bezeichnung ›Herr der Heerscharen‘ zwei Beobachtungen! Die Bezeichnung mutet seltsam an, denn in der Bibel wird sie für Gott benutzt; etwa in den Psalmen. In seinem Roman *Am Jenseits* zitiert May selbst eine entsprechende Stelle aus Psalm 103: »Lobet den Herrn, ihr seine Engel, alle seine Heerscharen,

---

14   Ebd., S. 222
15   May: Deutsche Herzen, deutsche Helden (wie Anm. 6), S. 323.
16   Ebd., S. 325.
17   May: Satan und Ischariot II (wie Anm. 6), S. 275.
18   May: Der Krumir (wie Anm. 6), S. 305.
19   May: Deutsche Herzen, deutsche Helden (wie Anm. 6), S. 324.
20   Ebd., S. 355.
21   May: Satan und Ischariot II (wie Anm. 6), S. 425.
22   Ebd., S. 277.

die ihr gewaltig seid an Kraft [...]!«²³ Die Zeitschrift *Deutscher Hausschatz*, in der *Satan und Ischariot* zum ersten Mal gedruckt wurde, kam aus einem katholischen Verlagshaus und hatte vor allem katholische Leser; es ist daher zu vermuten, dass May die Leser durch diese Bezeichnung für Krüger überraschen und fesseln wollte. Interessanterweise ging er dabei besonders weit. Denn in diesem ersten Druck hatte *Satan und Ischariot II* den Titel *Krüger-Bei*, und eigentlich sollte der Titel sogar *Krüger-Bey der Herr der Heerscharen* lauten. (So besagen Vorankündigungen im Juli und September 1894 in dieser Zeitschrift.²⁴) Halten wir noch fest, dass mit den arabischen Worten ›Raijis el Dschijusch‹ May zum dritten Mal eine arabische Bezeichnung für Krüger angibt. Die beiden anderen sind (in *Der Krumir*), wie erwähnt, ›Agha el harass‹ und ›Bei el mamluk‹.

Der historische Krüger war einer der neun bis zwölf Leibwächter des Beis von Tunis. Die wichtigste Quelle für May war der Aufsatz *Ein Spaziergang in Tunis* von P. R. Martini in der *Gartenlaube* 1881. Wir zitieren hieraus die entsprechende Stelle; es leuchtet sofort ein, dass May von dieser historischen Person fasziniert wurde und sich außerdem dazu anregen ließ, ihren militärischen Rang aufzuwerten. Hier Martini:

> *Als Curiosum sei hier bemerkt, daß der Oberst der Leibwache [des Beis von Tunis] aus unserer Mark Brandenburg stammt; er heißt Krüger und ist der Sohn eines Bierbrauers; schon im Jahre 1831 kam er nach Tunis, trat zum Islam über und ist mit seinem Loose sehr zufrieden; einen komischen Eindruck macht es, den alten Herrn in seiner goldstrotzenden Uniform das echte märkische Plattdeutsch mit consequenter Verwechslung des ›Mir‹ und ›Mich‹ sprechen zu hören; denn gänzlich hat er die Muttersprache nicht vergessen, obwohl er des Lesens und Schreibens unkundig ist. Ich mußte unwillkürlich an unsern Feldmarschall Wrangel denken, als ich ›Krüger Bey‹ zum ersten Male sah.*²⁵

Martini bezeichnet irrtümlicherweise Krüger nicht nur als Leibwächter, sondern sogar als deren Oberst. Hinzu kommt, dass Martini ihm – freilich ironisch, wie Mounir Fendri betont – den Titel ›Krüger Bey' gibt und dass er in diesem Zusammenhang »Feldmarschall Wrangel« nennt. Martinis Aufsatz war nicht nur Mays

---

23 Karl May: Am Jenseits. Gesammelte Reiseerzählungen Bd. XXV. Freiburg: Friedrich Ernst Fehsenfeld 1899 (Reprint Bamberg: Karl-May-Verlag 1984), S. 136.
24 Faksimiles der Ankündigungen in: Mitteilungen der Karl-May-Gesellschaft 19 (1974), S. 18.
25 P. R. Martini: Ein Spaziergang in Tunis. In: Die Gartenlaube. Jg. 1881, S. 408–411 (410f.). Teil-Faksimile bei Franz Kandolf: Sir David Lindsay und Krüger-Bei. In: Karl-May-Jahrbuch 1979, S. 41–53, hier S. 48.

Quelle, sondern war auch eine Ermunterung für May, den historischen Krüger in höhere Funktionen zu fantasieren.

Die zweite Quelle, von der wir sicher wissen, dass May sie für seinen Krüger-Bei benutzt hat, ist ein Aufsatz in dem *Magazin für die Literatur des Auslandes* (27. Bd. 1845) mit dem Titel *Ein deutscher Renegat in Afrika*. Der Jahrgang dieser Zeitschrift befindet sich in Mays Bibliothek; auf den hinteren Einbanddeckel hat May notiert »Krüger-Bei«.[26] Ausführlich wird hier Krügers Schicksal beschrieben. Am Anfang heißt es, Krüger sei »aus Rheinpreußen gebürtig« (was ein Irrtum ist) und er sei »in die Algierische Fremdenlegion« eingetreten, am Ende wird gesagt, dass er zur Leibwache des Beis von Tunis aufgestiegen sei. May stand dieser Bericht erst für *Satan und Ischariot* zur Verfügung. Denn erst in diesem Werk erwähnt er die Fremdenlegion (Krüger habe sich »in die Fremdenlegion anwerben lassen«)[27], und hier stellt er die alte (korrekte) Vorstellung infrage, Krüger stamme aus Brandenburg. Der Held sagt nämlich: »ich glaube [!], daß er aus der Mark Brandenburg stammt«[28] – die neue (falsche) Meldung, Krüger sei Rheinpreuße, hat May zu dieser Formulierung veranlasst.

II

Die Gestalt Krüger-Bei hat eine besondere Rolle in Mays Erzählkosmos. Sie dient dazu, den europäischen Leser mit der Exotik vertraut zu machen. Krüger-Bei lebt und arbeitet erfolgreich in der Exotik, und doch ist er ein Deutscher, der Deutsch spricht; ein eigentümliches Deutsch allerdings. Er ist durchaus ein ›Exot‹, aber sorgt dafür, dass dem Leser das fremde Land nicht nur fremd erscheint. Mit Krüger-Bei kann sich der Leser identifizieren, und dies umso mehr, als Krüger-Bei kein ›großer Held‹ ist, sondern im Laufe der Abenteuerhandlungen auch Fehler begeht. Außerdem verleiht die Präsenz Krüger-Beis Mays Erzählen eine gewisse Realistik. Krüger ist angestellt beim Bei Mohammed es Sadak – der Name fällt tatsächlich, und so

---

26 Vgl. Franz Kandolf: Krüger-Bei und der Vater der Fünfhundert. In: Karl-May-Jahrbuch 1979. Bamberg/Braunschweig 1979, S. 29–37, insbes. S. 29. (Erstmals erschienen im Karl-May-Jahrbuch 1924.) Hier auch (S. 30–32) die Wiedergabe von ›Ein deutscher Renegat in Nordafrika‹, wobei allerdings der einleitende Satz fehlt. Vollständige Wiedergabe im Internet: http://books.google.de/books?id=4n0DAAAAYAAJ&printsec=frontcover&hl#v=onepage&q&f=false (Stand 26. 7. 2012), letzter Zugriff 31. 08. 2016.
27 May: Satan und Ischariot II (wie Anm. 6), S. 276.
28 Ebd.

nimmt man Krüger als Teil des tatsächlichen politischen Lebens im Staatswesen Tunesien wahr.

Gehen wir in die Details, so sehen wir, dass Krüger-Bei verschiedene Rollen spielt im Laufe seines Auftretens in *Der Krumir, Deutsche Herzen, deutsche Helden* und *Satan und Ischariot II*. In der ersten Erzählung ist Krügers Auftreten *satirisch*, im zweiten Werk *realistisch*, und im letzten *poetisch*. Dies legen wir im Folgenden dar.

Zuerst zu *Der Krumir* und dem *satirischen* Krüger! In *Der Krumir* wird erzählt, wie ein Bösewicht – er heißt Saadis el Chabir und ist ein Angehöriger des tunesischen Stammes der Krumir – in einem Beduinendorf ein Mädchen und zwei wertvolle Reittiere raubt und nach einem langen Ritt an einem der südtunesischen Salzseen eingeholt wird. Doch dieses abenteuerliche Geschehen, das May im Sommer 1881 verfasst hat und das einige Jahre vorher spielt, ist zugleich ein Abbild des Einmarsches des französischen Heeres von Algerien her nach Tunesien im Frühjahr 1881. Was war geschehen? Im Februar und März 1881 befanden sich Angehörige des Stammes der Krumir (nach regierungsamtlichen französischen Angaben um die 500) bei der grenznahen Stadt algerischen Stadt La Calle, um eine Blutrache auszutragen. Sie, die Tunesier, waren also in die französische Kolonie Algerien eingedrungen. In einem Scharmützel am 31. März 1881 wurden vier französische Soldaten getötet. Dieser Vorfall veranlasste die französische Regierung zu einer groß angelegten Strafexpedition. Anders gesagt: Er wurde der Vorwand, Tunesien unter französische Herrschaft zu bringen. Ein Corps von 25000 Mann wurde in Marseille eingeschifft, es erreichte La Calle und Bône in Algerien und marschierte von dort am 24. April 1881 nach Tunesien ein. Kurz danach erreichten die Truppen die tunesische Hauptstadt. Am 12. Mai 1881 wurde dort der Vertrag von Le Bardo unterzeichnet, in dem der Bei von Tunis zustimmte, dass bis zur Herstellung der Ruhe an der Grenze die französischen Truppen sich in Tunesien aufhalten durften. Dieses Abkommen wurde von den Franzosen als die Errichtung des ›Protektorates Tunesien‹ angesehen, das dann in der Konvention vom 8. Juni 1883 explizit genannt wurde. Das Protektorat bestand bis zur Unabhängigkeit Tunesiens im Jahre 1956.

In *Der Krumir* nimmt May diese Ereignisse, die durch die Zeitungen gingen, in verfremdender Weise auf. Aus einer Invasion wird ein privates Abenteuer, und aus dem Stamm der Krumir wird ein einzelner Angehöriger dieses Stammes. Wie das französische Heer, so reiten der Held und sein Diener von Algerien nach Tunesien ein, sie bewegen sich auf die Stadt El Kef zu (»Wie weit ist es noch bis Kef?«[29], heißt es auf der ersten Seite), so wie der Südflügel des französischen Heeres, und

---

29 May: Der Krumir (wie Anm. 6), S. 15.

der böse Krumir hat »Streifzüge in Algier und Tunesien«[30] unternommen. Immer wieder wird das Thema Grenze und Grenzüberschreitung angesprochen: »[Wir hatten] die tunesische Grenze überschritten«[31], in Tunesien »an der algierischen Grenze« liegt ein gefährliches Flussgebiet, und erwähnt werden die »Ländereien, in denen die Grenze zwischen Algerien und Tunesien noch heut eine streitige ist«. Sogar Tunis und speziell der »Bardo«, die »Residenz des Bei von Tunis«, also das Ziel des damaligen Heeres, werden genannt.[32] Bei den Beratungen über die Verfolgung des Krumir wird auf die Militärpolitik angespielt: »Weißt du nicht«, sagt der Held zu dem Stammesführer, »daß jedes Kriegsheer eine Abteilung haben muß, welche voranreitet, um die Gegend zu erkunden [...]?« Der Held und drei Begleiter werden diese militärische Vorhut bilden.

Dieses verfremdende Anlehnen an die historische Invasion wird durch die Figur Krüger-Bei verstärkt und satirisch ausgeweitet. Krüger ist im Geschehen präsent, so lange der Ritt nach Westen führt, also in Richtung der Hauptstadt; den Verfolgungsritt nach Süden macht er nicht mit. Krüger tritt auf in einer »goldstrotzenden Uniform« und er bedient sich eines militärisch-überheblichen Jargons: »Wat wollen Sie denn hier in Tunis, he?«[33] Als er im Beduinendorf eine neue Nachricht hört, ändert er sein Auftreten mit den kommentierenden Worten: »Janzes Bataillon, rückwärts, marsch!«[34] So wird das an Personen und Aufgaben umfangreiche Unternehmen der französischen Großmacht farcenhaft verkleinert und durch das Auftreten des sonderbaren Oberst Krüger-Bei satirisch dargestellt. Kolonialpolitik wird zur Satire und dadurch lächerlich gemacht. Bei allen menschlichen Zügen, die May seinem Krüger verleiht, ist er doch auch eine Veralberung von Militär und Offiziersstand. Übrigens stellt May auch dar, dass sein Held sich bei der Bevölkerung Tunesiens wohlfühlt: »Warum war ich kein Beduine!«, ruft er einmal aus.[35]

Zum *realistischen* Krüger! Mit ›realistisch‹ soll Karl Mays Erzählhaltung gemeint sein, nicht seine etwaige Anlehnung an den realen historischen Krüger. In *Deutsche Herzen, deutsche Helden* ist die Gestalt Krüger-Bei nicht ein satirisches Element, vielmehr versucht Karl May, in seiner Darstellung dem hohen Amt, das er Krüger beimisst, gerecht zu werden und darüber hinaus den Umstand, dass er vom Christentum zum Islam übergetreten ist, literarisch zu vertiefen. Krüger-Bei bekommt also nun realistische Züge, einerseits als Politiker im Staat Tunesien, andererseits

---

30 Ebd., S. 249.
31 Ebd., S. 215; die folgenden Zitate S. 390, 406.
32 Ebd., S. 229, 250; das folgende Zitat S. 304..
33 Ebd., S. 220, 223.
34 Ebd., S. 251.
35 Ebd., S. 355.

als einer, der einen Religionswechsel hinter sich hat. Der Hauptheld von *Deutsche Herzen, deutsche Helden*, Oskar Steinbach, und Krüger-Bei unterhalten sich auf Augenhöhe: Steinbach ist Diplomat und Gesandter einer europäischen Großmacht (welcher bleibt Geheimnis), und Krüger ist der zweite Mann seines Landes. Steinbach sagt zu Krüger: »Ich komme nach Tunis, um Muhammed es Sadok Pascha einige wichtige Vorschläge zu unterbreiten. Ich habe mich ihm bereits vorgestellt und, wie ich glaube, sein Vertrauen erworben. Es schien mir aber vor allen Dingen auch nöthig zu sein, mit Ihnen zu sprechen [...].«[36] Aus dem Wort von der »goldstrotzenden Uniform« im *Krumir* ist nun eine feinere Formulierung geworden: »Er saß auf einem Vollbrutrappen und hatte auch den weißen Beduinenmantel überhängen; aber unter demselben, da, wo er vorn geöffnet war, glänzten dicke, goldene Uniformschnüre hervor.« Auch erleben wir hier Krüger aktiv in der Rolle als Beschützer seines Herrn, des Beis von Tunis. Er erteilt einem Attentäter die Bastonnade, unterwirft ihn »der peinlichen Frage«[37] – um ihn zum Geständnis zu zwingen. Es ist natürlich ein fragwürdiges Vorgehen.

Was nun Krüger, den Moslem und ehemaligen Christen, betrifft, so lässt May ihn sagen (in seinem eigentümlichen Deutsch): »Ist es nicht ejal, ob wir sagen Allah oder ob man lautet auf Gott und den heiligen drei Königen! Lassen Sie Ihnen und mir davon schweigen! Hat die Religion dem Herzen, so sind die Aeußerlichkeiten keinem Werth und Bedeutung.«[38] Der Erzähler fügt hinzu: »Er hatte Recht, obgleich er sich so sehr falsch ausdrückte.« Wir sehen: Krüger bekennt sich zu einem monotheistischen Glauben, in dem die Frage, ob man Christ oder Moslem ist, keine Rolle spielt. Man möge das höhere Wesen »Gott« oder »Allah« nennen, das Wesentliche des Glaubens sei dasselbe. Krüger hat also, um ein modernes Schlagwort zu gebrauchen, Christentum und Islam als Bruderreligionen erkannt. Zusätzlich aber enthält Krügers Aussage eine besondere Nuance; er wirft nämlich ein besonderes Licht auf das Christentum. Er deutet nämlich an, das christliche Glaubensbekenntnis basiere auf Gott und den »heiligen drei Königen«. Diese Vorstellung ist natürlich falsch, aber sie enthält einen wahren Kern; Krüger verwechselt die drei Heiligen Könige mit der Dreieinigkeit, der Trinität aus Gott, Vater und Heiligem Geist. Er will also sagen: Es ist gleichgültig, ob wir an Allah glauben oder ob wir an Gott und die Trinität aus Gott, Jesus und dem heiligen Geist glauben. Damit betont Krüger die streng monotheistische Ausrichtung des Islam gegenüber dem weniger streng ausgerichtetem Monotheismus des Christentums, und er bezeichnet damit einen wesentlichen Unterschied dieser beiden großen Religionen.

36 May: Deutsche Herzen, deutsche Helden (wie Anm. 6), S. 329f.; das folgende Zitat S. 223.
37 Ebd., S. 514.
38 Ebd., S. 330f.

Krüger macht sich sogar etwas lustig über den ›unreinen Monotheismus‹ des Christentums, indem er die Dreieinigkeit durch die drei Könige ersetzt. Andererseits sagt der Erzähler, Krüger sei »im Herzen doch ein Christ« geblieben.[39] Krüger ist also in religiöser Hinsicht eine uneinheitliche Figur – oder, so muss man eher sagen, eine souveräne Figur. Er ist Christ gewesen, zum Islam übergetreten, im Herzen Christ geblieben und doch dazu geneigt, sich über das Christentum lustig zu machen. Das heißt doch: Krüger stellt überhaupt die Einteilung des Glaubenslebens in verschiedene Religionen infrage. May lässt also diesen Gedanken anklingen: Die Menschen sollten darauf verzichten, sich in einzelne Religionszugehörigkeiten aufzuteilen, die Religionen, jedenfalls die monotheistischen, sollten verschmelzen.

Sehen wir genau hin, bemerken wir: Immer, wenn May seinen Krüger-Bei auftreten lässt, macht May sichtbar, dass Islam und Christentum Bruderreligionen sind. In *Der Krumir* sagt der Held: »Ich habe mich während meiner Wanderungen unter den Moslemim nie von den Waschungen und Gebeten ausgeschlossen und denke dennoch, ein guter Christ geblieben zu sein.«[40] Sogar die islamische Vorstellung, dass Allah das Schicksal vorherbestimmt, übernimmt er, sobald er mit Moslems spricht: Werden wir uns wiedersehen?, fragt Krüger, und der Held antwortet: »Inschallah – wenn es Gott gefällt. Die Wege des Menschen sind im Buche verzeichnet.«[41] Er, der christliche Held, äußert damit einen islamischen Gedanken (der May sympathisch war, da er selbst oft betont hat, es gebe keinen Zufall[42]).

Mit seinem Satz, die Wege des Menschen seien im Buche verzeichnet, spricht der christliche Held eine Belehrung aus, die der islamischen Glaubenswelt entstammt. Umgekehrt spricht einmal ein Moslem eine Belehrung aus, die auf der christlichen Tradition beruht; in einem Gespräch über Krüger-Bei in *Satan und Ischariot*. Ein Scheik fragt den Helden: »So kennst du das Leben eures Heilandes, den auch wir für einen Propheten halten?« Er fährt dann fort im Dialog: »›Er hatte zwölf Jünger und Schüler. Einer davon verriet und verkaufte ihn. Weißt du, wie dieser hieß?‹ ›Judas Ischariot.‹ ›Gut! So ein Ischariot ist der Kolarasi, denn er hat seinen Freund und Herrn, den Obersten der Heerscharen, verraten und verkauft.‘«[43] In einer anderen Episode erleben wir ein bemerkenswertes zweifaches Belehren; zuerst eine

---

39 Ebd., S. 325.
40 May: Der Krumir (wie Anm. 6), S. 262.
41 Ebd., S. 305
42 »[…] betone ich auch jetzt wieder, daß ich kein Anhänger der Lehre der Zufälle bin. Ich hege vielmehr die vollständige und unerschütterliche Überzeugung, daß wir Menschen von der Hand des Allmächtigen, Allliebenden und Allweisen geführt werden […].« (Karl May: Im Reiche des Silbernen Löwen I. Gesammelte Reiseerzählungen Bd. XXIII. Freiburg: Friedrich Ernst Fehsenfeld 1898 (Reprint Bamberg: Karl-May-Verlag 1984), S. 267.)
43 May: Satan und Ischariot II (wie Anm. 6), S. 408.

Belehrung, die auf dem Islam beruht, sodann eine, die auf dem Christentum beruht. Der Erzähler erklärt, dass »das mohammedanische Schlußgebet, welches ›die Beschließerin‹ genannt wird, hundert Namen Allahs enthält«, und fährt fort: »Da es auch für den Christen von großem Interesse ist, zu erfahren, wie Allah von den Bekennern des Islam genannt wird, so mag ein Teil der ›Beschließerin‹ hier folgen: Allbarmherziger! Allbesitzender! Allheiliger!« Insgesamt zwanzig der einhundert Namen nennt er.[44] Anschließend, umgekehrt, macht der Erzähler sein Christentum, seine christliche Milde geltend, als ein Verbrecher hundert Hiebe erhalten soll unter Zuruf jener hundert Namen und er anordnet, dass bei dem sechzigsten Hieb und dem sechzigsten Namen abgebrochen wird.[45] In diesen Szenen sind Christen und Moslems nicht geistige Gegner, sondern Brüder, die sich gegenseitig fruchtbare Gedanken vortragen. Halten wir noch fest, dass May für den Mullah das aus der christlichen Kirche stammende Wort »der Geistliche« verwendet.[46]

Nun zu dem *poetischen* Krüger-Bei. In *Satan und Ischariot* hat sich sein Sprechen gegenüber seinem früheren Auftreten verändert. Krüger begeht nicht mehr die trivialen Fehler wie Kasus-Verwechslungen oder Brandenburger Aussprache, sondern sein Sprechen ist zu einem Sprachspiel geworden.

Das Ganze mutet auf den ersten Blick an wie eine Ulknummer, aber es ist ein origineller Umgang mit der Sprache. Also wir sind im Bardo:

Im Vorzimmer saß ein alter Unteroffizier, welcher, wie ich wußte, die Kommenden anzumelden hatte. Er rauchte seinen Tschibuk und hatte den Säbel gemütlich abgeschnallt und neben sich liegen.

»Was willst du?« fragte er mechanisch, ohne mich anzusehen.

Ich kannte ihn sehr gut, dieses alte Inventarstück des »Herrn der Heerscharen«. Er hieß eigentlich Selim, wurde aber stets nur der alte »Sallam« genannt, weil er dieses Wort stets im Munde führte und ihm, wie man bald sehen wird, alle möglichen und unmöglichen Bedeutungen unterlegte. Wenn er »o Sallam!« ausrief, so konnte dies ebensowohl o Wonne, wie o Schande, o Freude, o Unglück, welche Schlechtigkeit, wie herrlich, wie entzückend, wie armselig, wie schändlich und hundert anderes bedeuten. Es kam nur darauf an, wie er es aussprach, welche Miene er dabei zeigte und welche Armbewegungen er dabei machte.

»Ist der Herr der Heerscharen daheim?« antwortete ich auf seine Frage.

Er sah [...] in mein Gesicht, ließ den angefangenen Satz fallen, sprang empor und rief freudig aus:

---

44 Ebd., S. 382.
45 Vgl. ebd., S. 384f.
46 May: Der Krumir (wie Anm. 6), S. 258; May: Deutsche Herzen, deutsche Helden (wie Anm. 6), S. 352.

»O Sallam, Sallam, Sallam, abermals Sallam und dreimal Sallam! Du bist es, o Wonne meiner Augen, o Glanz meiner Seele, o Entzücken meines Angesichtes! Allah führt dich zur rechten Zeit zu uns; wir brauchen dich. Laß dich umarmen, und behalte dein Geld; behalte es! Lieber mag mir die Hand verdorren, als daß ich von dir ein Bakschisch nehme, wenigstens heute; später kannst du es mir doppelt geben.«

Er umarmte und küßte mich und rannte dann ins Nebenzimmer, wo ich ihn laut »o Sallam, Sallam, Sallam!« rufen hörte. [...]

Nun war ich gespannt auf das Wiedersehen mit Krüger-Bei. Ich durfte überzeugt sein, von ihm sogleich mit einem seiner deutschen Rattenkönigsätze empfangen zu werden. Die Thür wurde aufgerissen. Sallam trat heraus, packte mich beim Arme, schleuderte mich hinein und rief dabei:

»Da ist er, der von Allah Gesandte! O Sallam, Sallam!«

Dann machte er die Thür hinter mir zu. Ich befand mich im Selamlük des Herrn der Heerscharen, welcher vor mir stand, etwas gealtert, etwas gebeugter als früher, aber mit leuchtenden Augen und lachendem Angesichte. Er streckte mir beide Hände entgegen und begrüßte mich mit den schönen deutschen Worten:

»Ihnen hier? Ihnen hier im Tunis? Ich bitte Ihnen, zu wollen nehmen den Empfang auf herzliche Willkommen zu richten die edle Freundschaft desselbiges Gefühle in Ueberraschung den schönen Augenblick auf Ansicht der Gegenwart wegen tausend Grüßen bei hundert Empfindungen zu sein gewesen und wollen zu bleiben Ihnen der Freund und Sie der Bruder wegen Deutschland und trotzdem immer Afrika!«

[...] Er umarmte und küßte mich ebenso herzlich oder noch herzlicher als der alte Sallam, zog mich auf seinen Teppich nieder, auf welchem er gesessen hatte, und fuhr eifrig fort; aber ich kann seinen Satzbau meinen Lesern nur etwas korrigiert bieten, sonst verstehen sie keine Zeile davon.

»Setzen Sie Ihnen nieder! Setzen Sie Ihnen, setzen Sie! Mein alter Sallam werden bringen Pfeife und Kaffee mit geschnellter Ungeheurigkeit, um Sie zu beweisen den verzückten Zustand, daß Sie heute so plötzlich hiehergekommen sind. Wann sind Ihnen angekommen?«

»Soeben erst aus Aegypten.«

[... Er] erkundigte sich angelegentlich [...]. Er bediente sich jetzt der arabischen Sprache, in welcher er keine Fehler machte.[47]

Der Umgang mit der Sprache in diesem Abschnitt ist zunächst ein Selbstbekenntnis Mays. Ähnlich wie der wachhabende Offizier, der immer nur das eine Wort ›Sallam‹ verwendet, so arbeitet May in seinem Erzählen, wenn er mit Fremdsprachen um-

---

47 May: Satan und Ischariot II (wie Anm. 6), S. 301–305.

geht: Er flicht einzelne fremde Termini in seinen Text ein, die er mittels Fußnoten erläutert, und gibt sich auf diese Weise polyglott. Doch wichtiger ist dies: Der Offizier sagt weniger, als angemessen wäre – er benutzt das Wort ›Sallam', – und wird dennoch einigermaßen verstanden. Krüger-Bei sagt mehr, als angemessen wäre – er benutzt in seinem Deutsch überflüssige Morpheme –, und auch er wird einigermaßen verstanden. Die Semantik der Wörter spielt kaum eine Rolle bei all diesem Reden. Theodor Storm hat im Jahre 1859 über die romantischen Dichter und speziell Heine geschrieben: Ihre Sprache zeige, »was die einfachsten Wörter vermögen, sobald nur die rhythmische Weise dazu gefunden ist«.[48] Die Sprache sei eine ›Welt für sich‹, »eine kleine Welt in Zeichen und Tönen«, heißt es bei Novalis;[49] und: »das rechte Gespräch ist ein bloßes Wortspiel«.[50] Diesen Novalis'schen Standpunkt führen uns die beiden Sprecher vor. Und wenn man die sprachliche Kommunikation vollendet beherrschen will, muss man – sagt Novalis – Dichter sein und sich poetisch ausdrücken.[51] Nun sprechen aber der Held und Krüger-Bei flüssig miteinander, sobald sie Arabisch reden – in einer fremden, angelernten und durch Übung doch vertraut gewordenen Sprache gelingt die Kommunikation perfekt. Bei May erscheint das Wort ›arabisch‹ da, wo bei Novalis ›poetisch‹ steht. ›Arabisch‹ ist bei May eine Allegorie für ›poetisch'. Auch darin folgt May einer alten Tradition, denn der Orient ist, sagt wiederum Novalis, die Heimat der Poesie.[52]

Geht man dem weiter nach, bemerkt man, dass das ›Arabisch Sprechen' von Held und Krüger-Bei eine Utopie darstellt, eine höchst artifizielle Utopie. Denn May legt uns den angeblich arabischen Dialog auf Deutsch vor. Das wirkliche Verstehen, das zwischen den beiden Personen herrscht, kann uns der Erzähler nur verfälscht darstellen, nämlich in der deutschen Sprache.

---

48 Theodor Storm: [Vorwort zu] »Deutsche Liebeslieder seit Johann Christian Günther" (1959). In: Storm: Sämtliche Werke in vier Bänden. Frankfurt a. M. : Deutsche Klassiker Verlag 1988, Bd. 4, S. 377–384, hier S. 382.
49 Novalis: Heinrich von Ofterdingen. In: Novalis. Werke, Tagebücher und Briefe Friedrich von Hardenbergs. München, Wien 1978; Nachdruck Darmstadt : Wissenschaftliche Buchgesellschaft 1999, Bd. 1, S. 237–413, hier S. 335.
50 Novalis: Monolog. In: ebd., Bd. 2, S. 438f., hier S. 438.
51 Vgl. ebd.
52 Vgl. Novalis: Von der Begeisterung. In: Novalis. Werke (wie Anm. 49), Bd. 1, S. 99f., hier S. 99.

III

Die Literaturwissenschaft hat sich gelegentlich mit Karl Mays Figur Krüger-Bei befasst. Adolf Droop, der 1909 die erste Monografie über Mays Reiseerzählungen publiziert hat, zählt Krüger-Bei zu den komischen Figuren. Krügers »Charakterkomik« beruhe auf seinem Sprechen. Seine Sprache sei nicht der Dialekt, wie öfters bei Mays lustigen Gestalten, sondern seine Sprache sei in kunstvoller Weise »verderbt«.[53] In diesem Sinne bezeichnet Franz Kandolf 1924 Krüger-Bei als »die Gestalt des alten Sprachverderbers, die zu den drolligsten gehört, die May […] in seinen Büchern verwendet.«[54] Hermann Wohlgschaft, einer von Mays Biografen, würdigt Krüger-Bei als eine »originell gezeichnete Gestalt«[55].

Zwei Interpreten gehen kurz auf das Thema ›Krüger und die Religion‹ ein. Roland Schmid betont, dass Mays Bezeichnung ›Herr der Heerscharen‹ für seinen Krüger manchem Leser »eine Art von Sakrileg« bedeuten könnte,[56] und er weist darauf hin, dass die Zeitschrift *Deutscher Hausschatz* im September 1894 in einer Vorankündigung an die Leser zwar den Titel *Krüger-Bey, der Herr der Heerscharen* angibt, dass aber dann beim Abdruck der Erzählung der Titel nur noch *Krüger-Bei* lautet (und später in der Buchausgabe, wie erwähnt, *Satan und Ischariot II* ist). Der blasphemische Zusatz sei mit Rücksicht auf das katholische Publikum weggefallen. Wieso die Redaktion der Zeitschrift aber doch innerhalb der Erzählung die Bezeichnung »Herr der Heerscharen« geduldet hat, lässt Roland Schmid offen. Arno Schmidt zitiert in seinem berühmten Buch *Sitara und der Weg dorthin* (1963) die von uns oben genannte Stelle, in der Krüger-Bei über Allah und Gott spricht. Dabei wählt Schmidt bei seinem unexakten Zitieren eine eigenwillige Schreibweise, die sowohl den dialektalen als auch den religiösen Aspekt betont: »»Iss es nich ejal, ob wir sagen ›Allah' oder ob man lautet auf GOtt & den Heiligen Drei Königen? Lassen Sie Ihnen und mir davon schweigen! Hat die Religion dem Herzen, so sind die Äußerlichkeiten keinem Wert & Bedeutung. […]««[57] Diese Worte nennt Schmidt Krügers »Credo«, und er lobt die hier herauszulesende Einsicht, dass die

---

53 A. Droop: Karl May. Eine Analyse seiner Reise-Erzählungen. Cöln-Weiden: Hermann J. Frenken 1909 (Reprint Bamberg: Karl-May-Verlag 1993), S. 47, 56.
54 Kandolf: Krüger-Bei und der Vater der Fünfhundert (wie Anm. 26), S. 20.
55 Hermann Wohlgschaft: Karl May. Leben und Werk. Bargfeld: Bücherhaus 2003, 1. Bd., S. 531. Zu Tunesien und Krüger-Bei siehe auch: Martin Lowsky: »Mummenscherz mit Tanz", Vieldeutige Abenteuerlichkeit in Karl Mays Tunesien-Erzählung ›Der Krumir'. In: Jahrbuch der Karl-May-Gesellschaft 1985, S. 321–347.
56 Roland Schmid: Nachwort zur Reprint-Ausgabe. In: Karl May: Satan und Ischariot III. Gesammelte Reiseerzählungen Bd. XXI. Freiburg: Friedrich Ernst Fehsenfeld 1897 (Reprint Bamberg: Karl-May-Verlag 1983), S. N 6.
57 Arno Schmidt: Sitara und der Weg dorthin. Eine Studie über Wesen, Werk & Wirkung Karl Mays. Karlsruhe: Stahlberg 1963, S. 287

Wahrheit »ihren Sitz weder zu Rom noch zu Wittenberg, weder zu Mekka noch zu Salt-Lake-City hat«.[58] Er lehnt es aber ab, hier ein Credo Karl Mays zu sehen: Krügers Worte seien ein momentanes Stimmungsbild Mays, seien nur eine Seite in Mays »Schwanken« während der Niederschrift seiner Kolportageromane, in denen es klischeehaft sowohl die »schurkischen Mönche« als auch den »gottlosen Schurken« gebe.[59] Schmidt hat eine enge Sicht: Zwar zitiert er im Anschluss an Krügers Credo diesen Satz des Erzählers: »Der Oberst hatte Recht, obgleich er sich so falsch ausdrückte«, erwägt aber nicht die nahe liegenden Möglichkeit, dass zumindest in diesem Satz May selbst spricht, May also doch Krügers Credo übernimmt. Karl Mays Sympathie für Krüger und für seine religiöse Toleranz bemerkt Schmidt nicht. Mounir Fendri dagegen, alle Krüger-Episoden in Mays Werk vor Augen, erklärt in seiner Studie von 1992, dass Mays Erzähler mit dieser Gestalt, diesem Deutschen in der Fremde, »sympathisiert« und May selbst ihm gegenüber als »mitfühlender deutscher Schriftsteller« auftritt.[60]

Mit Franz Kandolf und Mounir Fendri haben wir zwei Namen genannt, die in die Quellenforschung führen. Kandolf und Fendri haben die Suche nach Mays Vorbildern eröffnet bzw. entscheidend vorangetrieben. Kandolf hat im Jahre 1924 belegt, dass Krüger-Bei eine historische Figur ist und klargestellt, dass eine Quelle für May der Bericht ›Ein deutscher Renegat‹ in dem *Magazin für die Literatur des Auslandes*, Jahrgang 1845 ist.[61] In einem späteren Aufsatz, entstanden 1937 und gedruckt erst 1979, nannte Kandolf, angeregt durch eine mündliche Mitteilung Ludwig Patschs, eine andere Quelle, die May für sein Gestalt des Krüger-Bei auch zur Verfügung gehabt haben muss; und zwar als seine erste Quelle. Es handelt sich um den Aufsatz *Ein Spaziergang in Tunis* von P. R. Martini in der ›Gartenlaube‘ 1881.[62] Im Jahre 1999 ging Helmut Liebling auf die Empörung der tunesischen Stämme und die Steuereintreibung in Tunesien ein, jenes Thema, das May im Zusammenhang mit Krüger-Bei behandelt, und legte dar, dass May dieses Thema aus dem ›Brockhaus‹ (›Bockhaus' Conversations-Lexikon‹, 1882–1887) geschöpft hat.[63]

1992 stellte Mounir Fendri in seiner erwähnten Studie – mit dem Titel *Neues über Krüger-Bei* – dar, dass die beiden von Kandolf vorgestellten Quellen von 1845

---

58 Ebd., S. 287f.
59 Ebd., S. 287
60 Mounir Fendri: Neues zu Karl Mays Krüger-Bei. Das Manuskript des Muhammad ben Abdallah Nimsi alias Johann Gottlieb Krüger. In: Jahrbuch der Karl-May-Gesellschaft 1992. Husum 1992, S. 277–298, hier S. 277, 296.
61 Vgl. Kandolf: Krüger-Bei und der Vater der Fünfhundert (wie Anm. 26).
62 Vgl. Kandolf: Sir David Lindsay und Krüger-Bei (wie Anm. 25).
63 Vgl. Helmut Liebling: »Ich war noch niemals hier gewesen«. Die Quellen zu ›Satan und Ischariot‘. In: Karl Mays »Satan und Ischariot«. Hg. v. Dieter Sudhoff und Hartmut Vollmer. Hamburg: IGEL 1999, S. 234–276, hier S. 251f.

und 1881 nur ein Teil der Reiseliteratur des 19. Jahrhunderts sind, die von dem Deutsch-Tunesier Krüger berichten. Unter anderem nennt er die Publikationen von Nathan Davis (1841) und Friederike London (1845).[64] Vor allem aber meldet Fendri eine sensationelle Nachricht: Krüger hat zwei Berichte über sein Leben hinterlassen. Diese beiden »Dokumente von Krügers Hand«[65] sind in die Hände des Afrika-Forschers Gustav Nachtigal und später in den Bestand der Staatsbibliothek Preußischer Kulturbesitz zu Berlin gelangt, und dort hat sie Fendri entdeckt. Fendri stellt Krügers Manuskripte vor, resümiert sie, zitiert aus ihnen und erläutert Krügers bitteren Lebenslauf. Insbesondere verdanken wir Fendris Aufsatz, dass der historische Krüger identifiziert ist: Er hatte die Vornamen Johann Gottlieb, trug in Tunesien den Namen Muhammad ben Abdallah Nimsi und war geboren in den Jahren 1807–1809.

2012 legt Michael Rudloff zwei neue Dokumente über Krüger vor: Den amtlichen Steckbrief vom Juli 1833 anlässlich Krügers Desertion aus dem preußischen Heer und einen Bericht von Josef Wünsch, einem böhmischen Forschungsreisenden und Schriftsteller, erschienen 1878 in der Prager Zeitschrift *Osvěta* (›Bildung‹).[66] Wünsch erzählt seine Begegnungen und Gespräche mit Krüger in Tunis 1876 und nennt auch Krügers Geburtstag: 23. Januar 1808. Der Bericht trägt den Titel: *Obrazy z Tunisu* (Bilder von Tunesien). Rudloff nennt noch weitere Reiseberichte über die Verhältnisse in Tunesien und am Hof von Tunis im 19. Jahrhundert, informative Texte, die größerenteils Krüger nicht oder nur indirekt nennen. Ferner zitiert Rudloff aus einem Werk des Tunis-Reisenden Moses Margoliouth (*A Pilgrimage to the Land of my Fathers*, 1850), demzufolge Krüger einen weiteren, offenbar verschollenen Bericht über sein Leben verfasst hat.

Die Quellenforschung, die Mays Verwendung der Figur Krüger-Bei betrifft, ist noch nicht an ihr Ende gekommen. Wir wissen nicht, wo May die bereits zitierten Ehrentitel »Agha el harass«, »Bei el mamluk« (in *Der Krumir*) und »Raijis el Dschijusch« (in *Satan und Ischariot*), die er seinem Krüger beigibt, gefunden hat. Leider ist auch unbekannt, auf welche Meldung May anspielt, wenn er im III. Band von *Satan und Ischariot* gegen Ende schreibt: »Krüger-Bei ist gestorben, wie kürzlich auch die Zeitungen meldeten, leider aber nicht in seiner unübertroffenen deutschen Ausdrucksweise.«[67]

---

64 Fendri (wie Anm. 60), S. 279f.
65 Ebd., S. 281.
66 Michael Rudloff; Neues zu Johann Gottlieb Krüger, Karl Mays Krüger-Bei. In. Jahrbuch der Karl-May-Gesellschaft 2012.
67 May: Satan und Ischariot III (wie Anm. 56), S. 612.

Literaturverzeichnis

1.1 Quellen

B. in T.: Herr Müller in Tunis. In: Die Gartenlaube. Illustrirtes Familienblatt (1873), Nr. 21, S. 344–347.
Barth, Heinrich: Wanderungen durch die Küstenländer des Mittelmeeres, ausgeführt in den Jahren 1845, 1846 und 1847. Bd. 1: Das Nordafrikanische Gestadeland. Berlin: Hertz 1849.
Daumas, Eugène: La Grande Kabylie. Études historiques. Paris/Algier: L. Hachette 1847.
Daumas, Eugène: La Kabylie. Paris: L. Hachette 1857.
Davis, Nathan: Tunis; or, Selections from a journal during a residence in that Regency. Malta: G. Muir 1841.
Erath, Albert: Geschichte einer Reise nach Algier und des dreijährigen Aufenthaltes in diesem Lande, nebst Beobachtungen über den Zustand desselben in den Jahren 1831–1834. Mit einer Ansicht von Algier. Rothenburg: Bäuerle 1839.
Esquer, Gabriel: Correspondance du général Drouet d'Erlon, gouverneur général des possessions françaises dans le nord de l'Afrique (1834–1835). Paris: H. Champion 1926.
Ewald, Christian Ferdinand: Ein Brief aus Tunis. In: Barmer Missions-Blatt (12.7.1841), Nr. 14.
Ewald, Dr. Paulus (Hg.): Reise des evangelischen Missionar Christian Ferdinand Ewald von Tunis über Soliman, Nabal, Hammamet, Susa, Sfax, Gabis, Gerba nach Tripolis, und von da wieder zurück nach Tunis, im Jahre 1835. Nürnberg: Ferdinand von Ebner 1837.
Farine, Charles: À travers la Kabylie. Paris: Ducrocq 1865.
Féraud, L. Charles: Histoire des villes de la province de Constantine. Constantine: Bougie 1869.
Grisot, Général P.A. u. Ernest Coulombon: La Légion Étrangère de 1831 à 1887. Paris: Berger-Lerault 1888.
Hauber, Hermann: Memoiren aus Algier oder Tagebuch eines deutschen Studenten in französischen Diensten. Bern: Fischer 1837.
Ibn abi Dhiaf, Ahmed: Ithāf ahl az-zamān bi-akhbār mulūk Tūnis wa ›ahd il-amān‹. 8 Bde. Tunis: Kulturministerium 1963 ff.
[Kuhn, Albert]: Mein Lebensweg über Tübingen nach Algier und von der Kanzel zur Fahne. Stuttgart: Imle und Liesching 1839.
London, Friederike H.: Die Berberei. Eine Darstellung der religiösen und bürgerlichen Sitten und Gebräuche der Bewohner Nordafrika's. Frei nach englischen Quellen bearbeitet und auf eigene Beobachtung gegründet. Frankfurt a. M./London: Heinrich Zimmer/Brain & Payne 1845.
Maltzan, Heinrich Freiherr von: Reise in den Regentschaften Tunis und Tripolis. 3 Bde. Leipzig: Dyk'sche Buchhandlung 1870.
Maltzan, Heinrich Freiherr von: Schicksale und Wanderungen eines deutschen Renegaten in Nordafrika. In: Globus 17 (1870), Nr. 19, S. 295–298; Nr. 20, S. 313–316; Nr. 21, S. 331–333 u. 347–349.
Maltzan, Heinrich Freiherr von: Sittenbilder aus Tunis und Algerien. Leipzig: Dyk'sche Buchhandlung 1869.
Martini, P.R.: Ein Spaziergang durch Tunis. In: Die Gartenlaube. Illustrirtes Familienblatt 25 (1881), S. 408–411.
N.N.: Angriff von Budschia durch die Kabylen in der Nacht vom 10. bis 11. Oktober 1834 (Vom Bataillons-Chef Musis des 2. Afrikanischen Bataillons). In: Der Bürger-Freund. Eine Wochenschrift zur Unterhaltung und Belehrung für den Bürger (Bremen, 28.5.1835).
N.N.: Erlebnisse eines Deserteurs von der Fremdenlegion unter den Arabern. In: Literarische und kritische Blätter der Börsen-Halle (Hamburg, 1841), Nr. 2067, S. 933–935; Nr. 2068, S. 941–943; Nr. 2069, S. 951–952 u. Nr. 2070, S. 958–959.
Nachtigal, Gustav: Aus Tunis. In: Vom Fels zum Meer (1884), S. 47–62.
Nachtigal, Gustav: Tunis. In: Deutsche Rundschau 27 (1881), S. 439–453.
[Pückler-Muskau, Hermann Fürst von]: Semilasso in Afrika. 5 Bde. Stuttgart: Hallberger'sche Verlagshandlung 1836.
Rosen, G. von: Bilder aus Algier und der Fremdenlegion. Kiel: Bünsow 1842.
Schlosser, Wendelin: Reisen in Brasilien und Algier, oder Lebensschicksale W. Schlossers: zuletzt gewesen Bombaschia des Achmed Bay von Constantine. Erfurt: Hennings und Hopf 1839.

Schönberg, Albrecht von: Blicke auf die letzte Eroberung, neuere Geschichte und Colonisation von Algier. Kopenhagen: Berlingsche Officin 1839.
[Scholl, Gottfried]: Une Promenade à Tunis en 1842. Par le Capitaine. Paris: Dentu 1844. [Schwartz, Marie Esperance von]: Blätter auf dem afrikanischen Reise-Tagebuch einer Dame. Algerien und Tunis. Bd. 2. Braunschweig: Vieweg & Sohn 1849.
Wagner, Moritz: Reisen in der Regentschaft Algier in den Jahren 1836, 1837 und 1838. 3 Bde. Leipzig: Leopold Voss 1841.
Zaccone, J.: De Batna à Tuggurt et au Souf. Paris: Librairie Militaire 1865.

1.2   Forschung

Bade, Klaus J. (Hg.): Deutsche im Ausland – Fremde in Deutschland. Migration in Geschichte und Gegenwart. München: Beck 1993³.
Brown, L. Carl: The Tunisia of Ahmad Bey (1837–1855). Princeton: University Press 1974.
Fendri, Mounir: Kulturmensch in ›barbarischer‹ Fremde. Deutsche Reisende im Tunesien des 19. Jahrhunderts. München: Iudicium 1996.
Fendri, Mounir: Neues zu Karl Mays Krüger-Bei. Das Manuskript des Muhammad ben Abdallah Nimsi, alias Johann Gottlieb Krüger. In: Jahrbuch der Karl-May-Gesellschaft 22 (1992), S. 277–298.
Graefe, Hanns: Krüger-Bei? In: Karl-May-Jahrbuch (1979), S. 38–40.
Houtsma, Martijn Theodor u. a. (Hgg.): Enzyklopädie des Islam. Geographisches, ethnographisches und biographisches Wörterbuch der muhammedanischen Völker. Bd. 1–4. Leiden/Leipzig: Brill/Harrassowitz 1913–1934.
Julien, Charles-André: Histoire de l'Algérie contemporaine. La conquête et les débuts de la colonisation (1827–1871). Paris: Presses Universitaires de France 1964.
Kandolf, Franz: Krüger-Bei und der ›Vater der Fünfhundert‹. In: Karl-May-Jahrbuch (1979), S. 29–37.
Kandolf, Franz: Sir David Lindsay und Krüger Bei. In: Karl-May-Jahrbuch (1979), S. 41–53.
Kreiser, Klaus, Werner Diem u. Hans Georg Mayer (Hgg.): Lexikon der islamischen Welt. 3 Bde. Stuttgart: Kohlhammer 1974.
Lowsky, Martin: ›Mummenscherz mit Tanz‹. Vieldeutige Abenteuerlichkeit in Karl Mays Tunesien-Erzählung ›Der Krumir‹. In: Jahrbuch der Karl-May-Gesellschaft 15 (1985), S. 321–347.
Rudloff, Michael: Neues zu Johann Gottlieb Krüger, Karl Mays »Krüger-Bei«. In: Jahrbuch der Karl-May-Gesellschaft 42 (2012), S. 269–308.

Abbildungsverzeichnis

Walter Schmitz
Johann Gottlieb Krüger im Dienst des Beys von Tunis: Eine interkulturelle Begegnung der anderen Art

Abb.1   Abb. 1: Der Forscher Nachtigal bei Scheich Omar von Bornu, 5. Juni 1807 auf Seite 13
Der Forscher Nachtigal bei Scheich Omar von Bornu, 5. Juni 1807 (Gemälde von Gerber. Aus dem Sammelband: Bilder der deutschen Geschichte. VIII. Gruppe: Die Zeit von 1871 bis 1914. Cigaretten-Bilderdienst Hamburg-Bahrenfeld (Reemtsma. Hamburg-Altona/Bahrenfeld 1936. In: Atlas des Historischen Bildwissens. Bd.II: Reklame-Sammelbilder. Bilder der Jahre 1870 bis 1970 mit historischen Themen. Hg. v. Bernhard Jussen. Berlin: Directmedia Publishing 2008, S.3325. Maße: 7x 8,4 cm.

Abb.2   S. 15
Dresden. Blick über Bebauung zwischen Ostra-Ufer, Permoserstraße, Ostra-Allee und Könneritzstraße, Gleisanlagen der Eisenbahn, Magdeburger Straße/Weißeritzstraße mit Orientalischer Tabak- und Zigarettenfabrik "Yenidze" und Ostragehege. Luftbild-Schrägaufnahme um 1920. © Hansa Luftbild AG

Abb.3   S. 17
Kamelreiter der deutschen Schutztruppe während des Hottentotten-Aufstandes. 1904. Aus: Sammelalbum Alles für Deutschland. 2000 Jahre Deutsche Geschichte und deutsches Heldentum. Unterband Bismarck hämmert das zweite Reich. Yosma (Orientalische Cigarette-Compagnie »Yosma« G.m.b.H). Bremen 1934. In: Atlas des Historischen Bildwissens. Bd. II Reklame-Sammelbilder. Bilder der Jahre 1870 bis 1970 mit historischen Themen. Hg. v. Bernhard Jussen. Berlin: Directmedia Publishing 2008, S. 1030. Maße: 6,2 x 4,8 cm.

Abb.4   S. 18
Desir du Sud. André Gide, Rudolf Lehnert et le Maghreb. Austellungskatalog zur gleichnamigen Austellung vom 4. Mai bis 29. August 2004 im Musée Georges Borias. Uzès: Musée George Borgias 2004, S. 8.

Abb.5   S. 18
Franz Roubaud. Traversée de la rivière. 1912, Öl auf Leinwand, 60,5x 92,5

cm. Privatbesitz. In: Martina Haja, Günther Wimmer: Les Orientalistes des Écoles Allemande et Autrichienne. Paris: ACR Édition 2000, S.131.

Mounir Fendri
Über Johann Gottlieb Krüger und seine Lebensbeschreibung

Abb.6   S. 38
Umschlagbild von Karl Mays Krüger Bey Roman. Wien: Carl Ueberreuter Verlag, 1970.

Abb.7   S. 41
Häufig als Umschlagbild zu Erwin Rosens Erlebnisroman *In der Fremdenlegion* verwendete Zeichnung. Original in: Eugène Fieffé: Histoire des Troupes Étrangères au service de France depuis leur origine jusqu'à nos jours et de tous les régiments levés dans les pays conquis sous la Première République et l'Empire. Paris: Librairie militaire J. Dumaine, libraire-editeur de S. M. l'empereur 1854.

Abb.8   S. 52
J. G.Krügers Manuskripte im Bestand und Verzeichnis der Handschriftenabteilung der Staatsbibliothek Preuss. Kulturbesitz, Berlin.

Abb.9   S. 58
Seite 1 aus J. G.Krügers Manuskript K1: Inhaltsverzeichnis. Ehemals Handschriftenabteilung der Staatsbibliothek Preuss. Kulturbesitz, Berlin, Original verschollen. Microfichereproduktion von M. Fendri.

Abb.10   S. 63
Eigene Darstellung auf Grundlage einer Karte in: Bibliograpisches Institut & F. A. Brockhaus AG: Meyers großer Weltatlas. Der Atlas des 21. Jahrhunderts. 8., durchges- u- aktualis. Auflage. Mannheim, Leipzig, Wien, Zürich: Meyers Lexikonverlag 2005. (Die Karte wurde der beiliegenden elektronischen Kartensammlung entnommen.)

Abb.11   S. 67
Jean Geiser: Recueil. Types et scènes Algérie. [ca. 1880–1890]. (Vue 28- 1492 Marché kabyle (Fort. National)). Online einsehbar über den Internetauftritt der französischen Nationalbibliothek, URL: http://gallica.bnf.fr/ark:/12148/btv1b105250799.r=Kabylie (Zugriff: 19. 09. 2016).

Abb.12   S. 69
Eigene Dartellung.

Abb.13   S. 71
Eine Seite aus Krügers Manuskript K1, u. A. die *fatiha* zeigend. Ehemals Handschriftenabteilung der Staatsbibliothek Preuss. Kulturbesitz, Berlin, Original verschollen. Microfichereproduktion von M. Fendri.

Abb.14   S. 74
Eine Seite aus Krüger Manuskript K1. Ehemals Handschriftenabteilung der Staatsbibliothek Preuss. Kulturbesitz, Berlin, Original verschollen. Microfichereproduktion von M. Fendri.

Abb.15   S. 96
Josef Chavanne: Die Sahara oder Von Oase zu Oase. Bilder aus dem Natur- und Volksleben in der großen afrikanischen Wüste. Wien/Leipzig: A.Hartlebens 1879, S. 96.

Abb.16   S. 110
o. A.: Tableau d'Ahmed Ier Pacha Bey. Ausgestellt im musée de Ksar Saïd à Tunis. Online einsehbar unter https://upload.wikimedia.org/wikipedia/commons/b/b0/Ahmed_I_Bey_Nichan_Iftikhar_diamant%C3%A9.jpg (Zugriff: 20. 09. 2016)

Abb.17   S. 110
Ahmed Osman: Portrait de Kheireddine Pacha sur un cheval. Vor 1890. Kopie ausgestellt im Musée militaire national de Tunisie. Online einsehbar unter https://commons.wikimedia.org/wiki/File:Kheireddine_Pacha_high.jpg (Zugriff: 19. 09. 2016)

Abb.18   S. 112
Seite 21 aus Krügers Manuskript K2. Handschriftenabteilung der Staatsbibliothek Preuss. Kulturbesitz, Berlin, Nachlass Nachtigal, Kapsel 6, Nr. 41.

Abb.19   S. 124
Kopie einer Postkarte: 14. TUNIS. Rue Halfaouine. LL.

Abb.20   S. 131
Seite 33 aus Krügers Manuskript K1. Handschriftenabteilung der Staatsbibliothek Preuss. Kulturbesitz, Berlin, Nachlass Nachtigal, Kapsel 6, Nr. 41.

Abb.21   S. 133
o. A.: Fotografie der Ruinen von Muhammadia, Tunesien 1878. Der Originalabzug wurde 1899 in Tunis, Tunesien erstellt. URL: https://upload.wikimedia.org/wikipedia/commons/8/8c/Mohamedia_-_Tunisia_-_1878.jpg (Zugriff 19. 09. 2016)

Abb.22   S. 135
Seite 37 aus Krügers Manuskript K2. Handschriftenabteilung der Staatsbibliothek Preuss. Kulturbesitz, Berlin, Nachlass Nachtigal, Kapsel 6, Nr. 41.

Abb. 23   S. 177
    Die erste Seite von Gustav Nachtigalls unvollendetem und unveröffentlichtem Essay über Krüger Bei. Handschriftenabteilung der Staatsbibliothek Preuss. Kulturbesitz, Berlin, Nachlass Nachtigal, Kapsel 6, Beilage zu Nr. 41.

Herausgeber und Autoren waren um die Einholung aller Bildrechte bemüht. Wenn die Inhaber der Rechte nicht zu ermitteln waren oder die Ansprüche ungeklärt blieben, werden nach Geltendmachung rechtmäßige Ansprüche entsprechend der üblichen Regeln abgegolten.